La dignité des personnes détenues dans les prisons des Outre-mer

BIBLIOTHÈQUES DE DROIT

COLLECTION FONDÉE ET DIRIGÉE PAR JEAN-PAUL CÉRÉ

Cette collection a pour vocation d'assurer la diffusion d'ouvrages scientifiques sur des thèmes d'actualité ou sur des sujets peu explorés dans le domaine des sciences juridiques. Elle se destine notamment à la publication de travaux de jeunes chercheurs.

Dernières parutions :

M. Dos Santos, La gravité en droit international pénal. Une notion insaisissable et instrumentalisée, 2023.

C. Menabe et J. Leonhard (dir.), Réinsérer les femmes et les mineurs face au soupçon de danger terroriste

G. Thomas, La répression du négationnisme

Ph. Keubou, La procédure pénale au Cameroun

JP Cere et L. Gregoire (dir.), Dix ans d'application de la loi pénitentiaire

J. Falxa (dir.), Coopération judiciaire internationale en matière pénale. France, Brésil, Suriname

C. Menabe et J. Leonhard (dir.), Femmes, mineurs et terrorisme

V. Le Trouher, Droit pénal des affaires et groupes de sociétés

N. Jouenne-Peyrat, L'encadrement pénal de la prostitution des mineurs

J.P. Céré, Droit disciplinaire pénitentiaire

H. Hedhili-Azema, Droit disciplinaire pénitentiaire de la belle époque

M.C. Glomet, Consommation de cannabis et droit pénal

C.A. Vaz-Fernandez, Big data et intelligence artificielle au service de la sécurité intérieure en France

BIBLIOTHÈQUE DE *DROIT PENITENTIAIRE*

Sous la direction de
Emmanuelle GINDRE

LA DIGNITE DES PERSONNES DETENUES DANS LES PRISONS DES OUTRE-MER

À la lumière de l'expérience polynésienne

L'Harmattan

Le colloque « La dignité des personnes détenues dans les prisons des Outre-mer » a été organisé avec le soutien de :

MINISTÈRE
DU TRAVAIL
DES SOLIDARITÉS ET
DE LA FORMATION
En charge de la Condition féminine,
de la Famille et des Personnes non autonomes

UPF
UNIVERSITÉ
DE LA POLYNÉSIE FRANÇAISE

GDI

UNIVERSITÉ
DE PAU ET DES
PAYS DE L'ADOUR
COLLÈGE SSH

CRJ2P

Institut des Études
et de la Recherche
sur le Droit et la Justice

5-7, rue de l'École-Polytechnique ; 75005 Paris
http://www.editions-harmattan.fr
ISBN : 978-2-14-034467-1
EAN : 9782140344671

Avant-Propos

« Aux yeux d'auteurs comme Charles Taylor ou Will Kymlicka, il ne peut y avoir de démocratie véritable si l'on ignore le besoin des hommes de voir reconnaître leur dignité, non pas seulement en tant que citoyens abstraits, mais aussi en tant qu'individus concrets porteurs d'une histoire et d'une culture singulières. »[1]

C'est à l'occasion de travaux de recherche sur la sanction pénale et les systèmes de sanctions dans les Outre-mer que je me suis interrogée sur le respect de la dignité de la personne humaine dans la sanction pénale et le caractère universel de sa définition[2]. Pourquoi interdire les châtiments corporels infligés au sein des tribus kanakes en sanction d'une transgression de la norme coutumière et imposer, avec la suprématie du droit de punir de l'État, un système de sanctions occidental où la peine privative de liberté est encore très présente, alors que l'enfermement n'est pas une peine culturellement acceptée ni jugée digne par les populations autochtones ? À en juger par les conditions de détention constatées dans les prisons françaises depuis de nombreuses années, et notamment dans les établissements ultra-marins, déterminer laquelle de ces sanctions est la plus respectueuse de la dignité de la personne

---

[1] D. Lochak, « Droits culturels, minorités, identités », *Revue de droit d'Assas*, Université Paris 2 Panthéon-Assas / Lextenso éditions, 2022, Dossier Droit et culture, mai 2022 (23), pp.85. halshs- 03753521.

[2] E. Gindre, « La sanction corporelle en terres océanes », in GUENZOUI Y. (dir.), Lettres d'Outre-mer et d'ailleurs, Récits de juristes-voyageurs d'Océanie et d'Amérique latine, PUAM, 2022

humaine n'est plus aussi simple. Peut-être à moins de considérer que la dignité de la sanction est attachée à la possibilité de se prévaloir en justice des atteintes qui seraient portées à ce principe ? Se pose alors la question des critères permettant de juger qu'une sanction respecte ou non l'égale dignité de la personne humaine[3].

Ces réflexions ont coïncidé avec la condamnation de la France par la Cour européenne des droits de l'homme (CEDH) pour les conditions de détention qu'elle réserve à ses détenus et l'absence de recours effectif pour faire cesser les atteintes à la dignité constatées[4]. Les critères permettant d'apprécier la violation de l'article 3 de la Convention européenne de sauvegarde des droits de l'homme (Conv. EDH), prohibant les peines ou traitements inhumains ou dégradants, sont ici fixés par une juridiction européenne, au regard d'une définition du principe de dignité, celle de la personne humaine, à vocation universelle.

Pourtant, outre la réalité des conditions matérielles de détention dont souffraient les nombreux requérants notamment ultra-marins, il semble difficilement concevable de réduire la dignité des personnes détenues dans les prisons des Outre-mer à des considérations seulement matérielles. Car au-delà de la personne humaine se trouve un individu, une personne porteuse d'une identité, peut-être encore plus nettement dans

---

[3] Individualisation et réinsertion selon G. Giudicelli-Delage, G. Giudicelli-Delage, « « Punir dans une société démocratique » ou le devoir d'espérance de l'État », in *Politique(s) criminelle(s), Mélanges en l'honneur de Christine Lazerges*, Dalloz, 2014, p. 191.

[4] CEDH, 30 janv. 2020, J.M.B. et autres c. France, n° 9671/15, Dalloz actualité, 6 févr. 2020, obs. E. Senna ; AJDA 2020. 263 ; ibid. 1064, note H. Avvenire ; D. 2020. 753, et obs., note J.-F. Renucci ; ibid. 1195, obs. J.-P. Céré, J. Falxa et M. Herzog-Evans ; ibid. 1643, obs. J. Pradel ; ibid. 2021. 432, chron. M. Afroukh et J.-P. Marguénaud ; AJ pénal 2020. 122, étude J.-P. Céré

les Outre-mer, petits morceaux de France nés de la colonisation, où les populations appartiennent à d'autres cultures, ont d'autres références que nos références occidentales. Il faudrait alors parler de dignités au pluriel[5] pour envisager une peine privative de liberté adaptée aux spécificités ultra-marines et aux identités des personnes détenues dans ces territoires.

Le colloque relatif à la dignité des personnes détenues dans les Outre-mer, qui s'est tenu à l'Université de la Polynésie française les 28 et 29 avril 2022, s'est donc intéressé à la réception dans les Outre-mer, à la lumière de l'expérience polynésienne, de la notion de dignité des conditions de détention, ainsi que des dispositifs offerts par le droit national pour en assurer le respect.

Il a été l'occasion de s'interroger sur l'existence de spécificités des atteintes à la dignité, humaine et individuelle, des détenus outre-mer et la capacité des dispositifs juridiques à les résorber. Les interventions ont mis en évidence non seulement des conditions matérielles de détention propres aux établissements ultra-marins, mais également des spécificités culturelles, identitaires, dont la difficile garantie entache la dignité individuelle du détenu. Il en est ainsi de l'identité de genre, le transsexualisme étant un phénomène culturellement répandu en Polynésie française. Il en est de même de l'identité linguistique polynésienne, qui, confrontée aux concepts occidentaux véhiculés par la langue française peut entraîner un malentendu linguistique pesant sur l'exécution de la peine.

Les différentes interventions ont ensuite permis de dépeindre l'évolution du cadre juridique français en matière d'atteintes à la dignité des détenus, et de dresser le (maigre) bilan que l'on peut en faire en Polynésie. Enfin, tous ces éléments concourant à la dignité des détenus supposent un

---

[5] P. Cassia, *Dignité(s) : une notion juridique insaisissable ?* Dalloz, 2016.

système juridique, des politiques pénitentiaires et des politiques pénales qui ont été présentées tout au long de ces deux journées par des intervenants spécialistes de la question pénitentiaire et professionnels. Toutes les questions ont été abordées avec un regard tourné vers les Outre-mer où la question pénitentiaire revêt une acuité particulière notamment à la lecture des rapports du CGLPL, pour qui la dignité est aux fondements de son action : des prisons vétustes, surpeuplées pour la plupart, dans des contextes juridico-économico-culturels spécifiques et ces particularités méritent d'être soulignées, car elles ne peuvent peut-être pas toujours être traitées sur le même modèle que la métropole.

Pour conclure cette brève présentation des communications retranscrites ci-après, je tiens à renouveler mes remerciements à tous les participants, dont la qualité des interventions a sans conteste enrichi la réflexion, y compris les étudiants qui se sont brillamment impliqués dans la recherche proposée. Je remercie également les partenaires financiers qui ont permis l'organisation de cet évènement : le ministère du Travail, des Solidarités et de la Formation de la Polynésie française, le Centre de recherche sur la justice pénale et pénitentiaire, l'équipe de recherche sur la gouvernance et le développement insulaire, l'Institut des Études et de la Recherche sur le Droit et la Justice. Mes plus vifs remerciements vont enfin plus particulièrement au Centre de recherche sur la justice pénale et pénitentiaire, et son directeur le Professeur Jean-Paul Céré, qui m'a accordé sa confiance pour développer la recherche en matière de droit pénal des Outre-mer et qui accepte d'en publier les résultats.

Emmanuelle Gindre

Janvier 2023

Principales abréviations

Art	Article
Cass. crim	Chambre criminelle de la Cour de cassation
C. civ	Code civil
CE	Conseil d'État
C. const	Conseil constitutionnel
C. pén	Code pénal
C. pénit	Code pénitentiaire
C. pr. pén	Code de procédure pénale
CAA	Cour Administrative d'Appel
Dr. pén	Revue Droit pénal
Ed	Edition
Gaz. Pal	Gazette du Palais
Infra	Ci-dessous
JO	Journal Officiel
JCP	Jurisclasseur, La semaine juridique
Not	Notamment
Ord	Ordonnance
P, pp	page(s)
Préc	Précité
QPC	Question Prioritaire de Constitutionnalité
Rev. sc. crim	Revue de science criminelle et de droit pénal comparé
RFD adm	Revue française de droit administratif
RTD civ	Revue trimestrielle de droit civil
S	suivant
Supra	Supra
V	Voir

Rapport introductif : Les spécificités de la question pénitentiaire dans les Outre-mer

Christine LAZERGES
Professeur émérite, École de Droit de la Sorbonne,
Ancienne présidente de la CNCDH

« Derrière les hauts murs, c'est un monde de souffrance, un lieu de douleur » Robert Badinter

Chers collègues, chères amies et chers amis,

Je voudrais commencer par adresser à Emmanuelle Gindre, à tous les intervenants et intervenantes, à toutes les universités ou organismes partenaires des remerciements chaleureux. Je les félicite tous d'avoir organisé ce colloque sur un sujet aussi difficile, celui du respect de la dignité des détenus.

C'était un sérieux défi que de parvenir à réaliser ce colloque au programme extrêmement riche ; de nombreuses questions en lien étroit avec la privation de liberté dans les Outre-mer seront traitées et sous cet angle si important, je le redis, celui du respect de la dignité. Vous devinez mes regrets très vifs de ne pas être avec vous en présentiel dans ce bout du monde auquel je suis si attachée et que j'ai eu la chance de découvrir à plusieurs reprises des îles Australes aux îles Marquises.

La première spécificité des Outre-mer, sans même parler de l'enfermement est que précisément nous sommes à des milliers de kilomètres de la métropole sans mesurer suffisamment que de tous les territoires de la République les territoires ultra-marins sont les espaces où la pauvreté est la plus prononcée. Le niveau de richesse des habitants des départements ultra-marins (mesurés par le PIB par habitant) est inférieur de 30% en moyenne par rapport aux régions métropolitaines, pour Mayotte l'écart est de près de 70%. Les résultats des deux tours des élections présidentielles sont éloquents à cet égard sauf concernant la Polynésie française[1] !

Les difficultés générales des territoires d'Outre-mer aux statuts non identiques sont encore trop méconnues, elles ne sont pas qu'économiques. Elles sont diverses suivant les territoires, il n'y a pas un Outre-mer, mais des Outre-mer dont les caractéristiques sont de nature historique, géographique, géopolitique, sociale, ou encore culturelle et bien sûr économique. Aucune n'est suffisamment prise en compte pour expliquer le difficile accès aux droits fondamentaux. Toutes ont des retentissements sur la peine d'emprisonnement. Nombreux sont les défis à relever. Les spécificités de la question pénitentiaire sont intimement liées, j'insiste à d'autres spécificités. Elles ne sont pas encore suffisamment prises en compte par l'administration pénitentiaire (AP), en particulier les spécificités culturelles. Un seul exemple, l'encellulement individuel n'est pas la première revendication des polynésiens.

Petit rappel utile : quelle que soit la situation institutionnelle propre à chacun des douze territoires ultra-marins, la justice et l'Administration pénitentiaire, sont des compétences

---

[1] Cf. Le Monde, 27 avril 2022

régaliennes qui relèvent de la République française avec cependant des ajustements législatifs et réglementaires pour telle ou telle collectivité. Pour autant, cela ne prive pas la question pénitentiaire de spécificités dans les Outre-mer à mieux prendre en compte.

En 2018, La CNCDH a publié à la Documentation française une grosse étude sur l'effectivité des droits de l'homme dans les Outre-mer, accessible sur internet. L'étude regroupe neuf avis tous publiés au JORF portant sur neuf thématiques qui font ressortir des spécificités communes, qu'il s'agisse de la thématique :

De la pauvreté et de l'exclusion sociale,

De l'accès à l'éducation,

De l'accès à la protection de la santé,

Des violences sexuelles et de genre,

Du droit à un environnement sain,

Des droits des peuples autochtones,

De l'accès au droit et à la justice,

De la situation pénitentiaire[2].

Quelle que soit la thématique, le constat est le même, les droits protecteurs de la dignité des personnes qui découlent du principe métajuridique de dignité sont à peu près bien énoncés, bien qu'ils ne le soient pas tous encore, mais l'accès à ces droits demeure particulièrement inégalitaire. L'effectivité de ces droits est loin d'être aboutie. Preuve en sont les contrats de convergence lancés par la loi n°2017-256 du 28 février 2017 de programmation relative à l'égalité réelle outre-mer et

---

[2] Ce rapport introductif a pour source en particulier l'Avis de la CNCDH du 18 mai 2017 sur *la question pénitentiaire dans les Outre-mer* (JORF, 14 juin 2017, 0138 texte n°77) dont l'auteur de ce rapport introductif était rapporteur.

portant autres dispositions en matière sociale et économique. Cette loi dite « Loi pour l'égalité réelle Outre-mer » propose en divers domaines des contrats de convergence, très inégalement mis en place. Un retard considérable a été pris.

Du très gros travail effectué par la CNCDH résulte que, quel que soit le domaine sur lequel porte les investigations, la situation dans les Outre-mer est un miroir grossissant des difficultés en métropole y compris en matière pénitentiaire en ce qui concerne l'accès aux droits. La non-effectivité des droits en matière pénitentiaire est régulièrement dénoncée par le Contrôleur général des lieux de privation de liberté (CGLPL) et pas seulement d'ailleurs pour les Outre-mer.

Comme en métropole, il y a des constantes dans l'ineffectivité des droits et en conséquence dans l'ineffectivité du respect de la dignité des personnes. Les droits énoncés participent tous en effet au respect de l'égale dignité des personnes. Ce colloque à juste titre met l'accent sur cette égale dignité.

Concernant les établissements pénitentiaires, la première spécificité résulte de la plus grande précarité des personnes détenues, souvent sans domicile, sans adresse, sans protection sociale. Ceci met à bas quantité d'innovations ou efforts en vue de l'insertion, en particulier les tentatives d'aménagement des peines. L'aménagement des peines est très difficile à réaliser, les chiffres sont saisissants à cet égard, j'y reviendrai. De nombreux textes du Code de procédure pénale (CPP) sont radicalement inapplicables. Hors de question par exemple de faire bénéficier d'un bracelet électronique une personne en situation d'exclusion sociale. Cette situation se rencontre plus souvent dans les Outre-mer qu'en métropole.

La deuxième spécificité résulte de l'insuffisance dans tous les Outre-mer d'associations de réinsertion ou culturelles partenaires de l'AP, d'associations favorisant l'accompagnement à la sortie de l'établissement pénitentiaire, en particulier. Les carences du monde associatif, de ces relais indispensables que sont les associations pour soutenir une politique publique et favoriser son effectivité, se manifestent aussi dans l'accès au droit à la santé ou l'accès au droit à l'éducation pour prendre ces deux exemples.

Observons aussi le manque de personnel dans l'ensemble des SPIP, la situation est pire qu'en métropole.

Une troisième spécificité résulte du peu d'engouement des communes, des départements, des régions pour participer à l'œuvre de justice, par exemple concernant le fonctionnement de l'école de l'établissement pénitentiaire ou l'accès à la formation professionnelle.

Je m'arrêterai rapidement dans un rapport qui n'est qu'un rapport introductif sur deux sujets majeurs dans la liste des spécificités, mais qui peuvent être liés aux spécificités déjà retenues : **la surpopulation pénale trop souvent plus inquiétante encore qu'en métropole (I) et l'accès au travail et à la formation professionnelle plus déficiente encore qu'en métropole (II)** sujets en lien direct avec le respect de la dignité des personnes, sujets que je choisis, car l'un et l'autre ont fait l'objet de textes très récents. L'un et l'autre ont aussi été scrutés par de nombreux rapports parlementaires, mais qui ne se sont pas toujours suffisamment intéressés aux Outre-mer. Cette approche globalement négative ne voudrait pas occulter de belles expériences sur le terrain.

Pour illustrer mes propos, je souhaite vous faire part de quelques observations de terrain dans les établissements pénitentiaires des Outre-mer que j'ai eu la chance de pouvoir visiter à l'occasion de voyages professionnels ou non.

*J'ai ainsi pu visiter dans l'océan Indien à Mayotte l'ancien centre pénitentiaire de Majicavo (2009)

*À La Réunion (2009), le centre pénitentiaire du Port et son unité agricole ainsi que le nouveau centre pénitentiaire de

Saint-Denis de la Réunion, il venait d'ouvrir au moment de ma visite.

*Dans l'océan Pacifique, en 2017, j'ai été particulièrement intéressée par les visites successives du centre de détention de Faa'a Nuutania puis de celui de Tatutu à Papeari quelques jours après la visite du garde des Sceaux Jean-Jacques Urvoas, laquelle avait été très bien préparée par les détenus à Faa'a Nuutania. Vous aurez la chance d'entendre les directeurs actuels du centre de Faa'a Nuutania (M. Damien Pellen) et du centre de détention de Tatutu-Papeari (M. Vincent Vernet).

* Toujours dans l'océan Pacifique saisissante a été pour moi à Nuku Hiva, aux îles Marquises, la visite de la maison d'arrêt de Taiohae (2017). Je voudrais dire combien j'ai toujours été accueillie avec une très grande gentillesse et une écoute attentive à mes nombreuses questions de professeure de droit pénal et de politique criminelle.

J'en viens à quelques brèves observations sur les deux sujets annoncés :

I- La surpopulation pénale dans les Outre-mer

Les recommandations des organes des traités, ou du Comité des droits de l'homme des Nations unies, ne cessent de rappeler la France à ses lourds manquements. Ainsi dans le 7e rapport périodique de la France, le 10 juin 2016 [3], le Comité exprime son inquiétude sur la surpopulation carcérale : « *tout en notant les mesures prises par l'État partie, le Comité est préoccupé par le taux très élevé de surpopulation carcérale illustrée par un taux de remplissage de 116% en 2014, et même au-delà dans certaines prisons telles que celles de Marseille (147%) et de Nîmes (219%),* ***de même qu'en Polynésie (294%).*** *Le Comité déplore également les conditions matérielles inadéquates de détention qui prévalent dans certains*

---

[3] Observations finales du Comité contre la torture à la suite du 7e rapport périodique de la France, 10 juin 2016 (CAT/FRA/CO/7

établissements, notamment la vétusté et l'absence d'hygiène et de salubrité. Il est aussi préoccupé par la persistance de la violence entre détenus ainsi que par les allégations de mauvais traitements par le personnel pénitentiaire. Le Comité est enfin préoccupé par les difficultés rencontrées par certains détenus pour porter plainte contre ces violences, soit auprès des autorités administratives ou judiciaires, soit auprès du Contrôleur général des lieux de privation de liberté (art. 11, 16). Le Comité recommande à l'État partie de poursuivre ses efforts pour améliorer d'urgence les conditions de détention en tenant compte des recommandations du Contrôleur général des lieux de privation de liberté, et notamment : a) de réduire de manière soutenue la surpopulation carcérale, en particulier par un recours accru à des peines de substitution à la privation de liberté, conformément aux Règles minima des Nations unies pour l'élaboration de mesures non privatives de liberté (Règle de Tokyo) et aux Règles des Nations unies concernant le traitement des détenues et l'imposition de mesures non privatives de liberté aux délinquantes (Règles de Bangkok) ; b) d'améliorer les conditions matérielles de détention ; c) de s'assurer que les faits de violence dans les établissements pénitentiaires sont portés à la connaissance des autorités compétentes et que des enquêtes approfondies et impartiales sont menées sur ces actes de violence ; d) de renforcer son Plan d'action national de lutte contre les phénomènes de violence en prison ; e) et de s'assurer que les détenus peuvent porter plainte sans peur de représailles, notamment auprès du Contrôleur général des lieux de privation de liberté ».

La surpopulation pénale est en effet le plus sérieux problème commun à quasiment tous les établissements pénitentiaires d'outre-mer, l'accès au travail et la formation professionnelle venant immédiatement après, me semble-t-il. Pour la Polynésie française avec l'ouverture du centre de détention de Tatutu à Papeari, ce sont l'accès au travail et à la formation professionnelle, si importants en termes de reconstruction de la dignité de chacun qui sont un sujet brûlant.

Je voudrais rappeler que peu après sa nomination comme garde des Sceaux le 20 février 2013, Christiane Taubira mettait en place une conférence de consensus sur la prévention de la récidive[4]. Ses conclusions demeurent d'une grande actualité presque dix ans plus tard.

Le constat Outre-mer de la surpopulation demeure une spécificité par son ampleur, même si quelques améliorations ont pu être constatées.

Je ne vais pas revenir longuement sur les chiffres vous les évoquerez certainement

Au mois de mars 2017 étaient détenues 69 430 personnes en France, nouveau record, dont **5 204 personnes sous-écrous dans les Outre-mer**[5], réparties dans les 15 établissements des collectivités ou départements d'outre-mer relevant de la Mission outre-mer de l'administration pénitentiaire[6]. Sur ces 5 204 détenus, 186 sont des femmes et 101 des mineurs[7]. Sachant que le nombre de places est au total dans ces quinze établissements de 4065, le taux de surpopulation est de 128% avec de très grosses variations selon les établissements. En effet, trois centres de détention ne sont pas en surpopulation, celui du Port (88%), et celui de Saint-Denis (96%), l'un et l'autre à la Réunion, ainsi que celui de Saint-Pierre-et-Miquelon (45%). Deux petites maisons d'arrêt en Polynésie, dont

---

4 L'avis de la CNCDH *sur la prévention de la récidive*, adopté le 21 février 2013, va plus loin que la conférence de consensus en recommandant la suppression des courtes peines d'emprisonnement. http://www.cncdh.fr/sites/default/files/13_02_21_avis_sur_la_prevention_de_la_recidive_0.pdf.

Cf également l'avis de la CNCDH sur *le projet de loi relatif à la prévention de la récidive et à l'individualisation des peines*, adopté le 27 mars 2014. http://www.cncdh.fr/sites/default/files/14.03.27_avis_reforme_penale_2014_2.pdf, JORF n°0087 du 12 avril 2014 texte n° 48.

5 Au 1er mars 2023, 72 351 personnes sont détenues, dont 5669 outre-mer.

6 L'administration pénitentiaire comporte neuf régions pénitentiaires plus une mission outre-mer dont la sous-directrice, Madame Claire Mérigonde a été auditionnée.

7 Chiffres du ministère de la justice Mars 2017

l'une aux îles Marquises, ne sont pas non plus en sur effectif, la maison d'arrêt d'Uturoa à Raiatea (60%, 20 places) et celle de Taiohae (60%, 5places).

Dans l'avis de la CNCDH de 2017, un tableau isole pour certains territoires en 2013, les personnes sous écrou ayant bénéficié d'un aménagement de peine. Le très faible nombre de personnes bénéficiant d'un aménagement de peine parle de lui-même. Pour des raisons parfaitement identifiées par le Contrôleur général des lieux de privation de liberté (CGLPL)[8] dans ses rapports sur les établissements pénitentiaires des Outre-mer, les aménagements de peine sont beaucoup plus difficiles à mettre en place qu'en métropole. Aux raisons tenant au manque de moyens des services d'insertion et de probation (SPIP), au manque de structures publiques ou associatives d'accueil, d'insertion et de réinsertion, à la faiblesse des réseaux associatifs locaux, s'ajoute la précarité sociale des condamnés, souvent sans logement et sans adresse à laquelle j'ai déjà fait allusion. En Guyane, par exemple, beaucoup de personnes vivent dans des habitats informels, ce qui réduit l'accès à des aménagements de peine. Il ne faut pas oublier non plus que la mauvaise couverture téléphonique peut faire radicalement obstacle à la surveillance électronique[9]. Le taux moyen d'aménagement de peine dans les Outre-mer (12%) est deux fois moins élevé que la moyenne nationale (24%).

Au 1er janvier 2014, le pourcentage de personnes en cours d'aménagement de peine rapporté au nombre de personnes suivies en milieu ouvert et fermé n'était que de 5,61% pour la Réunion, 6,88% pour Mayotte, 8,29% pour la Martinique, 9,81% pour la Guadeloupe et 9,85% pour la Guyane[10]. Il ne

---

[8] Le CGLPL a été créé par la loi n°2007-1545 du 30 octobre 2007.

[9] Dedans-Dehors (OIP) n°85 octobre 2014.

[10] Rapport du groupe de travail, mis en place par la ministre de la Justice, sur les problématiques pénitentiaires en outre-mer, mai 2014

faut en aucun cas sous-estimer le rôle des SPIP dans la mise en œuvre des aménagements de peine, mais ceux-ci manquent encore cruellement de moyens. Le développement des mesures d'aménagement des peines est fonction en partie des moyens humains dont disposent les SPIP pour remplir leurs missions[11].

Le CGLPL reviendra certainement dans quelques minutes sur les incidences de la surpopulation pénitentiaire dans les Outre-mer. Le contrôleur général des lieux de privation de liberté (CGLPL), depuis 10 ans a visité plus de dix établissements pénitentiaires ultra-marins[12] et rendu public tous ses rapports. La fréquence de traitements inhumains et dégradants en raison des conditions de détention revient de façon récurrente dans les rapports du CGLPL.

La situation du centre pénitentiaire de Faa'a-Nuutania était aussi intolérable que celle de la prison de Majicavo à Mayotte[13] mais elle s'est évidemment améliorée en raison de l'ouverture en mai 2017 du nouveau centre pénitentiaire de Papeari. On vous le dira certainement. La plupart des surveillants sont polynésiens, ils ont été formés en 2016 à l'ENAP

---

[11] Sur la situation de chacun des SPIP des Outre-mer se reporter au rapport précité, mai 2014.

[12] Le CGLPL a visité depuis 2008 les établissements suivants : Centre pénitentiaire de Remire-Montjoly en Guyane, Centre de détention de Ducos en Martinique, Maison d'arrêt de Majicavo à Mayotte, Maison d'arrêt de Basse-Terre et Centre pénitentiaire de Baie-Mahault en Guadeloupe, Centre de détention du Port à la Réunion,

Centre pénitentiaire de Nouméa en Nouvelle-Calédonie, Centre pénitentiaire de Faa'a Nuutania en Polynésie française, Maison d'arrêt de Saint-Pierre de la Réunion et Centre pénitentiaire de Saint-Denis de la Réunion.

[13] Audition de François Badie, Procureur général près la cour d'appel de Papeete, 8 mars 2017.

d'Agen[14]. L'architecture du nouvel établissement de Papeari, construit dans un jardin tropical, a été particulièrement réfléchie[15] de telle sorte que lumière et ventilation bénéficient à chaque détenu dans des cellules de 10,5m^2. Pour rompre avec la dureté et la tristesse des couloirs de circulation, des tatouages marquisiens les décorent, ce qui a nécessité un appel d'offres particulier.

La situation était telle à Nuutania que plus de 350 recours en indemnisation pour détention dans des conditions inhumaines et dégradantes avaient déjà été déposés en 2017 devant le tribunal administratif de Papeete[16].

L'intervention de Sandrine Zientara-Logeay montrera combien les conséquences de la surpopulation carcérale, outre-mer en particulier, ont été source d'une évolution jurisprudentielle remarquée. De même le nouvel article 803-8 du CPP (issu de la loi n°2021-403 du 8 avril 2021 tendant à garantir le droit au respect de la dignité en prison) va donner lieu à une table-ronde. L'article unique de cette loi ouvre un nouveau recours judiciaire devant le juge des libertés et de la détention au bénéfice de toute personne détenue en détention provisoire dans un établissement pénitentiaire considérant que ses conditions de détention sont contraires à la dignité de la personne humaine. Lorsque la personne est condamnée elle saisit le juge de l'application des peines. On observe immédiatement que ce texte ne s'applique pas aux personnes détenues ou retenues dans un centre de rétention administrative, rétention qui se déroule trop souvent dans des conditions indignes.

La promiscuité, créée par la surpopulation carcérale, est lourde de conséquences à tous égards et favorise les violences

---

14 De très nombreux candidats au métier de surveillant pénitentiaire sont originaires des Outre-mer (mahorais, kanak, polynésiens, antillais).

15 Audition de Alain Bretagnolle, architecte chargé de la construction du centre pénitentiaire de Papeari (Agence studio), 8 mars 2017.

16 Cf. *infra*

entre détenus ou entre détenus et surveillants là encore constitutives d'atteintes à la dignité.

La Guyane et les Antilles sont les territoires les plus touchés par cette problématique[17]. Le centre pénitentiaire de Remire-Montjoly en Guyane recense un à deux homicides par an et des hospitalisations régulières à la suite de violences[18]. Les tensions y sont très fortes et sont aggravées par la présence de nombreuses personnes détenues étrangères. Le climat de violence de cet établissement avait inquiété le Comité européen pour la prévention de la torture et des peines ou traitements inhumains ou dégradants (CPT) déjà dans son rapport adressé au gouvernement français à la suite d'une visite effectuée en 2008[19]. Il s'était dit préoccupé par les violences entre personnes détenues avec parfois l'usage d'armes blanches artisanales fabriqués à partir d'éléments du mobilier.

En Guyane, les mesures prises ont fait suite à un conflit extrêmement violent opposant l'administration pénitentiaire et un syndicat ayant abouti à deux mutineries en juin 2015. Des programmes de lutte contre la violence avaient été mis en place par Jean-Philippe Mayol ancien directeur du centre pénitentiaire de Remire-Montjoly, dans le cadre desquels ont été formés des détenus-facilitateurs et médiateurs-relationnels afin des résoudre les conflits entre personnes détenues[20]. Ces

---

[17] Rapport du groupe de travail sur les problématiques pénitentiaires en outre-mer instauré par Christine Taubira, ancienne garde des Sceaux, mai 2014.

[18] Audition de François Bes, Coordinateur régional à l'Observatoire International des Prisons, 18 janvier 2017.

[19] Rapport au Gouvernement de la République française relatif à la visite effectuée par le Comité européen pour la prévention de la torture et des peines ou traitements inhumains ou dégradants (CPT) dans le département de la Guyane du 25 novembre au 1er décembre 2008.

[20] Audition de Jean-Philippe Mayol, directeur adjoint de l'ENAP, 1er février 2017.

programmes avaient auparavant été expérimentés à la Maison centrale d'Arles et au centre de détention du Port à la Réunion ; ils ont permis de mettre fin aux mutineries et de réduire les violences.

La Guadeloupe est en train d'atteindre le même niveau de violence. Un détenu sur deux posséderait une pique artisanale[21]. On retrouve au sein des deux établissements pénitentiaires de Guadeloupe les rivalités entre gangs rivaux connus à l'extérieur. Face à cela la direction a réagi dans un premier temps en transférant certains membres de gangs vers d'autres établissements pénitentiaires et dans un second temps en mettant en place un programme équivalent au programme « Respect » dont Muriel Giacopelli vous parlera dans la dernière intervention de la journée.

Concernant les violences commises par les membres du personnel pénitentiaire, la Guyane demeure le territoire le plus touché par le phénomène. C'est d'ailleurs la dénonciation de ces violences par la direction de l'unique établissement pénitentiaire qui avait déclenché le mouvement social ayant abouti aux mutineries. Celles-ci ont déstabilisé l'établissement durant l'été 2015[22]. Ces comportements sont de façon générale peu sanctionnés. Deux cas similaires de passage à tabac de personnes détenues par des surveillants avaient fait l'objet d'une saisine du procureur de la République, la première affaire a été classée sans suite, la seconde n'a, à ce jour, connu aucune avancée[23]. De ce rapide tableau, à remettre à jour très régulièrement, retenons que les atteintes à la dignité des personnes

---

21 Audition de Claire Mérigonde, directrice adjointe de la mission Outremer à l'administration pénitentiaire, 21 mars 2017.

22 Audition de Jean-Philippe Mayol précité.

23 Audition de François Bes, Coordinateur régional à l'Observatoire International des Prisons, 18 janvier 2017.

détenues liées à la surpopulation pénale peuvent être multiformes comme le sont les atteintes à la dignité liées au si difficile accès au travail et à la formation professionnelle.

II- L'accès au travail et à la formation professionnelle

La prison est un miroir grossissant des dysfonctionnements d'une société ; rien d'étonnant à ce que l'accès au travail et à la formation professionnelle pose des problèmes d'une acuité particulière dans les établissements pénitentiaires ultramarins en raison de la situation économique et donc de l'emploi hors les murs de la prison. Le droit applicable est le même qu'en métropole, il est en quelque sorte un déni du droit du travail en voie de légère amélioration par la loi pour la confiance dans l'institution judiciaire promulguée le 22 décembre 2022. Tous les décrets d'application n'ont pas encore été publiés. Cette loi fourre-tout comporte un volet relatif au travail pénitentiaire avec la création d'un contrat d'emploi pénitentiaire (à compter du 1er mai 2022) et de dispositions devant favoriser le développement de l'offre de travail. En l'état du droit positif la situation est lourdement attentatoire à la dignité des personnes détenues. La table-ronde qui se tiendra sur le renforcement de la dignité par le travail en détention présentera la situation de façon beaucoup plus approfondie que je ne vais le faire. Voici simplement quelques éléments.

De façon générale très peu de postes de travail sont offerts dans les Outre-mer hormis au service général des établissements. De nombreux établissements pénitentiaires pour les emplois au service général procèdent à des rotations sur de courts temps de travail pour être en mesure d'offrir quelques heures de travail par semaine à un plus grand nombre de détenus. Le travail en concession n'existe que de façon exceptionnelle[24].

Tout ou presque est à faire en matière de formation professionnelle et plus encore depuis la loi de 2014 qui donne compétence aux Régions en ce qui concerne la formation professionnelle.

Pourtant le travail et la formation professionnelle ont très tôt été investis comme un aspect essentiel du « traitement pénitentiaire ». Cette dimension n'a pas disparu de notre droit pénitentiaire. Certes, depuis la loi du 22 juin 1987 relative au service public pénitentiaire, l'obligation de travail pour le prisonnier a disparu en France. Toutefois, la loi pénitentiaire du 24 novembre 2009 a institué une obligation d'activité, laquelle vise entre autres le travail et la formation professionnelle[25]. Les lourds problèmes d'accès au travail ou à la formation professionnelle sont décuplés dans les établissements des Outremer.

De façon générale la situation du travail carcéral est, à bien des égards complexe, il en est de même des activités non rémunérées au sein d'une prison. Travail et activités non rémunérées parviennent même à être confondus. Il en sera

---

[24] Pour La Réunion cf. Audition de Madame Gracieuse Lacoste, Première présidente près la cour d'appel de Saint-Denis de la Réunion, 8 mars 2017.

[25] Article 27 de la loi pénitentiaire : « Toute personne condamnée est tenue d'exercer au moins l'une des activités qui lui est proposée par le chef d'établissement et le directeur du service pénitentiaire d'insertion et de probation dès lors qu'elle a pour finalité la réinsertion de l'intéressé et est adaptée à son âge, à ses capacités, à son handicap et à sa personnalité. Lorsque la personne condamnée ne maîtrise pas les enseignements fondamentaux, l'activité consiste par priorité en l'apprentissage de la lecture, de l'écriture et du calcul. Lorsqu'elle ne maîtrise pas la langue française, l'activité consiste par priorité en son apprentissage. L'organisation des apprentissages est aménagée lorsqu'elle exerce une activité de travail. »

question avec la présentation des dispositifs « Respect » ou régimes différenciés investissant le travail. Dans ce cadre, par exemple des tâches d'entretien des espaces collectifs, qui habituellement incombent aux détenus classés au service général, peuvent être un élément du régime « Respect » et à ce titre constituer une obligation à honorer sans contrepartie financière pour les détenus affectés dans ces quartiers dits de "confiance". C'est une des réserves que l'on peut avoir à l'égard du régime différencié « Respect ».

J'insisterai sur deux points :

-L'accès au travail n'est toujours pas l'accès au droit du travail

Les personnes détenues « classées », c'est-à-dire occupant un emploi, sont dans une situation de très grande précarité y compris au plan statutaire. Cet état du droit s'explique et se traduit par une situation concrète de l'offre et de la réalisation du travail qui échappe presque complètement aux conditions et fonctions sociales du travail à l'extérieur. Cet aspect de la vie derrière les barreaux conjugue tous les maux de la prison : isolement de l'institution par rapport à son environnement, précarité sociale et culturelle d'une part importante de la main d'œuvre concernée, ostracisme de l'institution assumant la charge de celle-ci, complexité de l'organisation du quotidien, notamment du fait des contraintes sécuritaires ; imprévisibilité du temps carcéral, etc.

En outre, le travail en prison se caractérise par des niveaux de rémunération très faibles. Le CGLPL avait mis en cause, dans son rapport d'activité 2011, une « *application très parcellaire du cadre juridique existant* » en matière de rémunération. Il peut en aller ainsi même lorsque le travail est effectué au service général, notamment parce que l'enveloppe budgétaire attribuée à l'établissement pénitentiaire ne permet pas d'assurer le classement du nombre de travailleurs nécessaires au bon fonctionnement de celui-ci. En atelier de production, le CGLPL a, dans ce rapport de 2011, rappelé que, en dehors de quelques emplois très spécifiques, le travail y donnait lieu à une rémunération en fonction de la production, de sorte que le « *salaire minimum de rémunération n'[avait] alors plus aucune signification* ». Cet état de fait est mis en avant pour expliquer la difficulté pour l'administration à trouver des donneurs d'ordre aptes à fournir du travail en concession, cette difficulté en métropole frise l'impossibilité dans les Outre-mer.

La pénurie d'offre de travail vient justifier que des conditions très attractives soient faites aux donneurs d'ordre en termes de flexibilité et de rémunération de l'emploi, cela ne suffit pas dans les Outre-mer pour offrir du travail en concession. Comme l'a noté dès 2002, un rapport du Sénat sur le travail en prison, « le *pragmatisme de l'administration pénitentiaire correspond à un bricolage permanent, qui amène à faire du travail pénitentiaire un "non-travail" : celui-ci est une occupation parmi d'autres, sans aucun des attributs que revêt le travail* »[26]. Ce jugement est sévère mais n'est pas erroné.

Les constats faits en 2002 demeurent malheureusement largement valables.

À la faiblesse de la rémunération s'ajoute le fait que le temps de travail est généralement très limité, sauf lorsqu'il s'effectue en cellule, auquel cas les cadences imposées par les objectifs assignés imposent au contraire des horaires extrêmes, prenant le pas sur les autres activités en détention, lorsqu'il y en a. L'avis du CGLPL de 2016 signale que « *les auxiliaires du service général, pour la grande majorité, ne bénéficient pas de jour de congé hebdomadaire et travaillent donc tous les jours* ».

Enfin, l'accès au travail est subordonné à la procédure de classement. Si les conditions de classement sont fixées par les dispositions du Code de procédure pénale, les décisions de

---

[26] Sénat, Rapport d'information n°330 du Sénateur Paul Loridant « *Les prisons : le travail à la peine* » juin 2002.

refus de classement ne sont pas soumises à l'obligation de motivation. En outre, le flou entourant les conséquences de l'inscription du détenu sur une liste d'attente, qui peuvent conduire au classement d'une personne ayant attendu moins longtemps suscitent un sentiment d'arbitraire. Enfin, les conditions posées à l'exercice d'un recours en référé contre les décisions de déclassement sont telles qu'en pratique le recours devant les juridictions administratives n'est pas réellement effectif.

La place éminente toujours faite au travail dans notre conception de la peine tranche avec la réalité juridique et matérielle qui est la sienne.

Rappelons que la perception d'un salaire est indispensable dans un milieu où l'impécuniosité est une réalité bien que le « gîte et le couvert » soient assurés aux personnes détenues. En prison, la pauvreté et la surpopulation pénale exposent à l'asservissement et à la violence comme on a pu le constater. Ne pas avoir les moyens de cantiner signifie être dépendant et donc fait encourir le risque d'être exploité pour toutes sortes de tâches. La pauvreté entretient des formes d'affiliation imposées qui minent le climat en détention. Dans les faits, l'accès à la cantine pour améliorer et compléter « l'ordinaire » est très largement perçu comme indispensable.

Tout devrait concourir pour que des postes de travail soient offerts et que les conditions de travail dans la prison soient rapprochées autant que possible de celles qui prévalent à l'extérieur. Tel est d'ailleurs le sens des Règles pénitentiaires européennes[27].

Au titre du service général (nettoyage des locaux, distribution des repas, cuisine, buanderie etc..), les établissements pénitentiaires ultra-marins essaient de classer un maximum de

---

27 Les Règles pénitentiaires européennes (RPE) ont été adoptées pour la première fois en 1973, elles ont été révisées en 1987 puis en 2007.

détenus jusqu'à opérer des rotations. En Polynésie, au centre pénitentiaire de Faa'a Nuutania, grâce à un domaine agricole, une centaine de personnes travaille en moyenne dans l'établissement au sein de trois petits ateliers dans le domaine agricole ou à l'entretien de l'établissement. Le directeur du centre de détention de Papeari vous exposera certainement comment il est parvenu à offrir des postes de travail en dehors du service général.

Il apparaît qu'au plan juridique les réflexions sont effectivement avancées mais ne sont pas encore concrétisées dans la loi. Le rapport du sénateur Loridant en 2002[28] avait pris parti en faveur de l'établissement d'un contrat de travail de droit public. Il vient seulement d'être instauré un contrat d'engagement pénitentiaire.

Insistons avec autant de vigueur sur :

-L'impératif d'une véritable politique publique en faveur de la formation professionnelle sur tout le territoire de la République

La décentralisation de la formation professionnelle, confiée désormais aux régions par la loi du 5 mars 2014, implique une prise de conscience par les élus de nouveaux impératifs et de nouvelles responsabilités. Sauf, rares exceptions ce transfert de compétences peine à se mettre en place, or la décentralisation est effective depuis le 1er janvier 2015 pour l'ensemble des établissements pénitentiaires en gestion publique ; pour les établissements relevant de la gestion déléguée, elle a pris effet depuis l'échéance des marchés, c'est-à-dire selon les établissements au plus tard depuis 2018.

Le CGLPL, dans son avis du mois de décembre 2016, a pointé les graves problèmes posés par la décentralisation de la formation professionnelle des détenus. Son attention a été appelée sur l'interruption des actions de formation

---

[28] Rapport précité

professionnelle dans certaines régions. Ainsi en Guyane, au motif que de nombreux détenus sont étrangers, la Région est réticente à financer la formation professionnelle ; en 2017, aucune formation professionnelle n'est proposée. En Guadeloupe, en juin 2015, aucune formation n'était proposée au centre pénitentiaire de Baie Mahault et à la maison d'arrêt de Basse-Terre car aucun financement n'avait été mis en place par le Conseil régional[29].

En raison de ce que l'administration pénitentiaire est une compétence régalienne relevant de la République, les conseils régionaux en métropole et dans les Outre-mer peinent à s'investir dans la formation professionnelle des détenus. Ces constats vont jusqu'à poser la question de la pertinence de la réforme.

Le CGLPL dans son avis du 22 décembre 2016 attire également l'attention sur la situation de la formation professionnelle pour les mineurs en métropole comme dans les Outre-mer. Les mineurs détenus de plus de seize ans sont éligibles à la formation professionnelle, très peu en bénéficient de manière effective, voire aucun outre-mer.

On doit observer qu'avant même la décentralisation de la formation professionnelle, les stages de formation étaient très peu nombreux dans les établissements ultra-marins. Ainsi en 2014, en Polynésie, dans l'établissement de Faa'a Nuutania seules 9 personnes détenues avaient bénéficié d'une formation d'aide-cuisinier plongeur et dix autres d'une formation agricole[30].

Tous les intervenants de ce colloque vous diront les avancées grâce à l'énergie et l'inventivité déployée par les

---

[29] Avis du CGLPL du 22 décembre 2016, relatif au travail et à la formation professionnelle dans les établissements pénitentiaires.

[30] Rapport d'activité 2014 du centre pénitentiaire de Faa'a Nuutania

personnels pénitentiaires malgré les obstacles sur lesquels j'ai peut-être trop insisté.

En bref, vous avez toutes et tous pu observer au regard simplement de la surpopulation pénale et de l'accès au travail et à la formation professionnelle combien le fonctionnement d'un service public, ici celui de l'administration pénitentiaire, s'inscrit dans un territoire, dans les spécificités économiques, sociales, géographiques et culturelles de ce territoire. Ces spécificités influent massivement sur l'effectivité des droits énoncés et en conséquence sur le respect de la dignité de chaque personne détenue. L'ensemble des interventions dans le cadre de ce beau colloque en apportera la preuve de façon plus approfondie.

1ère PARTIE : QUELLES ATTEINTES À LA DIGNITÉ DES DÉTENUS DANS LES OUTRE-MER ?

Les atteintes à la dignité constatées par le CGLPL dans les Outre-mer : des spécificités ultra-marines ?

Cécile DANGLES
Contrôleur, CGLPL

La question des atteintes à la dignité constatées dans les établissements pénitentiaires d'outre-mer est un sujet rémanent, qui avait, déjà en mai 2017, fait l'objet d'un rapport par la Commission Nationale Consultative des Droits de l'Homme (CNCDH), intitulé « La question pénitentiaire dans les outre-mer ».

Les différents travaux récents réalisés sur la situation pénitentiaire en outre-mer (Avis sur la question pénitentiaire dans les outre-mer, 2017 CNCDH ; Rapport sur les problématiques pénitentiaires outre-mer, mai 2014, Groupe de travail constitué de parlementaires, de membres de la Chancellerie et d'un représentant de la délégation générale à l'outre-mer) dénoncent à l'unisson une surpopulation atteignant tant les maisons d'arrêt que les établissements pour moyennes et longues peines (notamment les centres de détention) et un très faible taux d'aménagement de peine (de 12% en 2017 pour les territoires ultra-marins contre 24 % en métropole).

La mission des services pénitentiaires de l'outre-mer gère quatorze établissements pénitentiaires de tout type (centre pénitentiaire, maison d'arrêt, centre de détention), comprenant vingt-deux types de quartiers différents, répartis dans l'ensemble des territoires d'outre-mer.

Le Contrôleur général des lieux de privation de liberté (CGLPL) est une autorité administrative indépendante chargée de veiller à la protection de l'ensemble des droits fondamentaux des personnes privées de liberté, qu'elles soient en prison, en garde à vue, dans un établissement de santé mentale, en centre de rétention pour étrangers, dans les geôles d'un tribunal, en centre éducatif fermé pour mineurs ou dans tout autre lieu dans lequel des personnes sont enfermées par la décision d'un juge ou d'une autorité administrative.

Le CGLPL s'assure ainsi que les droits à la vie, à l'intégrité physique et psychique ou à ne pas être soumis à un traitement inhumain ou dégradant sont respectés. Il lui revient également de veiller à un juste équilibre entre le respect des droits fondamentaux des personnes et les considérations d'ordre public et de sécurité, notamment en matière de droit à la vie privée et familiale, au travail et à la formation, d'accès aux soins, ainsi qu'à la liberté d'expression, de conscience et de pensée. De même sont examinées les conditions de travail des personnels et des intervenants, car ces dernières peuvent avoir des conséquences directes sur le traitement des personnes privées de liberté.

Le CGLPL peut visiter, à tout moment, tout lieu du territoire français où des personnes sont enfermées pour vérifier les conditions de vie des personnes privées de liberté et enquêter sur l'état, l'organisation et le fonctionnement de l'établissement. Les contrôleurs ont libre accès à l'ensemble des locaux et peuvent s'entretenir de manière confidentielle avec les personnes privées de liberté ainsi qu'avec le personnel et tout intervenant.

Dans le cadre de sa mission, le CGLPL formule des recommandations aux autorités publiques. Outre les rapports publiés à l'issue de chaque visite d'établissement, le Contrôleur général peut décider de publier au Journal officiel des recommandations spécifiques à un ou plusieurs établissements ainsi que des avis généraux sur une problématique transversale. L'ensemble de ces documents est disponible sur le site internet de l'institution (www.cglpl.fr). À titre liminaire, il est intéressant de relever que sur treize recommandations en urgence formulées par le CGLPL pour des établissements pénitentiaires depuis 2008, quatre concernent des établissements situés en territoires ultra-marins (la maison d'arrêt de Majicavo à Mayotte[1], le centre pénitentiaire de Nouméa à deux reprises, et le centre pénitentiaire de Remire-Montjoly en Guyane). Cette surreprésentation des établissements d'outre-mer est déjà en soi une spécificité : les atteintes à la dignité qui y sont relevées sont parfois si prégnantes qu'elles nécessitent une réaction en urgence pour que des mesures immédiates soient prises.

La présente étude s'appuie sur les rapports de visite du CGLPL les plus récents[2], réalisés dans les établissements suivants :

Le centre Pénitentiaire de Nouméa (Nouvelle-Calédonie) – 2e visite du 14 au 18 octobre 2019 ;

Le centre Pénitentiaire de Remire-Montjoly (Guyane) – 2e visite du 1er au 12 octobre 2018) ;

Le centre Pénitentiaire de Ducos (Martinique) – 2e visite du 9 au 13 octobre 2017) ;

Le centre Pénitentiaire de Majicavo (Mayotte) – visite du 13 au 21 juin 2016) ;

---

1 Recommandations publiées au JO en parallèle de la publication du rapport de visite sur le site du CGLPL

2 Les rapports de visite de ces établissements sont disponibles sur le site internet du CGLPL : www.cglpl.fr

Le centre Pénitentiaire de Baie-Mahault (Guadeloupe) – 2e visite du 1er au 5 juin 2015).

Réalisé ainsi sur à peine plus de 25% des établissements pénitentiaires ultra-marins, l'exercice de généralisation ne peut prétendre à l'exhaustivité.

Les rapports rédigés à la suite des visites réalisées par le CGLPL révèlent les mêmes problématiques et leur lecture permet d'appréhender la pluralité des facteurs responsables. Si cette généralisation à l'ensemble de l'outre-mer ne doit toutefois pas occulter les nombreuses spécificités propres à chacun des établissements et territoires, elle demeure pertinente au regard de la récurrence de certains constats.

Les causes identifiées peuvent être notamment regroupées dans les catégories suivantes : l'environnement, l'isolement géographique et les conditions de détention inédites, la population pénale et les difficultés économiques et sociales.

I. Quels sont les constats dressés par le CGLPL ?

A. Des difficultés liées à l'environnement

Les établissements d'outre-mer se distinguent en général en ce qu'ils sont plus exposés aux intempéries et variations climatiques. De ce fait, le manque d'entretien des infrastructures emporte davantage de conséquences qu'en métropole.

Par exemple, dans les cellules du centre pénitentiaire de Nouméa, « *la température est insupportable au plus fort de l'été* ». Par ailleurs, dans les cours de promenade, « *le sol, en partie en terre et en partie en béton, dégage de la poussière en période de canicule ou au contraire devient boueux, voire impraticable plusieurs jours de suite en saison des pluies. Pendant cette période, des remontées d'égout déposent sur le sol excréments et détritus* ». (Recommandations en urgence du 19 novembre 2019 relatives au centre pénitentiaire de Nouméa, publiées au *Journal officiel* du 18 décembre 2019)

À Mayotte, des mesures d'hygiène plus importantes sont nécessaires pour respecter la dignité des détenus en raison « *de la chaleur et de la promiscuité régnant en cellule* » (changement de draps plus fréquent par exemple). Par ailleurs, les heures d'ouverture et de fermeture des portes de cellule ne prennent pas en compte les particularités climatiques mahoraises. En outre, le fonctionnement des caméras extérieures est fragilisé par l'humidité présente et la « *voracité des rats qui rongent les fils* » (Rapport visite du centre pénitentiaire de Majicavo – juin 2016).

Au centre pénitentiaire de Remire-Montjoly (Guyane), le bâti et les équipements sont soumis aux contraintes climatiques spécifiques du territoire. « *L'humidité, les pluies torrentielles durant six mois de l'année, les tempêtes et les températures extrêmes endommagent l'ensemble des bâtiments et cours de promenade conçus avec des matériaux non adaptés : les grilles et objets métalliques sont rongés par la rouille et les peintures se décollent par lambeaux* » (Recommandations en urgence du 17 décembre 2018 relatives au centre pénitentiaire de Rémire-Montjoly, publiées au Journal officiel du 31 janvier 2019). Par ailleurs, des produits frais sont vendus en cantine malgré l'absence de réfrigérateurs et les températures élevées.

Centre pénitentiaire de Rémire-Montjoly (Guyane) - Cour de promenade au quartier disciplinaire : humidité et moustiques

Lors de leur visite du centre pénitentiaire de Ducos en Martinique, les contrôleurs avaient noté que la moitié de la cour de promenade d'une des maisons d'arrêt était inutilisable, car systématiquement boueuse.

Par ailleurs, les territoires ultra-marins sont marqués par la présence d'une faune et d'une flore particulière, que l'administration pénitentiaire est obligée de prendre en considération.

« *Quant à la présence de moustiques, le secteur où est implanté le centre pénitentiaire* [de Nouméa] *fait partie des zones de lâcher de moustiques comme le prévoit la convention passée entre le gouvernement, l'Institut Pasteur de Nouvelle-Calédonie, la ville de Nouméa et l'université australienne de Monash, dans le cadre du world mosquito program. Ces moustiques, auxquels une bactérie éradiquant la dengue a été inoculée, permettent de lutter contre cette maladie* ». En Guadeloupe, « *les contrôleurs ont vu des « ravets »* [appellation des cafards aux Antilles] *sortir d'un chariot, ce qui est peu rassurant en matière d'hygiène »*

(Rapport de visite du centre pénitentiaire de Baie-Mahault, juin 2015).

La prolifération de rats et d'insectes était également relevée lors de la visite du centre pénitentiaire de Ducos et de Rémire-Montjoly. En outre, dans ce dernier établissement, la présence de 50 000 à 60 000 hirondelles d'avril à octobre provoque des dégradations et contraint personnel et détenus à subir leur nuisance sonore et olfactive. Cette cohabitation emporte également des conséquences sanitaires : ces oiseaux transmettent la fièvre Q à l'homme, atteignant le cœur et le foie, et pouvant évoluer vers une forme chronique grave, létale en l'absence de traitement adapté.

B. Un isolement géographique problématique

Du fait de la distance entre les établissements pénitentiaires ultra-marins entre eux et avec ceux de métropole, les possibilités de transfert pour les personnes détenues sont moindres. Par exemple, en Nouvelle-Calédonie, il n'existe qu'un seul établissement pénitentiaire sur toute l'île. Un projet de construction d'un centre de détention à Koné est toujours en cours de réalisation[3]. Dans l'intervalle, aucun rapprochement familial ou transfert en application de mesure d'ordre intérieur n'est envisageable pour les personnes détenues à Nouméa. Cette situation est par ailleurs d'autant plus problématique que le taux de personnes sous écrou y est plus important qu'en métropole : 198 pour 100 000 habitants au moment du contrôle en octobre 2019 pour une moyenne nationale de 121 pour 100 000 habitants.

Les détenus condamnés à de longues peines et désireux de poursuivre leur détention dans un autre établissement afin de suivre une formation ou travailler dans un certain domaine,

[3] Le centre pénitentiaire de la Province Nord a finalement accueilli les premiers détenus le 6 février 2023.

sont clairement privés d'une chance de progression et de la possibilité de démontrer leur volonté de réinsertion.

De la même façon, pour les mineurs mahorais, les seuls dispositifs alternatifs à l'incarcération (CEF et CER associatifs) sont installés à la Réunion, ce qui empêche la mise en œuvre de mesures d'aménagement de peine.

De surcroît, l'isolement géographique est à l'origine de l'encombrement d'établissements ou quartiers qui ne sont jamais atteints, du moins en métropole, par la surpopulation carcérale, à l'instar des centres de détention. En Martinique, les trois quartiers centres de détention affichent un taux d'occupation respectif de 154%, 182% et 350%, pour un taux d'encellulement individuel moyen de seulement 27,8%. Faute de pouvoir transférer les personnes détenues, les établissements pénitentiaires pour moyennes et longues peines subissent également une densité carcérale excessive.

L'isolement géographique est enfin source de difficultés pour le recrutement d'auxiliaires de justice. Ainsi, en Guadeloupe, les juges de l'application des peines ont insisté sur le manque d'experts psychiatres, risquant d'imposer la désignation d'experts venant de métropole. Cette problématique se fait structurelle pour un certain nombre de condamnés détenus en outre-mer sollicitant un aménagement de peine. De la même façon, l'absence d'antenne du centre national d'évaluation dans ces territoires ultra-marins rend indispensable un transfert préalable en métropole et complique ainsi grandement le parcours d'aménagement de peine des personnes détenues.

C. Des conditions de détention parfois inédites et inadmissibles

Il a été relevé que dans différents établissements d'outre-mer, les conditions de détention sont particulières, adaptées au bâti ou aux spécificités matérielles locales. Elles s'éloignent d'autant plus de la prescription légale qui pose un principe d'encellulement individuel comme respect de la dignité de la personne détenue.

Au centre pénitentiaire de Rémire-Montjoly, il existe des cellules doubles de 22 m² accueillant jusqu'à 6 détenus.

Au centre pénitentiaire de Nouméa, certains détenus vivent dans des containers en guise de cellule. Les containers, à l'origine conçus pour le transport de marchandises, sont parfaitement inadaptés, sales, corrodés par la rouille, sujets aux infiltrations d'eau, aux moisissures et à la prolifération des insectes nuisibles.

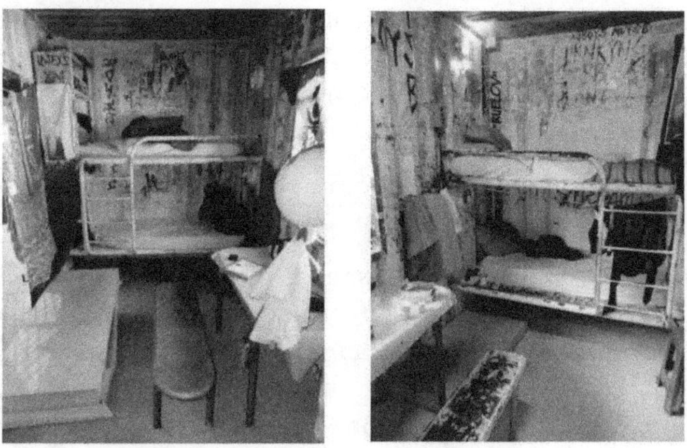

Centre pénitentiaire de Nouméa – Cellules du centre de détention ouvert

Au centre pénitentiaire de Ducos en Martinique, au jour de la visite, soixante-trois personnes séjournaient à quatre dans des cellules de 19 m². Elles accrochaient un drap ou une grande serviette à la porte de leur cellule, constituée uniquement de barreaux métalliques rendant totalement impossible la moindre intimité de ce qui est leur « lieu de vie ».

D. Une population pénale spécifique

Une surreprésentation de détenus de nationalité étrangère :

À Mayotte, la population pénale est issue majoritairement d'une immigration clandestine, ce qui rend nécessaire une forte présence des services administratifs pour répondre aux différents besoins (obtention de papiers, renouvellement de titre de séjour, etc.).

En outre, les permis de visite ne sont accordés, pour les personnes de nationalité étrangère, que s'ils bénéficient d'un titre de séjour en cours de validité. Le maintien des liens familiaux se révèle ainsi plus difficile à garantir pour cette importante part de détenus dont les proches ne disposent pas de documents administratifs valables.

La barrière de la langue comme cause d'atteintes aux droits fondamentaux :

À Mayotte, nombre de détenus ne parlent pas français de sorte que le personnel de surveillance d'origine mahoraise est requis pour traduire les échanges avec les professionnels de santé, principalement métropolitains. Cette manière, pourtant pragmatique, de procéder porte évidemment atteinte à la confidentialité des échanges. Par ailleurs, le règlement intérieur est rédigé en français, dans un style juridique peu accessible, alors qu'un tiers des habitants de Mayotte est en situation d'illettrisme.

En Guadeloupe, 30 à 38% des détenus étaient en situation d'illettrisme au moment de la visite en 2015.

En Martinique, est également présente une population significative d'étrangers, dont une grande partie non francophone (originaires de Sainte-Lucie, Dominicains, Guyaniens, ressortissants de Saint-Vincent-et-les-Grenadines, etc.).

Au regard de ces constats, la charge revient à l'administration pénitentiaire d'adapter notamment sa gestion de la population pénale, son mode de communication et de transmission des informations aux détenus, pour garantir un respect de la dignité des détenus. Cette prise en compte n'est toutefois pas encore systématique.

Des observations recueillies par le CGLPL lors de ses visites, il apparaît que la cohabitation des communautés nationales dans certains établissements est source de violences récurrentes.

Ainsi, en Guadeloupe, « *la plupart des 123 personnes détenues rencontrées en entretien ont évoqué la question des violences* ». Des confrontations entre gangs, rackets, violences physiques ou psychiques sont dénoncés et parfois relayés sur les réseaux sociaux. Cette situation nécessite un suivi étroit par l'établissement, les services de la préfecture, ceux de la gendarmerie, les juges de l'application des peines et le conseil d'évaluation de l'établissement.

De la même façon, en Guyane, il a été relevé que règne un climat de violence extrême, en raison d'affrontements récurrents entre communautés nationales.

En conséquence, les origines et appartenances des détenus doivent donc d'autant plus faire l'objet d'une analyse fine, pour tenter de conserver un climat le plus serein possible au sein de la détention.

Depuis mars 2019, un délégué local au renseignement pénitentiaire (DLRP) a été nommé en Nouvelle-Calédonie. Il établit la liste des écoutes ciblées et pertinentes au regard des éléments qui lui parviennent, de l'extérieur – police, gendarmerie, Haut-commissariat – ou de l'intérieur, par les surveillants en particulier. Sont particulièrement surveillées les personnes détenues originaires de certaines tribus, dont le positionnement peut entraîner des conséquences sur le bon ordre de la détention.

Enfin, la population pénale d'outre-mer se distingue aussi souvent par sa situation très précarisée.

En Guyane, lors de la visite des contrôleurs, 389 personnes relevaient du dispositif de lutte contre la pauvreté sur un effectif de 736 soit 52,85 % de la population incarcérée (taux variant entre 30 et 40% en général dans les prisons métropolitaines). Cette précarité raisonne également avec le haut taux de consommation de psychotropes observé au centre pénitentiaire de Ducos où les détenus déclaraient pour 12 % une addiction au crack, pour 66% au cannabis et pour 70% au tabac (chiffres largement supérieurs aux différentes données délivrées par l'Observatoire français des drogues et des tendances addictives dans son rapport *Usages de drogue en prison – pratiques, conséquences et réponses* publié en décembre 2019).

E. Des difficultés économiques et sociales prégnantes

La réalité du marché économique et les problématiques liées à l'aide sociale en outre-mer rendent difficile la mise en place d'une politique active de réinsertion. L'ensemble des établissements visités connaissent une pénurie de travail en détention. Seul le service général permet l'emploi d'un faible nombre de détenus. Cette pénurie touche également la formation professionnelle, que les établissements ne parviennent pas à délivrer.

Au-delà du désœuvrement qu'entraîne l'absence d'activité pour les détenus, les chances d'obtenir un aménagement de peine, déjà diminuées par la précarité sociale de la population pénale, qui ne possède bien souvent pas d'adresse à l'extérieur, en sont fortement réduites. Ces différents facteurs expliquent ainsi un taux d'aménagement de peine bas (ne dépassant pas 25 % des requêtes présentées à Ducos lors de la visite).

Par ailleurs, d'autres atteintes aux droits des détenus ont pu être constatées et reliées aux particularités économiques de ces territoires d'outre-mer. Par exemple, en raison de la fluctuation des prix à Mayotte, les bons de cantine ne mentionnent pas les prix donc les consommateurs ne peuvent pas savoir précisément les dépenses qu'ils engagent. Les produits ne sont en outre parfois pas livrés du fait des difficultés d'approvisionnement de l'île.

Les difficultés économiques touchent également directement certains établissements pénitentiaires, tel le centre pénitentiaire de Nouméa qui, lors de la visite, était en situation de cessation des paiements trois mois avant la fin de l'année.

F. Un climat social tendu

Les établissements d'outre-mer ont tendance à être plus exposés aux tensions sociales internes, qui viennent surabonder les problématiques préexistantes.

À Mayotte, les syndicats estiment que « *les établissements de l'outre-mer ne sont pas considérés comme ceux de la métropole* » au regard, par exemple, de la situation des surveillants qui perdent des années dans la reprise de leur carrière ou qui ne bénéficient pas de la prime d'ouverture d'un nouvel établissement.

En Guyane, le personnel d'encadrement connaît une situation problématique dans la mesure où manquent un lieutenant et quatre premiers surveillants. Au jour de la visite, deux surveillants assuraient les fonctions de premiers surveillants. Au sous-effectif, s'ajoute un absentéisme endémique, supérieur au taux national. Extrêmement élevé, le taux d'absentéisme avoisinait 22 % en janvier 2018 et 30 % au mois d'août 2021. Ce type de situation est incontestablement source de tensions et de moindre attention portée aux personnes détenues et au respect de leurs droits fondamentaux.

Au centre pénitentiaire de Ducos, les contrôleurs avaient également constaté un conflit entre l'administration pénitentiaire et le barreau, ce dernier exigeant que le nombre d'audiences de commissions de discipline soit ramené à deux par semaine en raison de l'éloignement du centre pénitentiaire et du faible nombre d'avocats actifs au sein du barreau. La situation porte *in fine* atteinte aux droits de la défense.

II. Quel avenir pour la protection des droits fondamentaux des détenus ultra-marins ?

Depuis les visites du CGLPL, certaines évolutions positives sont intervenues.

Ainsi, le centre pénitentiaire de Majicavo a été doté d'une structure à l'architecture standardisée et les bâtiments cellulaires y ont remplacé les dortoirs de l'ancienne maison d'arrêt où sévissait une promiscuité intolérable. De la même façon, un centre de détention devrait ouvrir ses portes en Nouvelle-Calédonie, à Koné, en fin de l'année 2022.

Futur centre de détention de Koné

En outre, la loi du 8 avril 2021 tendant à garantir le droit au respect de la dignité en détention a créé, dans le Code de procédure pénale, un dispositif visant à introduire un recours devant le juge judiciaire en cas de conditions indignes de détention. Cette possibilité sera, évidemment, également ouverte aux personnes détenues dans les territoires ultra-marins. Elle obligera le juge à prendre en considération les spécificités de l'outre-mer pour analyser, de manière individualisée, les conditions de détention des requérants.

Le chemin vers des conditions d'incarcération dignes en outre-mer reste, dans tous les cas, long. Il va sans dire que le Contrôleur général des lieux de privation de liberté continuera à se déplacer, à effectuer des visites inopinées de ces différents établissements pénitentiaires, à alerter le Gouvernement sur des situations problématiques, voire publier des recommandations en urgence pour obtenir des changements (presque) immédiats. Car la dignité des détenus qui se doit d'être respectée est une question de droits fondamentaux, d'humanité mais aussi d'efficacité de la peine.

Le respect de l'identité des personnes transgenres

Hinerava BASSEZ
Mariam OUEDRAOGO
Claire SERIN
Étudiantes en Master 2, Université de la Polynésie française

Le 6 juillet 2021, un grand nombre de journaux nationaux et d'associations de défense des droits des personnes LGBTQIA+[1] font leur « une » sur les conditions de détention des personnes transgenres.[2]

Ce 6 juillet 2021 correspond à la publication au journal officiel du rapport de Madame le Contrôleur général des lieux

---

[1] https://www.liberation.fr/france/2018/01/25/mais-ca-veut-dire-quoi-lgbtqia_1625090/

[2] https://www.huffingtonpost.fr/entry/les-personnes-trans-en-prison-subissent-des-atteintes-a-leurs-droits-fondamentaux_fr_/ ;
https://www.liberation.fr/societe/police-justice/prison-et-detenus-transgenres-il-faut-reconnaitre-que-ce-sujet-existe-20210706_4OP4ROP56FBRXAQUWZG5VWLE54/ ;
https://www.nouvelobs.com/rue89/rue89-nos-vies-connectees/20130319.RUE3398/les-transsexuels-sont-ils-emprisonnes-dans-la-prison-pour-femmes-ou-pour-hommes.html ;
http://caphi.over-blog.fr/article-appel-a-mobilisation-au-sujet-d-une-trans-incarceree-40196312.html ;
https://france3-regions.francetvinfo.fr/occitanie/haute-garonne/toulouse/le-long-combat-de-jennifer-detenue-transgenre-a-la-maison-d-arret-de-seysses-2081578.html ;
https://tetu.com/2021/07/07/personnes-trans-prison-securite/

de privation de liberté (CGLPL)[3], relatif à la prise en charge des personnes transgenres dans les lieux de privation de liberté.

Cette actualité nous amène au sujet du présent développement : les droits des personnes transgenres en détention.

En ce qui concerne le terme de transgenre, le dictionnaire juridique n'en donne pas encore de définition. Nous retiendrons la définition donnée par Madame le Contrôleur général des lieux de privation de liberté dans son rapport de 2020[4] en ces termes : « personne dont l'identité de genre ne correspond pas au sexe qui lui a été assigné à la naissance. Une personne transgenre peut avoir ou ne pas avoir engagé de démarches de changement d'état civil ou de transformations physiques. Aux termes « transsexuel » et « transsexualisme », utilisés par le CGLPL dans l'avis de 2010, doivent être substitués ceux de « transgenre » et de « transidentité », car ils correspondent davantage à la réalité vécue et au vocabulaire employé par la majorité des personnes concernées à l'heure actuelle. »

Nous nous intéresserons ainsi à la détention des personnes transgenres en général, que cette détention soit provisoire ou subie par une personne condamnée, sur l'ensemble du territoire de la République française.

Le rapport du CGLPL indique que les personnes transgenres sont victimes de nombreuses agressions, et plus sujettes que les autres aux dépressions, aux gestes autoagressifs, aux comportements addictifs, au sans-abrisme et aux mesures de privation de liberté.

Ce constat accablant exige une réaction des services publics afin de protéger cette population fragile une fois placée

---

[3] Avis du 25 mai 2021 relatif à la prise en charge des personnes transgenres dans les lieux de privation de liberté, JO le 6 juillet 2021 Texte 66 sur 111.

[4] Avis du 25 mai 2021, *op. cit.*

en détention, qui semble actuellement être davantage soutenue par le milieu associatif.

La France semble ainsi à l'arrière-garde des droits reconnus aux personnes transgenres, notamment leurs droits fondamentaux.

Comment en 2021 est-il encore possible de ne pas intégrer un pan de la population dans la protection des droits fondamentaux ?

Le puritanisme et le conservatisme du législateur français, mis à mal par les instances européennes, peut-il s'affranchir de l'obligation de faire respecter les droits fondamentaux des personnes transgenres ?

Ces interrogations nous amènent à nous demander si les personnes transgenres en détention bénéficient d'une protection efficace de leurs droits fondamentaux.

Ces dernières années témoignent de l'évolution du cadre juridique des droits des personnes transgenres en détention (I) bien qu'il s'avère difficile de mettre en œuvre le respect de l'ensemble de leurs droits fondamentaux (II).

I. Évolution du cadre juridique des droits des personnes transgenres en détention

La jurisprudence internationale reconnait dès les années 60 les droits des personnes transgenres (A) et suite à plusieurs rappels à l'ordre par la Cour européenne des droits de l'homme (CEDH), la France finira par reconnaitre ces droits en matière civile, introduira cette notion dans le Code pénal, mais presque rien n'existe encore en droit pénitentiaire (B).

A. La reconnaissance des personnes transgenres au niveau international

Au niveau européen, bien que dépourvus de force exécutoire, les arrêts rendus par la CEDH influencent considérablement la jurisprudence des États et également l'interprétation des articles de la Convention européenne des droits de l'homme.

Ainsi, dans son premier arrêt rendu le 10 octobre 1986 relatif aux personnes transgenres, la Cour les définit comme « les personnes qui, tout en appartenant physiquement à un sexe, ont le sentiment d'appartenir à un autre ».

Par la suite, dans un arrêt du 25 mars 1992 affaire B c/France, la CEDH a considéré que le refus opposé par la France aux personnes transsexuelles, concernant la modification de leur état civil, porte atteinte au respect de la vie privée (art 8 Conv. EDH). En effet, dans cet arrêt, la CEDH en composition plénière demandait à la Cour de cassation de reconnaitre deux choses : le transsexualisme d'une part et l'absence de législation française donnant le droit aux personnes transsexuelles à la reconnaissance de leur véritable identité d'autre part. La CEDH précisait au passage qu'elle reconnaissait depuis 1979 l'identité sexuelle comme un droit fondamental de la personne.

La Cour a également jugé, par un arrêt rendu le 19 septembre 2003, Van Kück c/Germany, que « le respect de l'identité de genre, y compris lorsque cette dernière diffère du genre assigné, est une composante du respect de la dignité humaine et le considère comme l'« un des fondements essentiels de l'autodétermination ».

Au niveau international, les normes évoluent constamment vers une reconnaissance accentuée de l'accès aux droits fondamentaux des personnes transgenres. C'est ainsi que le 27 mai 2019, l'Organisation mondiale de la santé (OMS) a retiré la transidentité de la classification des troubles mentaux.

La situation critique des personnes membres de la communauté LGBTI (et Trans en particulier) a incité les Nations Unies à édicter les Principes de Jogjakarta dans le but de guider les États dans l'application de la législation internationale des droits humains en matière d'orientation sexuelle et d'identité de genre. L'adoption de ces principes le 26 mars 2007, suivie par trois résolutions des Nations Unies, en 2011, 2014 et 2016, constitue une véritable avancée dans l'application de la législation internationale des droits de l'homme en matière d'orientation sexuelle et d'identité de genre. Ces principes de *soft law* sont accompagnés de diverses recommandations. Ils réaffirment « l'obligation primordiale des États de mettre en application les droits humains ».

Concernant les personnes transgenres privées de liberté, le principe 9 des Principes de Jogjakarta décline sept obligations qui incombent aux responsables de la détention qui sont la garantie d'accès à des soins adaptés, l'association de la personne à son affectation, la formation du personnel pénitentiaire, etc.

De même l'ensemble de règles minimales des Nations Unies pour le traitement des détenus, appelées Règles Nelson Mandela, prévoit l'autodétermination des personnes transgenres en matière d'identité de genre quand elles sont incarcérées.

De son côté, le Comité européen pour la prévention de la torture et des peines ou traitements inhumains ou dégradants (CPT) recommande que soient mises en place des politiques visant à lutter contre les discriminations et l'exclusion auxquelles sont confrontées les personnes transgenres en détention. Il prône également l'adoption d'une stratégie globale de lutte contre le harcèlement.

Toutes ces normes traduisent bien une volonté de prise en compte des droits des personnes transgenres afin que ces dernières ne soient pas exposées à des conditions de détention inhumaines et dégradantes.

Mais quelles ont été les transpositions au niveau national ?

B. La reconnaissance des personnes transgenres au niveau national

Le principe du respect de la vie privée est affirmé pour la première fois par le Code civil de 1804 dans son article 9 : « chacun a droit au respect de sa vie privée ».

En 1946, le préambule de la Constitution complète cette notion en ces termes : « Au lendemain de la victoire remportée par les peuples libres sur les régimes qui ont tenté d'asservir et de dégrader la personne humaine, le peuple français proclame à nouveau que tout être humain, sans distinction de race, de religion, ni de croyance, possède des droits inaliénables et sacrés. ».

Le Conseil constitutionnel reconnaitra la valeur constitutionnelle du principe de sauvegarde de la personne humaine dans une décision prise dans le cadre des lois bioéthiques de 1994 « … tout être humain, sans distinction de race, de religion, ni de croyance, possède des droits inaliénables et sacrés ; (…) la sauvegarde de la dignité de la personne contre toute forme d'asservissement et de dégradation est au nombre de ces droits et constitue un principe à valeur constitutionnelle ».[5]

Le principe en France de respect de la dignité, pour autant que constitutionnel, restait incomplet quant à la liberté relative au choix de son sexe à l'état civil et la procédure de changement de sexe relevait du parcours du combattant.

Jusqu'en 2016, c'était la jurisprudence qui déterminait les conditions exigées pour un changement de sexe, après une condamnation de la France par la Cour européenne des droits de l'homme datant de 1992[6]. L'assemblée plénière de la Cour

---

[5] Décision n°94-343/344 DC du 27 juillet 1994, Loi relative au respect du corps humain et loi relative au don et à l'utilisation des éléments et produits du corps humain, à l'assistance médicale à la procréation et au diagnostic prénatal.

[6] CEDH, 25 mars 1992, B. c/ France, série A n° 232-C.

de cassation, sur le fondement de l'article 8 de la Convention européenne des droits de l'homme, autorisait la reconnaissance du changement de sexe « lorsqu'à la suite d'un traitement médico-chirurgical, subi dans un but thérapeutique, une personne présentant le syndrome du transsexualisme ne possède plus tous les caractères de son sexe d'origine et a pris une apparence physique la rapprochant de l'autre sexe auquel correspond son comportement social », ces conditions devant être validées par une expertise judiciaire[7]. Deux conditions étaient ainsi exigées : une expertise judiciaire, dont une expertise psychiatrique, et un traitement médico-chirurgical s'analysant généralement comme une opération de réassignation sexuelle totale, c'est-à-dire une reconstruction des organes génitaux.

Ainsi, après plusieurs rappels à l'ordre par la CEDH, la France adopta le 18 novembre 2016 la loi n°2016-1547 dite « de modernisation de la justice » et son article 56 donnera naissance aux nouveaux articles 61-5 à 61-8 du Code civil, qui définissent une procédure simplifiée en matière de modification de la mention du sexe à l'état civil. Ainsi, l'article 61-5 du Code civil énonce que « toute personne majeure ou mineure émancipée qui démontre par une réunion suffisante de faits que la mention relative à son sexe dans les actes de l'état civil ne correspond pas à celui dans lequel elle se présente et dans lequel elle est connue peut en obtenir la modification ». Ce même article énonce ensuite les éléments de preuve qui peuvent être apportés par tous moyens[8].

---

[7] Cass. ass. plén., 11 déc. 1992, n° 91-11.900.

[8] « Les principaux de ces faits, dont la preuve peut être rapportée par tous moyens, peuvent être :

1° Qu'elle se présente publiquement comme appartenant au sexe revendiqué ;

2° Qu'elle est connue sous le sexe revendiqué de son entourage familial, amical ou professionnel ;

Les changements de prénom et de sexe sur les papiers d'identité sont ainsi grandement simplifiés et la nécessité d'une expertise judiciaire incluant une expertise psychiatrique abandonnée.

Le Code civil permettant dorénavant un changement de sexe à l'état civil plus accessible, le Code pénal devait reconnaitre la notion d'identité de genre.

Comme vu précédemment, la France s'est vue contrainte par la CEDH, par l'arrêt du 25 mars 1992, de reconnaitre le transsexualisme. Ainsi celui-ci recouvrait deux droits distincts et complémentaires : le droit à un traitement médical de rapprochement sexuel et le droit à la modification de l'état civil.[9]

Pour autant, le droit au transgenrisme n'existe pas dans la législation française.

En réponse à cette condamnation de la CEDH, le législateur, par la loi n°92-684 du 22 juillet 1992 introduit dans le titre II du Code pénal consacré aux atteintes à la personne humaine, Chapitre V relatif aux atteintes à la dignité de la personne, section 1 « des discriminations », l'article 225-1 sur la notion de discrimination pour toute distinction opérée entre les personnes physiques notamment à raison de leur sexe.

La loi n°2016-1547 du 18 novembre 2016 par son article 86 modifie cet article 225-1 pour parler clairement d'identité de genre, directement après la notion d'orientation sexuelle, ce qui correspond à la définition des personnes transgenres : « *Constitue une discrimination toute distinction opérée entre les personnes physiques sur le fondement de leur origine, de leur sexe (…),* **de leur orientation sexuelle, de leur identité de genre** *(…).* »

3° Qu'elle a obtenu le changement de son prénom afin qu'il corresponde au sexe revendiqué ; »

[9] LARRALDE, J-M (dir.), *La libre disposition de son corps*, Bruylant, 2009, p 291s

L'identité de genre est ainsi dorénavant défendue par le Code pénal, au titre des atteintes à la personne humaine.

Mais pour autant, « *le sexe inscrit à l'état civil ne correspond pas nécessairement aux attributs sexuels des personnes détenues. Cette réalité s'accompagne parfois de difficulté d'application des dispositions réglementaires en matière de fouille ou de procédure d'orientation (articles R.57-7-81 et D-248 du Code de procédure pénale) de la part de l'administration pénitentiaire.* »[10]

Ces termes sont ceux de l'exposé de l'amendement[11] qui a introduit tout dernièrement la notion de genre dans l'article 22 de la loi pénitentiaire du 22 décembre 2021, devenu article L6 du Code pénitentiaire. Ce dernier article ajoute l'identité de genre parmi les autres aspects à prendre en compte pour définir les atteintes à la dignité et aux droits des détenus :

" L'administration pénitentiaire garantit à toute personne détenue le respect de sa dignité et de ses droits. L'exercice de ceux-ci ne peut faire l'objet d'autres restrictions que celles résultant des contraintes inhérentes à la détention, du maintien de la sécurité et du bon ordre des établissements, de la prévention de la commission de nouvelles infractions et de la protection de l'intérêt des victimes. Ces restrictions tiennent compte de l'âge, de l'état de santé, du handicap, **de l'identité de genre** *et de la personnalité de chaque personne détenue."*

Cette notion se devait d'être introduite dans le Code, qui n'en donne cependant pas une définition précise ni n'indique

---

10 Exposé de l'amendement n°110 déposé le 10 mai 2021 Texte visé : Texte n° 4146, adopté par la commission, sur le projet de loi pour la confiance dans l'institution judiciaire (n°4091) (en ligne consulté le 25 avril 2022) https://www.assemblee-nationale.fr/dyn/15/amendements/4146/AN/110

11 Cet amendement a pour objet de garantir des conditions de détention pour les personnes qui sont compatibles avec le maintien de leur dignité.

concrètement les mesures à mettre en œuvre par les établissements.

Bien qu'il existe une reconnaissance juridique des personnes transgenres en détention, il convient de souligner que la prise en compte totale de leurs droits fondamentaux s'avère difficile à mettre en œuvre.

II. Le difficile respect de l'ensemble des droits fondamentaux des personnes transgenres en détention

Si le cadre juridique actuel permet la reconnaissance de l'identité de genre et/ou sexuelle choisie, cette reconnaissance n'est pas toujours effective en détention, ce qui caractérisera une atteinte au respect de la vie privée et à la dignité (A). Pour autant, si la loi n°2021-403 du 8 avril 2021 relative à la garantie du droit au respect de la dignité en détention ouvre une nouvelle voie de recours, elle ne produit pas forcément les effets escomptés (B).

A. Les atteintes au respect de la vie privée et à la dignité des personnes transgenres

Dans son avis du 25 mai 2021[12], le CGLPL relevait que « *dans le champ plus spécifique de la privation de liberté, le Principe 9 des Principes de Jobjakarta décline 7 obligations à la charge des responsables de la détention…tandis que l'ensemble de règles a minima des Nations Unies pour le traitement des personnes détenues, dites Règles Nelson Mandela, prévoit l'autodétermination en matière d'identité de genre lors de l'incarcération* ».

Ces directives et droits, ainsi reconnus par la France, ne sont pas pour autant suivis d'effets en détention.

---

12 Avis du 25 mai 2021 relatif à la prise en charge des personnes transgenres dans les lieux de privation de liberté, paru au JO le 6 juillet 2021 Texte 66 sur 111.

Dans un avis rendu le 24 mars 2022, la Commission nationale consultative des droits de l'homme constate que « de manière générale, la prison est régie par une inversion de la hiérarchie des normes juridiques : les textes et notes internes à l'administration pénitentiaire y occupent une place prépondérante alors que la Convention européenne des droits de l'homme et la constitution française semblent, au contraire, reléguées au second plan »[13].

Lors de visites effectuées en 2021 dans plusieurs lieux de détention (Caen, Toulouse, Saint-Martin de Ré et Fleury Mérogis), le CGLPL a pu constater la disparité des traitements des personnes transgenres détenues. En effet, il appartient à l'administration pénitentiaire de faire respecter le droit à la dignité des personnes en détention, et elle seule est compétente pour apprécier les moyens à mettre en œuvre pour faire cesser ces conditions indignes[14]. Ainsi il n'existe pas de consigne nationale pour les lieux de privation de liberté, chaque établissement mène sa propre politique en fonction de la sensibilité du chef d'établissement. C'est ainsi qu'au centre pénitentiaire de Caen, grâce à l'expérience de la directrice, les personnes transgenres étaient fouillées par du personnel correspondant à leur identité de genre choisie et non pas à leur identité de genre déterminée par leur état civil.

Plusieurs atteintes récurrentes au respect de la vie privée et à la dignité peuvent être relevées, outre le non-respect de l'identité de genre :

- l'absence d'une équipe médicale spécialisée ou formée permettant le commencement ou le suivi d'un traitement par hormonothérapie,

---

[13] CNCDH, « L'effectivité des droits fondamentaux en prison : du constat aux remèdes pour réduire la surpopulation carcérale et le recours à l'enfermement », Avis n°A-2022-5, JO du 3 avril 2022 n°79.

[14] PERRIER, J.B, « Détention et conditions indignes : création d'un recours (in)effectif », Rev. sc. crim. 2021 p.469

- le placement en centre de détention « spécialisé » c'est-à-dire accueillant déjà des personnes transgenres, mais impliquant une incarcération loin du domicile familial et entrainant une rupture des liens avec la famille et l'environnement,

- l'absence d'accès à des produits de maquillage ou vêtements correspondant à l'identité de genre,

- la mise à l'isolement quand l'établissement est dans l'incapacité de garantir l'intimité des accès aux toilettes et douches, privant ainsi les personnes détenues de la possibilité de travailler et d'avoir accès aux infrastructures communes comme les salles de sport, bibliothèque, salle de détente, etc.

Tous ces points relevés constituent des atteintes caractérisées au respect de la vie privée et à la dignité des personnes en détention.

Dans un arrêt du 19 octobre 2020[15] relatif aux conditions de détention en Nouvelle-Calédonie, le Conseil d'État rappelait qu'aux termes de l'article 22 de la loi du 24 novembre 2009 pénitentiaire : « *L'administration pénitentiaire garantit à toute personne détenue le respect de sa dignité et de ses droits. L'exercice de ceux-ci ne peut faire l'objet d'autres restrictions que celles résultant des contraintes inhérentes à la détention, du maintien de la sécurité et du bon ordre des établissements, de la prévention de la récidive et de la protection de l'intérêt des victimes.* » Il précise également que « *Eu égard à la vulnérabilité des détenus et à leur situation d'entière dépendance vis-à-vis de l'administration, il appartient à celle-ci, et notamment aux directeurs des établissements pénitentiaires, en leur qualité de chefs de service, de prendre les mesures propres à protéger leur vie ainsi qu'à leur éviter tout traitement inhumain ou dégradant afin de garantir le respect effectif des exigences découlant des principes rappelés notamment par les articles 2 et 3 de la Convention européenne de sauvegarde des droits de l'homme et des libertés fondamentales. Le droit au respect de la vie ainsi que le droit de ne pas être soumis à des traitements inhumains ou dégradants constituent*

---

[15] CE, 19 octobre 2020, 10° et 9° chambres réunies, n°439372.

des libertés fondamentales au sens des dispositions de l'article L.521-2 du Code de justice administrative. »

De plus, un arrêt fondateur rendu par la CEDH le 30 janvier 2020[16] condamnant la France pour la dérive systémique des conditions indignes de détention dans les prisons françaises au double visa des articles 3 et 13 de la Convention européenne des droits de l'homme a participé à l'adoption de la loi n°2021-403 du 8 avril 2021 tendant à garantir le droit au respect de la dignité en détention en créant un recours préventif, offrant au détenu estimant que ses conditions d'incarcération sont contraires à la dignité la possibilité de saisir le juge des libertés ou le juge de l'application des peines.[17]

B. L'espoir d'une nouvelle voie de recours pour rendre du sens à la peine

Les personnes transgenres en détention estimant que leurs conditions de détention sont contraires à la dignité ont désormais, grâce à une loi, une voie de recours, autre que le recours devant le juge administratif ou le juge des référés[18]. Cette loi, pensée initialement pour résoudre le problème de surpopulation carcérale, pourrait être en effet utilisée par les personnes transgenres pour lesquelles le respect de l'identité de genre est un droit fondamental.

Il s'agit de la loi du 8 avril 2021 qui a créé l'article 803-8 du Code de procédure pénale qui dispose notamment que : « *toute personne détenue dans un établissement pénitentiaire (…) qui considère que ses conditions de détention sont contraires à la dignité de la*

---

[16] CEDH, 30 janvier 2020, JMB et a. c/ France, n° 9671/15.

[17] GIACOPELLI M., « La garantie du droit au respect de la dignité en détention : vers un recours effectif ? », JCP G 2021, 458.

[18] CNCDH, *Déclaration relative à la proposition de loi tendant à garantir le droit au respect de la dignité en détention,* 25 mars 2021, n° D-2021-2.

personne humaine peut saisir le juge des libertés et de la détention (…), afin qu'il soit mis fin à ces conditions de détention indignes. »

À la fin d'un délai strict et assez court imparti, si le juge considère que l'administration pénitentiaire n'a pas mis fin aux conditions jugées indignes, il peut prendre une décision ordonnant soit le transfèrement de la personne dans un autre établissement, soit sa remise en liberté.

Cette disposition fait écho à la dernière recommandation du CGLPL en 2019 qui s'intitule « préparer et accompagner le retour des personnes privées de liberté dans la communauté », reprise dans l'avis rendu en mai 2021 : « en cas d'impossibilité de garantir à une personne transgenre une prise en charge respectueuse de sa dignité, de son identité, de sa vie privée, de son intimité et de sa sécurité, ou si elle est empêchée de poursuivre ou d'engager une transition médicale pourtant souhaitée, des alternatives à la privation de liberté, des sorties temporaires ou une remise en liberté doivent être envisagées. »[19]

Il est aisé d'imaginer que la solution retenue sera plus souvent le transfèrement que la remise en liberté. Or dans ce cas-là, la personne transgenre détenue se retrouverait à nouveau dans une situation indigne causée par l'éloignement de son lieu de résidence habituel et de sa famille, ou la mise en isolement par manque de quartier spécialement affecté aux personnes transgenres, et constituerait une peine complémentaire, ce qui est le résultat inverse à celui attendu par cette nouvelle loi.

À la fois prisonnières d'une identité de genre ne leur correspondant pas, et souvent détenues au sein d'un établissement pénitentiaire dans des conditions de détention

---

[19] Avis du 25 mai 2021 relatif à la prise en charge des personnes transgenres dans les lieux de privation de liberté, paru au JO le 6 juillet 2021 Texte 66 sur 111.

ainsi jugées contraires à leur dignité, les personnes transgenres en détention dont la réelle appartenance de genre est niée subissent une double peine. Cette situation de négation de leur identité de genre et de leurs droits fondamentaux, parfois déjà née bien avant leur incarcération, représente par conséquent un véritable frein à la réalisation des objectifs de la peine carcérale posés par la loi.

En effet, la peine carcérale a plusieurs objectifs : protecteur, préventif, d'équilibrage social, de répression et d'amendement, mais surtout un objectif d'insertion et de réinsertion. Il semble difficilement concevable qu'une personne transgenre en détention ait la moindre chance de se réinsérer lorsque celle-ci voit son droit au respect de sa dignité et au respect de son identité de genre bafoués par l'administration carcérale et les autres détenus. Cela est d'autant plus vrai lorsque le mal-être identitaire de ces détenus est la cause de leur comportement délictueux. La peine de prison devenant double pour les personnes transgenres, risque ainsi de provoquer un effet contreproductif en ce qu'elle ne fera qu'aggraver sa situation. Il y a donc un risque réel de récidive de la part de ces personnes en raison de leurs conditions de détention. Ainsi, comme le souligne si bien le CGLPL, « *les personnes transgenres privées de liberté subissent de nombreuses atteintes à leurs droits fondamentaux dont le cumul est susceptible de constituer un traitement cruel, inhumain ou dégradant au sens de la Convention européenne des droits de l'homme* ».

Cette nouvelle voie de recours représente donc peut-être un nouvel espoir pour les personnes transgenres en détention, d'être respectées et de voir leurs droits fondamentaux, notamment celui de la dignité de la personne humaine, garantis. Toutefois, il faut veiller à ce que la solution retenue par le juge ne constitue pas au final une double peine, ce qui ferait totalement perdre à la peine ses objectifs d'insertion et de réinsertion et donc tout son sens.

Le malentendu linguistique et culturel comme atteinte à la dignité

Marie SALAÜN
Professeur en anthropologie, Université de Paris Cité
Jacques VERNAUDON
Maître de conférences en linguistique, Université de la Polynésie française

I. Introduction

Le texte qui suit est issu d'une enquête empirique réalisée au centre pénitentiaire de Nuutania et au centre de détention de Tatutu-Papeari au début de l'année 2019.

Cette enquête a été menée en réponse à un appel de la Mission des services pénitentiaires de l'outre-mer qui portait sur une « Recherche action portant sur la pertinence d'une prise en charge spécifique en Outre-mer pour les populations autochtones », publié fin 2017. Le périmètre géographique de ce marché public s'étendait à deux territoires, la Nouvelle-Calédonie et la Polynésie française.

Cette recherche a réuni des chercheurs métropolitains et océaniens issus de différentes disciplines (anthropologie, psychologie, linguistique, sciences de l'éducation) et des personnes-ressources qui étaient des professionnels travaillant localement dans le champ de la justice et de la prévention (psychologues cliniciens et sociaux, assistants sociaux, représentants du monde associatif, juristes, etc.). Les chercheurs étaient familiers des deux terrains pour les avoir fréquentés, soit de façon permanente, comme natifs ou résidents, soit lors de séjours de recherche impliquant une immersion de longue durée ou comme expatriés lors de séjours professionnels[1].

Le contexte général de la commande publique était double. Il s'agissait d'une part d'avoir une meilleure connaissance des conditions locales de la désistance et de la prévention de la récidive dans un contexte national de redéfinition des formes d'intervention des professionnels. Il s'agissait d'autre part de décliner pour ces deux territoires la problématique des adaptations de la prise en charge des populations autochtones sous main de justice, question récurrente dans des pays comme l'Australie, le Canada ou la Nouvelle-Zélande, mais encore peu abordée dans l'ensemble français, en dépit d'une très importante surreprésentation des

---

[1] En Polynésie française, l'équipe de recherche était composée d'une anthropologue (Marie Salaün), de deux linguistes tahitianophones (Mirose Paia et Jacques Vernaudon), d'un psychologue clinicien (Ernest Sin Chan) et de trois professionnelles travaillant localement dans le champ de la justice et de la prévention (Vainui Simon, psychocriminologue, SPIP de Papeete ; Ina Mai, Assistante sociale ayant exercé au Centre pénitentiaire de Nuutania, conseillère technique au ministère de la Famille et des Solidarités, en charge de l'égalité des chances ; Noelline Chin, psychothérapeute ayant exercé au Foyer du Bon Samaritain). L'enquête a porté pour partie sur le milieu ouvert, à travers un travail de construction et d'analyse d'un corpus de matériaux cliniques et sociaux d'une population masculine composée de 40 PPSMJ en milieu ouvert et/ou ex-détenus sans abri fixe en insertion. L'autre partie a porté sur le milieu fermé, dans deux prisons de Tahiti : le centre de détention de Papeari et celui de Nuutania, avec trois enquêtes complémentaires : une enquête auprès de personnels (CPIP et surveillants, et leur encadrement), une enquête auprès de détenus, une enquête auprès de familles de détenus.

Māohi et des Kanaks dans les populations pénitentiaires de Polynésie française et de Nouvelle-Calédonie.

Comme le précisait le Cahier des clauses particulières du marché public : « *Dans ces contextes se pose pour l'Outre-Mer la question des spécificités des différents territoires et donc d'une éventuelle adaptation des pratiques professionnelles. En effet, ces territoires s'inscrivent chacun dans une histoire singulière. Le passé colonial, et plus largement l'existence de cultures spécifiques, sont souvent évoqués à titre de facteurs explicatifs de problématiques contemporaines. À l'étranger, les enjeux culturels sont aussi mobilisés pour expliquer la surreprésentation des populations autochtones dans les systèmes de justice pénale, que ce soit en Nouvelle-Zélande, au Canada ou en Australie. La fragilisation des repères culturels est ainsi évoquée comme cause explicative. Dans cette optique, l'« ethnicisation » assumée des pratiques correctionnelles est une option privilégiée. La prévention de la réitération d'actes délictuels commis par des autochtones semble alors passer par une reconnaissance et une valorisation de leurs différences culturelles, tant en termes de modélisation de la procédure pénale que de mise en œuvre des programmes correctionnels. Mais dans le cas de l'Outre-Mer français et plus particulièrement de la Nouvelle-Calédonie et de la Polynésie, les données relatives aux publics aussi bien qu'aux professionnels sont lacunaires, et ne permettent pas d'affirmer la nécessité d'adapter les pratiques professionnelles à d'éventuelles spécificités culturelles. Par ailleurs, le risque persiste de réduire à des enjeux culturels des problématiques qui peuvent en réalité avoir une composante sociale forte* ».[2]

En pratique, il s'agissait d'une part de combler les lacunes des données relatives aux publics et aux professionnels dans ces deux territoires ultramarins, et il s'agissait d'autre part d'évaluer la pertinence d'une adaptation des modalités de la prise en charge des PPSMJ à ces spécificités.

---

[2] CCP n° 17PS5022, p. 8.

II. Les hypothèses de la recherche

Les lectures préalables[3] à l'enquête de terrain et des discussions avec les agents de la mission des services pénitentiaires de l'outre-mer avaient permis de cerner un certain nombre de caractéristiques de la détention en Polynésie française. Le taux d'incarcération y était deux fois plus important qu'en France hexagonale, avec une population de 530 détenus et 2000 PPSMJ suivis en milieu ouvert en janvier 2019. Le taux de réitération y était considéré comme « important », en l'absence de données chiffrées précises. Les violences sexuelles et intrafamiliales étaient trois à quatre fois plus élevées que sur l'ensemble du territoire national. Les motifs d'incarcération avaient évolué depuis une quinzaine d'années, avec l'apparition d'un nouveau profil de détenu lié à la problématique de la consommation et du trafic de méthamphétamine (*ice*). Le détenu-type était un homme, né sur le territoire, sans diplôme, peu inséré économiquement avant son incarcération et dont la famille vit en dessous du seuil de pauvreté. 90% des détenus se déclaraient locuteurs du français et d'une langue polynésienne. Dans un contexte où la dégradation des conditions de détention à Nuutania avait valu à la France plusieurs condamnations pour préjudice moral, l'ouverture du centre de détention de Tatutu en 2017 promettait une amélioration sensible des conditions de vie des prévenus comme des condamnés.

Un dernier élément important ressortait de ces lectures et rencontres préalables : l'accent mis sur le fait que, contre toute attente eu égard au profil des détenus et à leurs conditions d'incarcération, la détention en Polynésie française était une détention qui se passait bien. Ainsi, à l'issue d'une visite du

---

[3] La bibliographie comportait des supports officiels (Statistiques ministérielles, rapports du Contrôle général des lieux de privation de liberté, etc.), de la littérature grise (enquête de Ina Mai non publiée, réalisée pour le SPIP en 2016), des travaux académiques de sociologie carcérale.

centre de Nuutania en 2012, le rapport du Contrôleur général des lieux de privation de liberté dressait le constat suivant : « *Une attitude bienveillante de la part des surveillants, des changements de cellules rapides afin de réguler les conflits entre codétenus, des rations alimentaires largement plus copieuses qu'en métropole, une pratique religieuse facilitée et surtout le respect permanent du contexte culturel particulier de la Polynésie sont autant d'éléments qui contribuent à limiter les effets d'une surpopulation qui, partout ailleurs, serait source de violences individuelles ou collectives* »[4].

Situation que Jean-Jacques Urvoas, alors président de la Commission des lois, expliquait pour sa part en ces termes dans un rapport d'information sur la Polynésie française en juillet 2015 : « *L'attitude (des détenus) explique aussi ce climat particulier : la culture polynésienne qui repose sur la vie en communauté et une grande religiosité, qui fait comprendre le sens de la sanction, conduit les personnes incarcérées à accepter leur détention, aussi pénible puisse-t-elle être* »[5].

Cette vision extérieure, très consensuelle, a suggéré à l'équipe des chercheurs différentes hypothèses que leur enquête se devait de tester. Premièrement, que la détention « se passe bien » du point de vue de l'institution, et notamment en comparaison avec d'autres contextes métropolitains ou ultramarins, ne préjugeait pas de la manière dont elle était vécue par les intéressés. Il était donc important de recueillir leur avis. Deuxièmement, la « grande religiosité » d'une partie des détenus pouvait être assimilée à la partie émergée de l'iceberg

---

[4] Contrôle général des lieux de privation de liberté, *Rapport de visite au centre pénitentiaire de Nuutania à Faa'a, Polynésie française, du 7 au 12 décembre 2012*, p. 11. http://www.cglpl.fr/wp-content/uploads/2015/04/Rapport-de-visite-du-centre-pénitentiaire-de-Faaa-Nuutania-Polynésie-Française.pdf

[5] Assemblée nationale, *Rapport d'information déposé en application de l'article 145 du Règlement par la commission des lois constitutionnelles, de la législation et de l'administration générale de la République sur la Polynésie française*, et présenté par M. Jean-Jacques Urvoas, 8 juillet 2015, p. 42. https://www.assemblee-nationale.fr/14/pdf/rap-info/i2950.pdf

d'une part, et ne présageait pas de son rôle effectif dans la désistance, d'autre part. Troisièmement, la mobilisation de la différence culturelle, si elle devait dispenser de s'interroger sur d'autres spécificités, notamment socioéconomiques, faisait obstacle à la compréhension de ce qui se passait réellement en détention. Quatrièmement, la compréhension par les individus du sens de la sanction pénale qui leur était infligée, et partant, son acceptation, ne saurait se mesurer à la température moyenne du climat en détention, comme semblaient en attester des taux de réitération importants. Cinquièmement, le silence et la passivité ne valaient pas nécessairement consentement. Le propre d'une société postcoloniale est d'être « à double fond »[6] : les sociétés colonisées ont développé des répertoires d'action enclins à la ruse et à la dissimulation qui placent les rapports sociaux sous le sceau de malentendus qui peuvent être tout à fait fonctionnels dans un objectif particulier (ici le calme en détention) et très improductifs dans un autre (ici la prévention de la récidive). Sixièmement, il n'était pas à exclure qu'on puisse « porter sa peine » dignement, sans que cette peine fasse sens.

III. Le protocole d'enquête

Cette recherche de terrain a été envisagée pour comprendre trois enquêtes complémentaires : une enquête auprès de personnels (CPIP et surveillants, et leur encadrement), conduite par Marie Salaün ; une enquête auprès de détenus, conduite par un binôme de chercheurs comprenant un locuteur tahitianophone (Marie Salaün + Jacques Vernaudon/Marie Salaün + Mirose Paia) ; une enquête auprès de familles de détenus, conduite par un binôme dans les mêmes conditions que l'enquête auprès des détenus.

---

[6] Bayart, J.-F., Bertrand, R., « De quel 'legs colonial' parle-t-on ? », *Esprit*, 330, 2006, p. 134-160.

Compte tenu des contraintes de la durée du séjour sur le terrain (8 semaines), et anticipant celles propres au contexte de la détention, les échantillons suivants ont été visés : dix surveillants (Nuutania et Tatutu, divers dans l'ancienneté dans le métier, tous originaires de Polynésie française), six conseillers pénitentiaires de probation et d'insertion (originaires et non originaires de Polynésie française), douze détenus issus des deux centres pénitentiaires de Tahiti (divers dans leur parcours pénal, leur âge, leur sexe, leur origine sociale, leur connaissance et leur usage d'une langue polynésienne), six familles choisies en relation avec le groupe des douze détenus.

Cette limitation volontaire du volume de l'échantillon s'inscrivait dans la nécessité de promouvoir une démarche qualitative reposant sur des entretiens semi-directifs et, dans la mesure du possible, sur des observations de type ethnographique, démarche qui donne la priorité à la qualité de l'interaction. L'expérience d'enquêtes précédentes en terrain polynésien avait montré le besoin d'une réitération de la rencontre initiale avec certains enquêtés, pour établir une relation d'enquête susceptible de produire des résultats[7]. Les dix hommes et deux femmes rencontrés en détention l'ont été à deux reprises pour neuf d'entre eux, une première fois pour

---

[7] Notamment celles menées dans le cadre de trois programmes : le programme « blanc » de l'Agence nationale de la recherche *Evaluation des programmes d'enseignement des langues d'origine en contexte diglossique à l'école primaire en Nouvelle-Calédonie, en Polynésie française et en Guyane* (2008-2011) ; le programme du Fonds d'Expérimentations pour la Jeunesse du Ministère de l'intérieur, des collectivités territoriales et de l'Outre-mer *L'enseignement renforcé du reo mā'ohi au cycle 3 comme prévention et lutte contre l'illettrisme en Polynésie française* (2011-2013) ; le programme du Ministère de la Culture - Délégation générale à la langue française et aux langues de France, Observatoire des pratiques linguistiques - *Le tahitien entre l'école et la famille : représentations et pratiques contemporaines des enfants en Polynésie française* (2013-2014).

connaître leur histoire, une deuxième fois pour discuter avec eux de leurs conditions de vie en détention.

Ce principe a été favorablement accueilli par les fonctionnaires de l'administration pénitentiaire localement, et il faut souligner que l'équipe de chercheurs a bénéficié de tout le soutien nécessaire dans l'aménagement logistique des rencontres et dans le recrutement des personnes ciblées sur la base du volontariat. La disponibilité des agents et la latitude laissée aux chercheurs pour leur rencontre avec les détenus ont permis de réaliser des entretiens d'une durée moyenne de 90 minutes.

Les entretiens réalisés ont fait l'objet du recueil d'un consentement préalable écrit et, en accord avec les intéressés et avec l'autorisation de la direction des établissements, ont été enregistrés au dictaphone ou consignés par écrit pour donner lieu à une transcription en vue de l'exploitation anonyme du corpus constitué.

Le choix a été fait que les personnes rencontrées, en particulier les détenus, soient libres de s'exprimer en français ou en tahitien, à leur convenance. Les questions étaient posées dans les deux langues. Il s'agissait d'un choix à la fois méthodologique et éthique. L'usage spontané du tahitien par les enquêteurs, dès le début des entretiens, participait à réduire l'asymétrie enquêteur/enquêté et à mettre plus rapidement en confiance les détenus, sans pour autant qu'ils ne ressentent la nécessité de passer par cette langue pour s'exprimer. C'est un choix qui s'est révélé à l'usage extrêmement payant pour faire avancer l'enquête.

Tous les détenus rencontrés sont, juridiquement parlant, des citoyens français. À ce titre, ils ont été scolarisés dans un système éducatif où le français était encore à leur époque la seule langue d'enseignement, le français étant en Polynésie française, comme sur l'ensemble du territoire national, la seule langue officielle. Quel que soit leur parcours scolaire, plus ou moins chaotique, rarement prolongé jusqu'au seuil obligatoire des seize ans, ils disposent tous d'une maîtrise suffisante pour comprendre les questions posées et y répondre de manière précise dans cette langue. Ainsi, aucun déficit en compétences n'interdisait *a priori* que l'enquête ne soit menée exclusivement dans cette langue. Mais il ne faut pas oublier pour autant que la plupart des détenus ont eu pour première langue de socialisation, dans leur famille et dans leur lieu de vie, une langue polynésienne, principalement le tahitien, dans laquelle ils se sont construits intellectuellement, ont construit leurs premières catégories morales, leur relation aux autres et leurs représentations de l'autre sexe. De fait, au cours des entretiens, c'est souvent en tahitien que se sont exprimés les sentiments les plus vifs ou les réminiscences des événements les plus intenses. Dans ces conditions, ce n'est donc pas tant la quantité des productions en tahitien qui importe, que leur qualité et les moments des entretiens où elles surgissent.

La question de la langue paraît ici d'autant plus importante qu'elle constitue une sorte d'angle mort pour les agents de l'administration pénitentiaire venus de métropole qui, justement parce que le français est la seule langue officielle et parce qu'ils peuvent constater que les détenus en sont locuteurs, sont relativement peu avertis d'une « économie linguistique parallèle », entretenue à la fois entre détenus et entre détenus et surveillants, où l'usage du tahitien est aussi une marque d'autochtonie et de connivence dans un environnement institutionnel très occidental.

La dimension linguistique est essentielle comme point d'entrée dans la vaste question du sens de la peine, et elle passe par une étude fine du lexique en tahitien (ou en français local) qui est employé pour exprimer l'interprétation du crime ou du délit, de la peine, de la culpabilité et des efforts (ou non) d'amendement. Il faut en effet tester l'hypothèse, à travers l'étude du vocabulaire et des choix linguistiques opérés pendant l'interaction de l'entretien, d'un hiatus possible entre une interprétation « positiviste » de l'institution pénitentiaire et des économies morales spécifiques des détenus, hiatus accentué par la diversité linguistique (tahitien/français) et la variation linguistique (français standard/français local), cette diversité et cette variation pouvant produire des malentendus entre l'institution et les détenus.

IV. Le malentendu linguistique

A. Une disparité des profils langagiers

La situation linguistique du microcosme de la détention reflète et accentue les équilibres précaires observables à l'échelle plus générale de la société polynésienne contemporaine. Selon l'enquête menée par Ina Mai à Nuutania en 2016[8], et sur la base du déclaratif :

- 92% des détenus hommes ont déclaré parler le français, contre 8% qui disent ne pas maîtriser cette langue ;

- 92% ont déclaré parler une langue polynésienne, très majoritairement le tahitien (86%) ;

- 94% ont déclaré savoir lire, dont 8% exclusivement en tahitien, 64% en français et en tahitien.

Ces chiffres laissent penser que plus de 90% des détenus sont bilingues, au moins à l'oral. L'observation directe révèle cependant une grande disparité dans les niveaux de compétence langagière, en fonction des générations. Très schématiquement, nous distinguons trois profils. Les détenus les plus âgés, nés avant les années 1960, parlent préférentiellement en tahitien et ont souvent des compétences limitées en français.

---

[8] Mai, Ina, 2016. *Evaluation des besoins sociaux des personnes détenues au Centre pénitentiaire de Nuutania*. Rapport d'enquête sociale réalisée par Ina Mai, assistante sociale au SPIP, non publié, 41 p.

Ceux nés entre 1960 et 1980 ont grandi dans un environnement familial et social encore largement polynésianophone et ils ont appris le français davantage à l'école, dans des conditions scolaires plus ou moins chaotiques, puis durant leur vie professionnelle. Ils entretiennent un rapport ambivalent à cette langue. Ils basculent régulièrement du tahitien au français et réciproquement selon les circonstances et selon leurs interlocuteurs.

« Ici, nous avons des gens à notre âge. Nous, on parle en tahitien. Et quand c'est des jeunes, on parle en français. »

(Virgile, la cinquantaine)

Les détenus de cette tranche d'âge manifestent régulièrement leur préférence pour le tahitien qu'ils estiment moins « complexe » et plus « efficace ».

« La langue française est perplexe… les mots sont… complexes. Alors qu'en tahitien c'est direct. »

(Franck, la soixantaine)

« *Paraparau noa ihoā ïa. […] 'Ia fifi ana'e ho'e tō mātou, nā roto noa mātou i te reo tahiti. Mea pāpū a'e nō mātou.* [Oui, évidemment, on discute. Quand l'un d'entre nous a des problèmes, nous en parlons uniquement en tahitien. C'est plus efficace pour nous.] »

(Paul, la quarantaine)

Pour les plus jeunes, nés à partir des années 1980, le français n'est plus seulement une langue de scolarisation, c'est aussi leur principale langue de socialisation dans leur milieu familial et en dehors. Leurs parents leur ont parlé le plus souvent en français local et même s'ils entendent le tahitien autour d'eux, le comprennent et l'utilisent régulièrement pour les insultes, c'est en français local qu'ils s'expriment spontanément, dans une variété qui emprunte parfois des mots au tahitien ou à d'autres langues. Cette forme mixte et en perpétuelle transformation peut être employée entre pairs à dessein avec une fonction cryptique et identitaire, pour ne pas être compris des aînés et surtout… des surveillants.

« (Les jeunes), est-ce qu'ils sont en train d'inventer une langue ? C'est ça ma question ? […] Le plus beau c'est qu'ils se comprennent. Mais nous on comprend que dal. On les regarde, on les écoute. […] On se marre. On pique. « C'est quoi votre mea ? C'est quoi votre salade ? ». Après ils expliquent : « Ça veut dire ça, c'est pour ça ». C'est toujours vis-à-vis de la surveillance. Le détenu, c'est comme aux échecs, il a toujours un coup d'avance sur la surveillance. »

(Franck, la soixantaine)

B. Le malentendu linguistique

Dans le cadre de ses recherches sur le bilinguisme, Jim Cummins[9] distingue les « capacités communicatives interpersonnelles de base », d'une part, et la « maîtrise de la langue académique » (*ie.* la langue des savoirs) de l'autre. Les capacités communicatives interpersonnelles de base sont acquises relativement facilement, à l'oral, en quelques années à travers des interactions sociales en immersion dans la langue cible. En revanche, la langue académique se construit grâce à une fréquentation assidue et efficace d'un système d'enseignement formel pendant plusieurs années.

Cummins observe que la fluidité conversationnelle lors d'un échange contextualisé dans une langue particulière peut faire illusion et laisser penser que l'on a affaire à un interlocuteur qui comprend bien. Pourtant, cette fluidité apparente ne garantit pas une compréhension fine du vocabulaire et des constructions grammaticales plus complexes de la langue, en

[9] Cummins, J., « BICS and CALP: Empirical and Theoretical Status of the Distinction », *in* Brian V. Street, & Nancy H. Hornberger, *Encyclopedia of Language and Education*, vol. 2, New York, Springer, 2008, p. 71-83.

particulier pour un usage technique et décontextualisé du langage..

Ainsi tous les détenus que nous avons rencontrés interagissent à l'oral en français de manière relativement fluide et cette fluidité peut laisser croire qu'ils sont en mesure de comprendre et d'exprimer, en passant exclusivement par le français, ce qui est utile, entre autres, au travail réflexif sur leur peine. L'analyse attentive des entretiens révèle en fait que les malentendus sont nombreux et que plusieurs termes techniques, juridiques ou psychologiques, ne sont pas compris.

Par exemple, un détenu, accusé d'assassinat, hésite sur la qualification de l'homicide et laisse ainsi en suspens la part de préméditation[10] de son geste :

« Pourquoi moi je suis arrivé en prison ? C'est meurtre... assassinat, un truc comme ça, si moi je me souviens bien. [...] Meurtre, assassinat. C'était dans ce genre-là. »

(Paul, la quarantaine)

Mais cela concerne aussi du vocabulaire plus courant :

« Q - Mais quel sens ça a ? Le sens de la peine, c'est ambigu...

Paul – *Bigu* ?, tu peux revenir sur la question. *Bigu*, qu'est-ce que ça veut dire *bigu* ? »

Le même poursuit :

« La France m'a mis dans ses bras. Pourquoi ? Pour me protéger, moi-même d'abord. Pour que ne plus que je fasse encore d'autres bêtises. Mais s'il me punit comme ça, je vais

---

[10] Le code pénal distingue le meurtre, homicide volontaire sans préméditation, passible de 30 ans de réclusion criminelle (article 221-1 du code pénal), de l'assassinat, homicide volontaire prémédité, passible de la réclusion criminelle à perpétuité (article 221-3).

accepter ? Pourquoi ? Je ne comprends pas vraiment. Les Tahitiens, ils sont vraiment fous. Pourquoi ? Ils comprennent pas, ils disent seulement : « oui, oui, oui, oui », mais alors ils ont rien compris. [...] Ils te disent « oui » sans rien comprendre. Ici en Polynésie, on nous a inclus la loi française. [...] Les mots sont vraiment spécifiques, scientifiques, on va dire. Mais ils (les Tahitiens) comprennent pas vraiment. »

(Paul, la quarantaine)

Le sentiment si ce n'est d'incompréhension, à tout le moins de mauvaise compréhension est partagé par cet autre détenu qui mesure combien sa maîtrise imparfaite du français a fragilisé sa défense.

« Nous, on est toujours dans des problèmes pour la langue en français. Parce que dans les jugements en français, des fois, peut-être le juge, eux ils comprennent bien, mais nous, on dit ce que nous on comprend, mais parfois, c'est pas vraiment le vrai mot quand on dit. »

(Virgile, la cinquantaine)

Le même revient longuement et à plusieurs reprises sur la question du malentendu et de l'asymétrie dans les entretiens avec les psychologues et sur l'emploi, par ces derniers, d'un vocabulaire technique qui lui échappe.

« Mais par rapport quand tu es en français, souvent, quand nous on parle, même avec les psychologues, des fois ils nous demandent quelque chose, après on est perdu là pour répondre en français. Alors on est là à dire : « Ah comment je vais dire ? Comment je vais dire ce truc-là ? »

Alors il nous donne (un mot) pour enlever (*ie.* expliquer)[11] ce que tu veux dire. Des fois, est-ce que c'est juste quand il te pose ? Alors, tu dis « Ah oui oui, c'est ça. » Peut-être c'est pas

---

[11] L'emploi du terme « enlever » est ici un calque du tahitien *tātara* qui signifie à la fois 'défaire, dénouer, enlever' et 'expliquer'.

forcément ça. [...] Dans les mots français, y a un petit mot qui dit, et puis, sur ce petit mot-là, y a une grandeur de choses à expliquer dans ce mot-là. C'est un seul mot, y en a plusieurs façons de voir les choses dans ce mot-là[12]. Tu vois, que nous on a aussi cette façon dans notre langue tahitien quand nous on parle, on exprime bien dans notre langue, parce que nous on sait bien comment traduire les choses et comment les façons on fait. »

(Virgile, la cinquantaine)

Seuls les plus désinhibés surmontent leur appréhension. Autrement, on acquiesce et on se tait. Le mutisme, c'est encore la meilleure option devant le juge ou le psychologue, auxquels on en dit le moins possible, de peur d'être pris au piège de ses propres quiproquos.

C. Une prise en compte linguistique inégale

Dans un contexte sociolinguistique diglossique postcolonial où le français est la langue dominante, Natacha Gagné[13] rappelle que l'institution judiciaire a tendance à sous-estimer les difficultés liées à la non-maîtrise du français :

« Un avocat *popa'ā*[14] m'expliquait que "quand la confiance est instaurée [...] ils [ie. les Polynésiens] peuvent s'exprimer sans honte et [...] on arrive à communiquer directement" (février 2016). De toute façon, avec des gestes, "ils finissent par se comprendre, il n'y a aucun problème" (avocat, février 2016). Cette propension à diminuer l'importance des difficultés de nature linguistique s'exprime lors des audiences par des formules affirmatives de certains juges qui n'appellent pas de

12 Le propos du détenu renvoie ici aux questions de polysémie.

13 Gagné, N., « Ethnographie de l'État aux confins de la République Le dispositif de l'audience et la justice foraine en Polynésie française », Ethnologie française, XLVIII(1), 2018, p. 93-106.

14 Le terme *popa'ā* désigne les Occidentaux en tahitien et en français local.

réponses de la part des justiciables telles que : “Tu parles français, n’est-ce pas ?”. Pourquoi ne serait-ce d’ailleurs pas le cas ? “L’école est obligatoire depuis 1945 !” (juge, mai 2014). » (p. 99)

Nous citons ici l’extrait d’un détenu à propos de l’école justement pour montrer que l’apprentissage scolaire du français ne va pas de soi pour tous :

« Quand j’étais jeune, en ce temps-là, je travaillais pas bien à l’école, parce que j’aidais ma maman quand elle travaillait à la mairie. Et on quittait chez nous à deux heures du matin. Parce comme elle travaillait à la mairie, elle nettoyait dans la ville. Il faut aller de bonne heure pour que on puisse bien nettoyer, que les voitures ne stationnent pas sur les endroits où on travaille. Comme ça, quand il va faire jour, tout est propre. J’avais l'âge de huit ans quand j’avais commencé avec ma maman [...]. Elle allait de bonne heure à pied, elle a pas de voiture. Donc on l’accompagnait le matin, pour travailler avec ma maman, tu vois. Et jusqu’à l’heure de cinq heures, on a tout terminé, je rentre à la maison, fatigué quand même et puis je reprends l’école. [...] Et même le monsieur de notre classe, il savait. Parce qu’il était jeune, il sortait dans les boîtes en ce temps-là. Il me voyait la nuit, le matin de bonne heure [...]. Il me dit : « Ah, je t’ai vu en train de balayer les feuilles avec ta maman. » J’ai dit : « Oui, mais j’aide ma maman. » Par rapport parfois je dors dans la classe. Et j’avançais pas, j’avançais pas à l'école. Et puis à l’âge de quatorze ans, comme mon père il faisait des constructions de maison, j’ai travaillé avec mon père. J’ai arrêté l’école. Ouais, j’ai arrêté l’école en sixième. »

(Vigile, la cinquantaine)

Les représentations des magistrats et des avocats, qui considèrent pour acquise une maîtrise suffisante du français au regard des affaires de justice, semblent partagées par une partie des agents de l’administration pénitentiaire. Les données empiriques issues de l'enquête révèlent que la posture professionnelle des personnels non polynésiens (personnel de direction, psychologues, avocats, magistrats, CPIP, etc.) les amène à minimiser les enjeux d'une moindre maîtrise du français standard, tenant pour acquis que le français, en tant que seule langue officielle et langue de scolarisation, est partagé.

On peut faire l'hypothèse que faute d'avoir prise sur une situation qu'ils ne maîtrisent pas, ils préfèrent ignorer l'ampleur des malentendus et des défauts de compréhension qui émaillent les interactions quotidiennes.

Le recours à un interprète ne semble pas résoudre les lacunes de l'intercompréhension fine :

« (les interprètes au tribunal) ils traduisent pas littéralement, ou alors, des fois, le sens donné à certains mots… c'est fort en tahitien… J'ai eu des audiences… ils sont revenus devant l'expert… dans un débat contradictoire où au final, ils n'avaient rien compris de ce qui se passait. Est-ce que c'est ça qui leur a couté un aménagement de peine, on va dire, parce qu'ils n'avaient pas su s'exprimer… parce qu'à la base ils ne comprenaient pas tout ce qu'on leur demandait ? J'ai eu un cas où c'est le sentiment qu'il avait. Comme il ne comprenait pas, bien, il n'a pas su répondre aux attentes de la juge. Forcément, elle, elle prend ça pour de la mauvaise foi. »

(Surveillant, Tatutu, milieu de carrière)

De l'expertise psychiatrique à l'audience pénale, de la rédaction d'un message écrit en détention à celle d'un curriculum vitae pour préparer la sortie, les compétences linguistiques effectives des détenus sont un angle mort de leur prise en charge par l'institution.

Il faut cependant nuancer ce constat général pour les personnels originaires de Polynésie française, quel que soit le degré de maîtrise d'une langue locale, car ils ont une sensibilité différente à cette question linguistique dont ils mesurent davantage les enjeux.

Les personnels sont de fait, notamment pour l'encadrement, confrontés à la nécessité de traduire des décisions de justice à des détenus qui ne les ont pas comprises au moment de l'énoncé du verdict :

« Tous les jours, je reçois des détenus en urgence. Dernièrement, j'en ai reçu un qui était passé aux Assises la semaine dernière. Il a pris perpétuité [...]. Au tribunal, il n'a pas compris. Perpèt, il n'a pas compris. La période de sûreté, il a rien compris. J'ai dû lui expliquer de A à Z. Après, il y a la barrière de la langue. Il parle que tahitien. Il comprend le français, mais juste bonjour au revoir, rien d'autre. Rien qu'avec son avocat... Son avocat ne parle que français... Et lui, il comprend pas un mot de français. Je lui ai posé la question : « Ben vous avez fait comment pour bâtir votre défense ? ». Il m'a dit : « Il me disait ça, je disais oui, il me disait ça, je disais oui » [...]. Ce monsieur, il est pas allé à l'école. Il a appris à lire et à écrire ici, en détention, le minimum, le b.a.-ba.

(L'obligation de soins ?), bonne question. Je lui ai demandé : « Tu vois la psychiatre, la psychologue ? ». Elles parlent français, ce sont des Français. Je lui ai dit : « tu fais comment ? ». Il m'a dit : « Je fais avec ».

(Surveillant, Nuutania, milieu de carrière)

Certains surveillants évoquent la honte des détenus de dire que l'on n'a pas compris :

« Nous, dans tous les cas on en tient compte, de la langue. Quand vous êtes en audience avec la personne détenue qui a un certain âge... en français, on peut dire, « bonjour », « merci », mais aller leur expliquer quelque chose, ça va être un peu plus compliqué. Ils vont certainement dire « oui ». Ils vont faire un signe de tête. Mais ils ont souvent honte de dire qu'ils ne comprennent pas. Mais ils vont demander à quelqu'un d'autre ce que ça veut dire le papier qu'on leur a donné. »

(Surveillante, Tatutu, milieu de carrière).

Les agents du Bureau de la gestion de la détention sont aussi conscients du passage nécessaire par la langue polynésienne avec certains détenus pour régler les conflits et améliorer la vie en détention.

V. Conclusions

La restitution de la recherche collective dont est issu ce texte est en cours. Elle a donné lieu à la rédaction d'un rapport remis au commanditaire[15], à un numéro des *Cahiers d'études pénitentiaires et criminologiques*[16] en accès libre, et à un chapitre d'un ouvrage consacré aux violences intrafamiliales et au changement social dans le Pacifique[17]. Un livre destiné au grand public intitulé *Amo i te utu'a. Porter sa peine. La prison en Polynésie*

---

15 Salaün, M., Vernaudon, J., Paia, M., *« Amo i te utu'a.* Porter sa peine. Enquête sur la condition carcérale à Tahiti », in Mouchenik, Y. (coord.), *Recherche-action sur la pertinence d'une prise en charge spécifique en Outre-mer pour les populations autochtones* », Rapport de recherche-action pour le ministère de la Justice, Direction de l'administration pénitentiaire, Mission des Services Pénitentiaires de l'Outre-Mer, non publié, 2020, 544 p., p. 99-210.

16 Mouchenik, Y., Salaün, M., Salomon, C., Demmer, C., Vernaudon, J., Paia, M., « Quelle prise en charge pour les populations autochtones du Pacifique sous main de justice ? », *Cahiers d'études pénitentiaires et criminologiques*, 54, 2020.

http://www.justice.gouv.fr/art_pix/Cahiers_etudes_penitentiaires_et_criminologiques_n54.pdf

17 Salaün, M., Paia, M., Vernaudon, J., « From structural violence to family violence: Insights into perpetrators' experiences in French Polynesia today », in L. Bastide & D. Regnier, (Eds.), *Family Violence and Social Change in the Pacific Islands* (1st ed.), Routledge, 2022, p. 124-137.

française sera publié localement par l'éditeur Au Vent des Îles courant 2023.

Comme nous le mentionnions en introduction, la commande publique évoquait le fait que « le risque persiste de réduire à des enjeux culturels des problématiques qui peuvent en réalité avoir une composante sociale forte ». Nos résultats confirment cette hypothèse. Les caractéristiques des publics interviewés relèvent pour partie de leur identité polynésienne, mais également de leur commune appartenance à des milieux populaires, à des quartiers déshérités, à des familles déstructurées, à des segments de la société qui ont subi de plein fouet les effets du changement social rapide qui s'est opéré avec les essais nucléaires français il y a un demi-siècle et qui sont les premières victimes de la crise économique et sociale que traverse la Polynésie française depuis la fin de ces essais en 1995.

Sauf à chercher à tout prix à exotiser les situations, à altériser les récits, il faut constater qu'au regard de la littérature sur la détention en France hexagonale, un détenu polynésien est (d'abord) un détenu. La privation de liberté, l'éloignement des proches, la vie quotidienne dans cette institution « totale » qu'est la prison, semblent produire, pour une grande partie, les mêmes effets que ceux décrits ailleurs : les violences, notamment psychiques, le choc carcéral, l'ennui, les doutes sur l'avenir, la honte de soi, la peur des autres, la nécessité de se constituer une identité de « taulard » pour résister à la pression, les remords, le désespoir, etc. Dans cette mesure, les solutions qui se contenteraient de proposer de renforcer la prise en compte de la culture polynésienne risqueraient de fonctionner comme un écran de fumée : elles masqueraient la prégnance d'autres déterminants, en entretenant l'illusion selon laquelle il faudrait et il suffirait d'injecter un peu de culture dans la prise en charge pour résoudre les problèmes.

Mais tenir compte des déterminants sociaux ne doit pas occulter la persistance de spécificités du contexte local. Il en est ainsi du malentendu linguistique abordé dans ce texte. Les compétences linguistiques effectives des détenus semblent bien un angle mort de leur prise en charge par l'institution. Nous avons défendu le principe qu'un écart est manifeste chez les détenus entre une relative fluidité conversationnelle en français, qui peut faire illusion, et un déficit de compréhension fine, en français, de nombreux termes qui sont utiles à la fois à la qualification du crime, à l'interprétation du sens de la peine et au travail d'accompagnement psychologique pour favoriser la désistance. L'illusion peut être accentuée par l'apparent consentement des détenus. Elle est accentuée par leur silence et leur passivité face au discours expert de l'homme de loi ou du psychologue qui maîtrisent le français et qui, dans une relation linguistique très asymétrique, finissent par imposer leurs mots. La compréhension très approximative des catégories juridiques du droit français et celles des psychologues ne permet probablement pas, pour de nombreux détenus, un retour critique sur leur acte et sur le sens de leur peine dans le cadre de ce qui est attendu par la justice.

Pour le moment, face aux malentendus et aux défauts de compréhension qui émaillent les interactions quotidiennes, on « fait avec » (pour reprendre la tournure d'un détenu), mais on fait surtout « comme si ». Du point de vue des personnels strictement francophones, on fait « comme si » la compréhension en français allait de soi (parce que c'est la langue officielle, c'est la langue de l'école, que l'école est obligatoire, etc.). Du point de vue des détenus, on fait « comme si » on comprenait, parce « ça fait honte / *e mea ha'amā* » de reconnaître le contraire. On se tait et on acquiesce. Mais cette stratégie de résilience se révèle contre-productive quand elle dissimule le malentendu derrière un acquiescement silencieux ou donne l'impression d'une personne qui serait « limitée » au plan intellectuel alors qu'elle ne l'est qu'au plan de sa capacité à communiquer en français. Elle donne l'impression d'une personne « frustre » alors qu'elle est surtout frustrée des moyens de communiquer adéquatement.

Il nous paraît donc de toute première importance que les questions linguistiques soient davantage prises en compte, au nom de la dignité des détenus, mais au nom aussi du sens que doit avoir la peine et, *in fine*, au nom de l'équité. Le problème ne peut pas se résoudre uniquement dans le périmètre de la prison ; il s'agit d'un problème global de diglossie subie à l'échelle de la société polynésienne.

Pour autant, il faut souligner pour terminer que la question d'une formalisation d'une prise en compte plus grande de la réalité culturelle polynésienne n'est pas posée par ceux qui pourraient en bénéficier, aussi bien du côté des personnels que des détenus. Cela laisse penser qu'il faut surtout viser un optimum de prise en compte des réalités locales qui reposerait, très largement, sur des normes non écrites, et des pratiques non codifiées, dans le respect des missions de service public. Il n'est pas évident qu'il y ait grand intérêt à formaliser, surtout si cela devait venir de l'extérieur, ces normes non écrites et ces pratiques non codifiées. Il en va du respect d'une intimité culturelle que les Polynésiens tentent de préserver depuis plus de deux siècles.

2ème PARTIE : QUELLE EFFECTIVITÉ DU DROIT AU RESPECT DE LA DIGNITÉ DANS LES PRISONS DES OUTRE-MER

Les conditions de détention outre-mer, à la source d'évolutions jurisprudentielles, puis légales, majeures : bilan et perspectives

Sandrine ZIENTARA-LOGEAY
Avocate générale à la Cour de cassation

Je tiens en premier lieu à remercier très vivement Mme Emmanuelle Gindre pour l'organisation de ce colloque, ici, en Polynésie. Si la question de la dignité des conditions de détention renvoie à *"l'une des valeurs fondamentales des sociétés démocratiques"*, selon les mots de la Cour européenne, elle est en effet plus cruciale en outre-mer que dans le reste de la France. Cette question à mon sens ne peut se résoudre en outre qu'en réunissant les parties prenantes (acteurs publics, magistrats, avocats, universitaires) pour réfléchir ensemble à la co-construction de solutions, et c'est je crois l'ambition de ce colloque.

Introduction : la surpopulation carcérale, une question jamais résolue en France

Mon introduction sera courte : les interventions qui ont précédé suffisent pour comprendre le contexte dans lequel sont intervenus les arrêts de la Cour de cassation du 8 juillet 2021, qu'il me revient de présenter.

Permettez-moi quand même quelques rapides coups de projecteurs sur l'impasse dans laquelle se trouvait la France quand ces arrêts ont été rendus.

La France était alors confrontée à un problème endémique de surpopulation carcérale, générateur de traitements inhumains et dégradants [1], et qui n'avait jusqu'alors jamais été résolu, notamment en outre-mer.

À cet égard, la situation ultra-marine est restée longtemps la plus préoccupante. En 2013, par exemple, un rapport de l'Assemblée nationale soulignait le « *cas extrême de l'Outre-mer* » en s'appuyant sur les taux d'occupation alarmants constatés en 2012 au centre pénitentiaire de Faa'a Nuutania, en Polynésie française (234% au quartier centre de détention de Faa'a Nuutania et 306% au quartier maison d'arrêt)[2]. En septembre 2013, la garde des sceaux confiait à un groupe de travail composé de parlementaires, de membres de la Chancellerie et d'un représentant de la délégation générale à l'outre-mer, le soin de procéder à une étude approfondie spécifique à la problématique pénitentiaire en outre-mer. Le rapport du groupe de travail, rendu public en mai 2014, exposait les difficultés

---

[1]Comme l'a dénoncé le CGLPL, la surpopulation est un facteur d'aggravation des conditions matérielles de détention indignes, qui génère des atteintes à l'intimité et à l'hygiène des personnes détenues, une limitation à l'accès aux soins, des atteintes à la sécurité physique et à l'intégrité psychique des personnes détenues, une altération des liens avec l'extérieur et enfin constitue un frein à l'accès aux dispositifs de réinsertion. Rapport du Contrôleur des lieux privatifs de liberté, Les droits fondamentaux à l'épreuve de la surpopulation carcérale, 2018

[2]Assemblée nationale, Rapport d'information sur les moyens de lutte contre la surpopulation carcérale, présenté par MM. Dominique RAIMBOURG et Sébastien HUYGHE, n° 652, 23 janvier 2013, p. 21s.

propres à la situation ultra-marine, tenant notamment à l'isolement des structures, à l'absence des dispositifs de soutien et d'appui aux établissements, à des budgets de fonctionnement fondés sur des critères objectifs nationaux inadaptés à l'outre-mer, à une population carcérale plus indigente encore qu'en métropole et très peu occupée et enfin à l'importance de la délinquance notamment des mineurs. S'agissant de la Polynésie, le groupe de travail constatait que comme dans le centre pénitentiaire de Ducos et celui de Nouméa, le surencombrement existait aussi bien en quartier maison d'arrêt qu'en quartier centre de détention au sein du centre pénitentiaire de Faa'a, avec un taux d'occupation de 238% au 1er janvier 2014. Cette situation, s'agissant des condamnés, s'expliquait notamment par la rareté des transferts à destination de la métropole, en aucun cas imposés. Le groupe de travail précisait que les conditions de détention de Faa'a avaient entraîné à de multiples reprises des condamnations de l'État par la juridiction administrative, le montant des indemnités versées étant supérieur à 150 000 euros. Le rapport relevait encore que le taux de criminalité en Polynésie était inférieur à celui de la métropole en 2011 et que taux d'aménagement de peine était de 5,4 % au 1er janvier 2014, ce qui constituait le plus faible taux de tout l'outre-mer[3].

Depuis le début des années 2000, pourtant, à la suite d'une véritable prise de conscience politique transpartisane[4] de ce problème, des réformes importantes avaient été entreprises. C'est ainsi qu'un contrôleur général des lieux privatifs de liberté (CGLPL) a été créé en 2007 et que la loi pénitentiaire du 24 novembre 2009 a été adoptée. De même, le juge administratif a abandonné sa jurisprudence dite des mesures d'ordre intérieur et a étendu progressivement son contrôle sur

[3]Rapport sur les problématiques pénitentiaires en outre-mer, mai 2014

[4]Le rapport du sénat intitulé "Prisons : une humiliation pour la République", juin 2000

les décisions prises par l'administration en matière disciplinaire, d'isolement, de transfert, de classement.

La portée de ces réformes ne doit pas être mésestimée : faire de la personne détenue un acteur de sa peine, un sujet de droit, en capacité de former des recours contre les décisions de l'administration, c'est à mon sens un changement de paradigme par rapport à l'analyse foucaldienne de la prison. Ces nouveaux droits demeuraient cependant pour partie formels, en l'absence de toute amélioration des conditions matérielles de détention.

En parallèle de ces réformes, outre la construction de nouvelles places[5], se sont développées des politiques publiques en faveur des alternatives à l'incarcération, depuis la loi pénitentiaire de 2009, et jusqu'à la loi de programmation pour la justice de 2019.

S'agissant plus spécifiquement de l'outre-mer, il faut souligner, que dans les années 2013-2014, trois circulaires pénales de politique sectorielle de la Garde des sceaux[6], de manière inédite, avaient enjoint aux procureurs de "*maîtriser la surpopulation carcérale et ses effets*", dans un "c*ontext*e" que la ministre qualifiait de "*préoccupant*", préconisant de développer les alternatives à l'incarcération.

Et pourtant, à compter des années 2000, l'augmentation de la population carcérale a été constante ainsi que celle des taux de densité carcérale dans les maisons d'arrêts. À cet

---

[5] On a assisté à un quasi doublement des places en trente ans, passant de 32 500 places en 1987 à 59 000 places en 2017

[6] Circulaire du 2 janvier 2014 relative à la politique pénale territoriale pour la Guadeloupe, circulaire du 2 janvier 2014 relative à la politique pénale territoriale pour la Martinique et circulaire du 18 mars 2013 relative à la politique pénale pour la Nouvelle-Calédonie

égard, les taux d'occupation de 100 % qu'on a connu pendant l'épidémie de covid-19, n'ont été qu'une parenthèse [7].

L'échec de toutes les réformes visant à régler la question de la surpopulation carcérale conduisait la France dans une véritable impasse et l'exposait au risque de condamnations pour violation de l'article 3 de la convention européenne par la Cour de Strasbourg.

C'est face à cette impasse, qu'au début de l'année 2020, sur le fondement du droit européen, des évolutions jurisprudentielles et législatives considérables sont intervenues visant à offrir à la personne détenue un recours devant le juge judiciaire lui permettant d'obtenir sa libération en cas de conditions de détention constitutives de traitements inhumains et dégradants.

Ce sont ces évolutions, dans lesquelles la situation pénitentiaire ultra-marine a certainement joué un rôle déterminant, qu'avec vous je souhaite retracer puis interroger, dans leur capacité à générer de manière effective l'amélioration des conditions de détention, en particulier en Outre-mer.

---

[7] Seule la politique pénale active et concertée menée lors de la crise sanitaire a pour la première et unique fois depuis le début des années 2000 permis d'aboutir à un taux d'occupation des maisons d'arrêt à peine supérieur à 100%. Mais l'embellie fut de courte durée, puisqu'au 1er février 2022, la population écrouée détenue avait à nouveau atteint près de70 000 personnes. Comme l'a relevé Raphaële Parizot "*l'épisode de 2020 a démontré qu'il était possible de faire diminuer le nombre de personnes incarcérées, sans remettre en cause la sécurité publique, par une politique de soutien aux aménagements de peine*", « Quinquennat Macron : quelle évolution de la justice pénale ? », 6 avril 2022, Dalloz Actualité (https://www.dalloz-actualite.fr)

I. Première étape, la décision de la Cour européenne du 30 janvier 2020 : JMB contre France

L'arrêt JMB contre France[8] a été précédé d'une autre décision relative à la situation ultra-marine rendue par la Cour européenne, le 21 mai 2015 [9]. Dans cette affaire, M Paul Yengo, placé en incarcération provisoire à la maison d'arrêt du centre pénitentiaire Camp Est de Nouméa, dans une procédure criminelle, du 21 août 2011 au 15 mai 2012, faisait valoir qu'il avait était détenu dans une cellule insalubre et exiguë, occupée par six détenus, qui devaient constamment rester allongés sur le lit, compte tenu d'un espace vertical de seulement soixante centimètres entre les lits, avec des matelas à terre, des toilettes non cloisonnées, servant de douche et que, malgré l'indignité de ses conditions de détention ,il n'avait pu obtenir de la chambre de l'instruction sa remise en liberté. La description de ses conditions de détention était largement corroborée par les recommandations du CGLPL du 30 novembre 2011 sur le centre pénitentiaire de Nouméa dont le quartier maison d'arrêt atteignait alors un taux d'occupation de 300 %. Après avoir examiné les recours dont il disposait devant les juridictions administratives, la Cour européenne conclut que le requérant n'a pas disposé d'un recours effectif en violation de l'article 13 de la Convention. Il est intéressant de noter que pour apprécier l'effectivité du recours devant le juge administratif, la Cour européenne prenait en compte la spécificité du territoire Calédonien et notait que "*l'état de surpeuplement de la prison concernée, la seule sur le territoire de Nouvelle-Calédonie, ne permettait pas, en tout état de cause, d'envisager que l'administration pénitentiaire puisse réagir à une demande de changement de cellule ou de transfèrement de la part du requérant.*"

---

[8]Cour EDH, 30 janv. 2020, n° 9671/15, J. M. B. et 31 autres c/France

[9]Cour EDH, 21 mai 2015, n°50494/12, Yengo c France.

La Cour européenne a été saisie ensuite de trente-deux requêtes entre 2015 et 2017, émanant de personnes détenues dans des établissements pénitentiaires d'Outre-mer (Martinique, Polynésie et Guadeloupe) ainsi que dans les maisons d'arrêt de Nîmes, Nice et Fresnes.

Ces personnes détenues alléguaient, en particulier, que leurs conditions de détention étaient inhumaines et dégradantes et qu'ils ne disposaient pas de recours effectif à cet égard.

Sans entrer dans le détail de la description pour chacun des requérants de leurs conditions de détention, on peut noter, pour ceux qui étaient incarcérés en Polynésie, qu'ils faisaient notamment valoir qu'ils disposaient d'un espace personnel compris entre 1,5 et 2,5 m2, sans déduction de l'espace occupé par les meubles, qu'ils subissaient la présence persistante de rats et d'insectes nuisibles, un manque d'hygiène des cellules, une insuffisance de l'aération, une absence de cloison intégrale des toilettes, une mauvaise qualité de l'eau et de la nourriture et une absence d'activités, étant enfermés entre dix-huit et vingt heures par jour dans les cellules.

La Cour a considéré au vu des allégations des détenus, corroborées par le CGLPL et le Comité pour la prévention torture, et non réfutées de manière convaincante par le Gouvernement, qu'il y avait eu violation de l'article 3 à l'égard de la quasi-totalité des requérants.

C'était là l'application de sa jurisprudence classique[10], imposant aux États une obligation positive d'assurer des conditions de détention conformes à la dignité humaine, c'est à dire qui "*ne soumettent pas l'intéressé à une détresse ou à une épreuve d'une intensité qui excède le niveau inévitable de souffrance inhérent à la détention*". La Cour de Strasbourg a ainsi défini des standards minimums qui sont requis pour que les conditions matérielles

---

[10] Cour EDH, 26 oct. 2000, Kudla c/ Pologne, n° 30210/96

de détention apparaissent compatibles avec le respect de la dignité humaine, et cela avec un niveau d'exigence qu'on pourrait qualifier de croissant.

Elle a ensuite condamné, à nouveau, la France pour violation de l'article 13 de la Convention.

Selon la jurisprudence de la Cour, l'article 13 impose à la fois un recours indemnitaire (qui ne posait pas difficulté en France) et un recours préventif. Ce recours préventif ne doit pas nécessairement être porté devant une institution judiciaire au sens strict (il peut par exemple être porté devant une autorité administrative indépendante en mesure de prendre des décisions contraignantes et exécutoires), mais il doit néanmoins permettre de mettre rapidement un terme à tout traitement contraire à l'article 3. La Cour a bien constaté les évolutions du recours administratif, suite à l'importante décision du Conseil d'État du 22 décembre 2012[11], par laquelle le juge du référé liberté a reconnu le droit de ne pas être soumis à un traitement inhumain ou dégradant comme liberté fondamentale et a enjoint à l'administration pénitentiaire de procéder à la dératisation des Baumettes. Mais elle a estimé que ce recours demeurait insuffisamment effectif. Son analyse repose sur les limites inhérentes à la nature du référé-liberté : l'interdiction d'ordonner des mesures structurelles et non immédiatement réalisables et la nécessité de tenir compte des contraintes de l'administration pénitentiaire, tenue de recevoir toute personne placée sous écrou. Dans le cadre de son analyse *in concreto*, la Cour européenne a considéré qu'en France, compte tenu de l'état de surpeuplement chronique des établissements, un tel recours ne permettait pas d'obtenir une

---

[11]CE, ord. réf., 22 déc. 2012, 121 n° 364584, 364620, 364621, 364647, Sect . fr. de l'Observatoire international des prisons

amélioration des conditions de détention suffisante pour garantir la cessation des traitements inhumains et dégradants.

Enfin, dans son arrêt, que l'on peut qualifier à ce titre d'arrêt quasi pilote, la Cour a recommandé notamment à l'État français d'adopter des mesures générales visant à supprimer le surpeuplement.

II. Les arrêts de la Cour de cassation du 8 juillet 2020 : des décisions historiques et pionnières

C'est à la suite de cet arrêt de la Cour européenne que, dès le mois de février 2020, la Cour de cassation a été saisie de deux pourvois identiques formés par des prévenus détenus l'un à la maison d'arrêt de Vannes et l'autre au centre pénitentiaire de Ploemeur contre des décisions de la chambre de l'instruction de la Cour d'appel de Rennes de refus de mise en liberté alors qu'ils invoquaient subir des conditions de détention indignes.

Dans le cadre de ces pourvois, ils posaient en outre deux questions prioritaires de constitutionnalité, fondées notamment sur la violation, en l'absence de recours préventif effectif, du principe à valeur constitutionnelle de sauvegarde de la dignité de la personne humaine.

A. La création prétorienne d'un recours devant le juge judiciaire permettant aux prévenus d'obtenir du juge judiciaire leur libération.

S'agissant de personnes détenues, la chambre criminelle avait l'obligation de traiter le pourvoi au fond en même temps que la question prioritaire de constitutionnalité, même si elle choisissait de renvoyer cette dernière au Conseil constitutionnel.

Jusqu'aux arrêts du 8 juillet 2020, la jurisprudence de la Cour de cassation avait toujours considéré que, pour apprécier la nécessité de placer ou maintenir une personne en détention provisoire, le juge ne pouvait tenir compte des conditions de détention.

Quelques décisions[12] avaient certes pu augurer d'une certaine évolution possible, parce qu'elles rejetaient les pourvois en prenant aussi en considération l'absence d'allégation d'éléments propres à la personne concernée, suffisamment graves pour mettre en danger sa santé, ou parce qu'elles avaient admis la mise en liberté en cas d'incompatibilité de l'état de santé avec la détention, et ce avant que le législateur n'adopte des dispositions en ce sens.

Cependant, la porte avait été définitivement refermée par un arrêt du 18 septembre 2019[13] auquel se référait directement les arrêts de la chambre de l'instruction de Rennes frappés de pourvois qui avait énoncé que justifie sa décision la chambre de l'instruction qui énonce "*qu'une éventuelle atteinte à la dignité de la personne en raison des conditions de détention, si elle est susceptible d'engager la responsabilité de la puissance publique en raison du mauvais fonctionnement du service public, ne saurait constituer un obstacle légal au placement et au maintien en détention provisoire*".

La chambre criminelle, dans le sillage de la décision d'assemblée plénière du 15 avril 2011[14] sur la garde à vue, a considéré qu'il lui appartenait d'appliquer la Convention, "*sans attendre une éventuelle modification des textes législatifs ou réglementaires*".

Elle a ensuite estimé, donnant sa pleine portée à l'article 66 de la Constitution, qu'il incombait au juge judiciaire "*En*

---

[12] Voir notamment Crim.29 février 2012, n°11-88.441 et Crim. 3 octobre 2012, n°12-85.045, Bull. n° 209

[13] Crim. 18 septembre 2019, n° 19-83.950

[14]Cass. ass. plén. 15 avr. 2011, P+B+R+I, n° 10-17.049

tant que gardien de la liberté individuelle" "*de s'assurer que la privation de liberté est exempte de tout traitement inhumain et dégradant.*"

Ce choix du juge judiciaire n'allait pas de soi puisque le juge administratif était jusqu'alors le seul contrôleur de la dignité des conditions de détention, par le biais du référé liberté ou du recours indemnitaire et était sur la voie d'avancées réelles et saluées comme telles par la Cour européenne, cette dernière n'imposant aucune règle quant à la nature de l'instance compétente pour traiter de ce recours.

La chambre criminelle a ensuite cadré le recours prétorien ainsi créé.

Elle a précisé qu'il appartient au juge judiciaire, lorsque la description faite par le demandeur de ses conditions personnelles de détention était suffisamment crédible, précise et actuelle, de faire toutes vérifications utiles afin d'en apprécier la réalité.

La chambre criminelle a énoncé de manière nette qu'après ces vérifications, s'il apparaît que l'atteinte au principe de dignité est constituée et qu'il n'y a pas entre-temps été remédié, le juge judiciaire "*doit ordonner la mise en liberté de la personne*".

Cette solution n'avait rien d'évident non plus dans la mesure où la Cour européenne, lorsqu'elle exige que le recours effectif permette de faire cesser la violation de l'article 3, ne spécifie pas expressément que cette cessation puisse imposer la remise en liberté.

Il ressort cependant de sa jurisprudence que si elle privilégie toujours une amélioration des conditions de détention, elle préconise, implicitement mais nécessairement, la mise en liberté si celle-ci constitue l'unique moyen de mettre fin à un traitement inhumain et dégradant, le droit instauré à l'article 3 de la Convention constituant un droit absolu auquel il ne peut jamais être dérogé.

C'est ainsi que lorsque la Cour a validé expressément des recours préventifs comme suffisants, alors qu'ils ne prévoyaient pas la possibilité de la remise en liberté, c'est toujours en considération du fait que les décisions prises par l'instance saisie pour faire cesser la violation et améliorer les conditions de détention étaient réalisables et ce en considération de la situation des établissements. Il en a été notamment ainsi de l'Italie[15], qui en parallèle de l'instauration d'un recours devant le juge judiciaire, a conduit un plan de réduction drastique de la population carcérale qui a porté ses fruits, de sorte que les injonctions données à l'administration pénitentiaire en vue d'améliorer les conditions de détention s'avéraient praticables et donc efficaces.

C'est dans le souci de garantir que la libération ne soit envisagée que comme une solution ultime, que la chambre criminelle a précisé, en instaurant ce recours, que la chambre de l'instruction devait vérifier les allégations portant sur des conditions de détention, ce temps de vérification donnant la possibilité à l'administration pénitentiaire d'améliorer les conditions de détention. Dans la notice explicative qui a accompagné l'arrêt, elle a précisé que ces vérifications pouvaient être effectuées conformément aux dispositions des articles 194, alinéa 4, 148, alinéa 5 et 148-4 suivant les cas.

Ces arrêts rendus par la chambre criminelle le 8 juillet, qualifiés par certains d'historiques, sont remarquables à plus d'un titre.

D'une part, par le revirement de jurisprudence qu'elle a opéré, la chambre criminelle replace le juge judiciaire au cœur du dispositif de contrôle de la dignité des conditions de détention, place qu'il n'avait en réalité jamais occupée depuis la

---

[15] Cour EDH, Stella et autres contre Italie,16 septembre2014, n°49169/09

naissance de la prison sous la Révolution française comme lieu d'exécution d'une peine.

D'autre part, ces arrêts témoignent de nouvelles méthodes d'élaboration de la jurisprudence initiées par le président de la chambre criminelle Christophe Soulard. Notons en particulier la motivation très enrichie visant à cadrer le recours bien au-delà des cas d'espèce, dont la chambre était saisie ainsi que la notice explicative à destination des praticiens diffusée sur le site internet de la Cour qui a accompagné l'arrêt.

En dernier lieu, la Cour de cassation semble être la première des Cours suprêmes européennes à avoir énoncé aussi clairement que s'il n'existe pas d'autres moyens de faire cesser la violation de l'article 3, le juge doit ordonner la mise en liberté.

Pionnière, elle a ainsi ouvert une voie que pourraient suivre les autres Cours, si les États ne parviennent à réguler la population carcérale et garantir ce faisant l'effectivité des recours en la matière.

La chambre criminelle, en même temps qu'elle créait cette voie de recours prétorienne, a saisi le Conseil constitutionnel.

B. La transmission de la question prioritaire de constitutionnalité

La chambre criminelle a jugé que la question posée présentait un caractère sérieux par ce que le Code de procédure ne subordonne pas le placement ou le maintien en détention provisoire, je cite, *"à la possibilité de garantir que l'incarcération respecte la dignité de la personne détenue"*.

Cette transmission au Conseil paraissait s'imposer au vu de l'arrêt JMB contre France. Il aurait pu toutefois être soutenu que la chambre criminelle en créant un recours avait interprété les articles du Code de procédure pénale sur les critères de placement en détention provisoire de manière à en garantir la conventionnalité, de sorte que la saisine n'était plus nécessaire. Tel n'a pas été le choix de la chambre qui a rempli son office de juge de la Convention et laissé au Conseil le soin de jouer son rôle de juge de la constitutionnalité des lois, approche juridique de l'articulation des deux contrôles de constitutionnalité et de conventionnalité qui a été ensuite approuvée par le Conseil dans sa décision du 2 octobre 2020[16]. La saisine du Conseil visait aussi, à conforter l'évolution jurisprudentielle par une évolution législative. Comme l'a indiqué dans un article, le président Soulard *"la chambre criminelle a estimé qu'elle devait apporter sa pierre à la mise en place d'un système interdisant que les détenus soient soumis à des traitements inhumains ou dégradants, mais non construire elle-même tout l'édifice."* [17]

Cette saisine du Conseil a été doublée d'une saisine sur la situation des condamnés par le Conseil d'État.

Dans ses décisions des 2 octobre 2020 et 16 avril 2021[18], le Conseil a jugé qu'il incombait au législateur de garantir aux personnes détenues la possibilité de saisir le juge de conditions de détention contraires à la dignité de la personne humaine,

---

[16]Décision n° 2020-858/859 QPC du 2 octobre 2020

[17]Propos introductifs ; retour sur les arrêts de la chambre criminelle du 8 juillet 2020", par Christophe Soulard, in Les conditions de détention, condition de la détention, sous la direction de Sandrine Zientara-Logeay, Lexis-Nexis, 2021

[18]Décision n° 2021-898 QPC du 16 avril 2021

afin qu'il y soit mis fin, impartissant au législateur d'intervenir en conséquence avant le 1er mars 2021.

Comme vous le savez est ensuite intervenue, avec un peu de retard, la loi du 8 avril 2021.

Le mouvement dans lequel s'inscrit cette saisine du Conseil constitutionnel constitue ainsi une illustration remarquable d'un véritable dialogue des juges, entre les Cours suprêmes nationales, entre ces dernières et la Cour européenne et entre les pouvoirs judiciaire et législatif, dans le respect des prérogatives et des offices de chacun.

III. Bilan et perspectives

Il reste maintenant à dresser un premier bilan de cette évolution et à interroger l'impact qu'elle a eu sur les conditions de détention des personnes détenues.

A. La jurisprudence de la chambre criminelle

Il convient de relever que la jurisprudence de la chambre criminelle est venue encadrer dans un premier temps le recours prétorien transitoire et que les grands principes de cette construction jurisprudentielle ont certainement vocation à perdurer sous l'empire de la loi du 8 avril 2021.

Les décisions ont été peu nombreuses, et encore très peu concernent l'outre-mer[19] .

Dans les mois qui suivirent les arrêts du 8 juillet, la chambre criminelle a rendu une dizaine de décisions approuvant les chambres de l'instruction qui n'avaient pas ordonné des investigations complémentaires lorsque les allégations

---

[19]Au moins deux pourvois contre des arrêts de la Cour d'appel de Fort-de-France et de Saint-Denis de la réunion

étaient trop générales (notamment mettaient en cause la situation sanitaire des établissements pendant la crise du covid 19[20]).

Mais elle a précisé qu'il était nécessaire de procéder à des vérifications en cas d'allégation de conditions de détention personnelles, crédibles, précises et actuelles, même si cette description portait en même temps sur les conditions générales de détention[21]. Elle a aussi précisé qu'il n'y avait pas lieu d'exiger la preuve des conséquences de ces conditions de détention sur la santé physique ou psychologique[22].

Elle a surtout parfaitement pris en compte la situation dans laquelle se trouve la personne détenue conformément à la jurisprudence de la Cour de Strasbourg[23] selon laquelle dès que les allégations sont "*suffisamment crédibles et raisonnablement détaillées*", "*la charge de la preuve est transférée au gouvernement défendeur qui est le seul à avoir accès aux informations susceptibles de confirmer ou d'infirmer les allégations*". Elle a ainsi jugé[24] qu'un simple écrit, doté d'une crédibilité intrinsèque, pouvait être suffisant à constituer ce commencement de preuve.

Elle a approuvé la chambre de l'instruction de Paris qui avait estimé que les allégations n'étaient pas crédibles au vu des éléments produits par l'administration pénitentiaire (efficacité de la lutte contre les nuisibles, recensement de l'état de la cellule 167 notamment)[25]. Mais elle a censuré une chambre de l'instruction qui pour écarter le moyen contenant une description circonstanciée des conditions de détention (arguant notamment, selon le rapport de l'avocat général de l'absence d'activités hors cellule, présence de nuisibles dans sa cellule ,

---

[20]Notamment Crim., 19 août 2020, pourvoi n° 20-82.171, publié

[21]Crim., 25 novembre 2020, pourvoi n°20-84.886, publié

[22]Crim., 19 janvier 2021, pourvoi n°20-85.935.

[23]JMB c Fr, op.cit. § 258

[24]Crim., 8 juin 2021, pourvoi n° 21-81.839

[25]Crim., 8 juin 2021, pourvoi n°21-81.839

d'un manque d'espace en cellule et l'absence de chauffage et d'intimité dans les douches), n'apprécie pas le caractère précis, crédible et actuel de celle-ci et s'arrête au fait que le rapport du contrôleur général des lieux de privation de liberté produit par le demandeur décrivait des conditions antérieures à son incarcération [26].

S'agissant de l'appréciation du caractère indigne des conditions de détention, il ressort d'un important arrêt du 15 décembre 2020[27], qu'elle entend opérer un contrôle approfondi de l'exacte qualification des conditions de détention. Se référant expressément à la jurisprudence de la Cour européenne, elle a précisé les critères qui devaient être retenus et combinés pour apprécier de la dignité des conditions de détention, en ces termes "*Il résulte de la jurisprudence de la Cour européenne des droits de l'homme au regard de l'article 3 de la Convention qui interdit les peines ou traitements inhumains ou dégradants qu'en cas de surpopulation carcérale, chaque détenu placé en cellule collective doit bénéficier d'une surface personnelle minimale au sol de 3 m² hors sanitaires, en deçà de laquelle il existe une forte présomption de violation de l'article 3 qui ne peut être réfutée qu'à de strictes conditions qu'elle énonce. Entre 3 et 4 m², le facteur spatial demeure un élément de poids et d'autres aspects des conditions de détention sont à prendre en considération. Au-delà, le facteur spatial ne pose plus de problème en lui-même. Il s'en déduit que l'appréciation du caractère indigne des conditions de détention en cas de surpopulation carcérale relève d'un ensemble de facteurs devant être globalement envisagés.*"

Afin de se donner les moyens d'un tel contrôle, le Service de documentation et des études de la Cour de cassation a mis en place une veille juridique sur la jurisprudence de la Cour de

---

[26] Crim., 20 octobre 2021, pourvoi n° 21-84.498

[27] Crim., 15 décembre 2020, pourvoi n° 20-85.461, publié

Strasbourg relative à l'application de l'article 3 aux conditions de détention.

Dans le cadre de ce contrôle approfondi, la chambre criminelle a rejeté une dizaine de pourvois contre des décisions de chambre de l'instruction ayant considéré que les conditions de détention n'étaient pas indignes. À ce jour, elle n'a rendu aucune décision de cassation d'arrêt de chambre de l'instruction refusant de qualifier d'indignes les conditions de détention.

Enfin, dans un arrêt publié du 20 octobre 2021[28], elle a jugé que les recours introduits avant l'entrée en vigueur de la loi du 08 avril 2021, le 1er octobre 2021, devaient continuer à être examinés en application des principes dégagés le 8 juillet 2020.

À l'issue de cette phase transitoire, le nouveau dispositif créé par la loi du 08 avril 2021 a vocation à s'appliquer. Le recours judiciaire institué à l'article 803-8 est un recours sui generis, spécialement dédié aux conditions de détention indignes, ouvert aux prévenus et aux condamnés et qui se déroule en plusieurs étapes que je ne détaille pas ici puisqu'il sera présenté par un autre intervenant.

B. Quelques réflexions sur la portée et les limites du nouveau dispositif, en particulier pour l'Outre-mer

À ce jour, les premiers éléments de bilan paraissent à première vue mitigés.

D'une part, le nombre de recours fondés sur la jurisprudence de la chambre criminelle ou sur le nouvel article 803-8 du Code de procédure pénale demeure très limité (pour l'outre-mer 1 au CD de Papeari et 18[29] au Centre pénitentiaire de Nouméa).

---

[28] Crim., 20 octobre 2021, pourvoi n° 21-84.498

[29] Dont 12 ont été déclarés recevables et 2 bien fondés.

Ce constat est d'autant plus surprenant qu'au 1er février 2022, au moins 5 maisons d'arrêt ou quartiers maison d'arrêt d'outre-mer avaient un taux de densité carcérale supérieur 140% même si, de manière inédite, les taux les plus élevés se trouvent en métropole (par exemple 208% à Bordeaux, 210% à Nîmes, 205 % à Perpignan ou 178% à Bois-d'Arcy).

Pour l'expliquer, on peut avancer quelques hypothèses, que seule une recherche interdisciplinaire pourrait venir vérifier.

D'une part, l'accès au droit reste compliqué en établissement pénitentiaire. Comme le soulignait Jean-Marie Delarue[30] "*les tribunaux ne connaissent des affaires que celles qui y sont portées : penser, écrire et transmettre un recours juridictionnel depuis une cellule reste encore, pour bien des raisons, une gageure. Dit brutalement, les " procéduriers " ne sont pas aimés en détention. Autrement dit, le droit au recours effectif pose encore question*".

[30]Jean-Marie Delarue, Le juge et la prison, in Les conditions de détention, condition de la détention, sous la direction de Sandrine Zientara-Logeay, Lexis-Nexis, 2021

D'autre part, le dispositif légal est relativement complexe, compte tenu des phases successives[31] et est encadré dans des délais de plusieurs mois, qui par leur longueur peuvent paraitre dissuasifs.

Surtout, le dispositif d'amélioration des conditions de détention, qui est privilégié par rapport à la mise en liberté, conformément à la jurisprudence européenne, repose principalement sur la possibilité de transférer la personne détenue. Le transfèrement est proposé au requérant, avec l'accord du juge d'instruction pour le prévenu, et sous réserve d'une absence d'atteinte excessive à son droit au maintien des liens familiaux, s'il s'agit d'un condamné. Certes, l'accord de la personne détenue est sollicité, mais si celle-ci n'accepte pas le transfèrement, le juge peut refuser de la mettre en liberté. Or la crainte d'un transfèrement dans un nouvel établissement où ils n'auraient plus leurs repères et leurs contacts et qui serait plus éloigné du domicile de leur famille ou en tout cas moins facilement accessible pour cette dernière, même si cet éloignement n'est pas tel qu'il constitue une violation de l'article 8 de

[31]Dans un premier temps, s'il estime la requête recevable, le juge donne un délai à l'administration pénitentiaire pour faire valoir ses observations et peut également procéder à des vérifications lui permettant d'apprécier les conditions de détention du requérant. Dans un deuxième temps, au vu des éléments ainsi recueillis, le juge se prononce sur la requête. Si la requête lui apparaît fondée, il fait connaître à l'administration pénitentiaire les conditions de détention qu'il estime contraires à la dignité de la personne détenue et lui fixe un délai entre dix jours à un mois pour y remédier par tout moyen qu'elle estime approprié. Dans un troisième temps, à l'issue du délai laissé à l'administration pour prendre des mesures correctives, si le juge estime qu'il n'a pas été mis fin aux conditions de détention contraires à la dignité, il peut ordonner le transfèrement de la personne détenue, sa mise en liberté ou un aménagement de peine si la personne est condamnée et qu'elle y est éligible.

la Convention, parait avoir un effet dissuasif sur l'usage de ce nouveau recours par les détenus.

En outre, s'agissant des condamnés qui ne sont pas éligibles à une mesure d'aménagement de peine, le recours présente à l'évidence une portée limitée puisque la loi ne prévoit pas, dans cette hypothèse, de possibilités de mise en liberté. Cette limite constitue une vraie difficulté en Outre-Mer où les établissements pour peines, contrairement à ceux de métropole, peuvent connaître des taux d'encombrement importants. Pour les personnes détenues d'origine ultra-marine, il est probable qu'un transfert en métropole violerait le droit au maintien des liens familiaux garanti par l'article 8 de la convention, de sorte qu'à leur égard on peut s'interroger sur la conventionnalité du nouveau dispositif.

Enfin, et d'une manière plus générale, la solution du transfèrement, si elle devait être massivement utilisée, pourrait aboutir à améliorer les conditions de détention de certains au détriment de celles des autres, ce que la Cour européenne pourrait aussi être amenée à condamner. À cet égard, il est vraisemblable que l'instauration de ce nouveau recours ne soit pas suffisante pour faire disparaître les risques de condamnations de la France par la Cour de Strasbourg.

Par ailleurs, des constructions ou rénovations d'établissements pénitentiaires, notamment en outre-mer sont programmées, ce dont on peut se féliciter. Mais il n'est pas certain que la construction de nouvelles places permette de résorber la surpopulation carcérale puisque l'histoire enseigne que l'augmentation des places a toujours entraîné une augmentation du nombre de détenus.

La question de la nécessité de compléter le dispositif par des mesures d'envergure visant à lutter contre la surpopulation carcérale, et en particulier l'instauration d'un numerus clausus dit inversé[32] reste donc posée. Si l'échec des politiques publiques incitatives visant à favoriser les peines alternatives devait perdurer, il est probable que la création d'un dispositif contraignant de régulation de la population carcérale, reposant sur une assise législative, serait en effet le meilleur moyen, en complément du recours, de régler durablement la question de l'encombrement des prisons.

En conclusion et pour nuancer ce tableau mitigé, il faut d'abord rappeler que la seule création d'un recours préventif *"constitue en tant que telle une avancée considérable"*, comme l'a fait remarquer le premier avocat général F Desportes[33].

Il faut aussi souligner la dimension préventive de ce recours, qu'il est malaisé de mesurer, mais que l'on entrevoit, au travers des affaires soumises à la Cour de cassation. Il n'est ainsi pas rare de constater que des mesures ont été prises par l'administration pénitentiaire, par exemple en termes d'aménagement de cellule, de réparation du chauffage ou d'une fenêtre cassée ou encore pour favoriser l'accès aux soins ou à des équipements plus adaptés pour les personnes souffrant de handicaps, parfois même avant l'examen de la demande par le juge.

La simple possibilité d'un tel recours met certainement encore plus l'accent sur la nécessité de garantir un traitement en

---

[32] Soit un système où un nombre de places maximum est attribué à chaque établissement, avec un volant de places toujours vacantes pour permettre l'incarcération provisoire de toute personne quand elle est ordonnée par un juge. Si le nombre maximum de détenus est atteint, toute nouvelle incarcération entraîne la remise en liberté, sous une forme aménagée, d'un des détenus dont la date de fin de peine est la plus proche.

[33] Propos conclusifs, in Les conditions de détention, condition de la détention, sous la direction de Sandrine Zientara-Logeay, Lexis-Nexis, 2021 21

prison conforme à la dignité humaine qui s'impose à l'administration pénitentiaire et à l'État.

Enfin, nous ne sommes qu'au début de la mise en œuvre de ce nouveau recours qui peut prendre un essor plus important, s'il est investi par les avocats spécialisés dans le contentieux des droits humains, lesquels sont à même d'œuvrer tant devant les juridictions judiciaires qu'administratives; ils pourront ce faisant contribuer à créer une nouvelle articulation entre les recours devant les deux ordres de juridiction, de nature à contribuer, en complémentarité, à l'amélioration de la situation carcérale .

Cette évolution remarquable a été largement initiée par le contentieux ultra-marin, que l'on pourrait qualifier de miroir grossissant de la situation métropolitaine. Dans cette continuité, les territoires d'outre-mer devraient pouvoir constituer de véritables laboratoires pour l'élaboration conjointe des solutions à venir pour en finir avec la surpopulation carcérale.

Dignité et cadre juridique national à disposition des détenus : de la loi du 08 avril 2021 au Code pénitentiaire

Jean-Paul CÉRÉ
Professeur, Université de Pau et des Pays de l'Adour
Directeur du Centre de Recherche sur la Justice Pénale et Pénitentiaire (IFTJ – CRJ2P)
Président honoraire de l'Association Française de Droit Pénal

La loi n° 2021-403 du 8 avril 2021 tendant à garantir le droit au respect de la dignité en détention, dans son intitulé même, illustre une tendance forte du droit pénitentiaire ces dernières décennies à s'inscrire dans une reconnaissance des droits fondamentaux intracarcérale, alignée sur les évolutions les plus marquantes de la jurisprudence de la Cour européenne des droits de l'homme. Cette loi offre plusieurs remèdes aux détenus pour sortir d'un contexte individuel de surpopulation carcérale.

Il est bien connu que la Cour européenne des droits de l'homme fait entrer les conditions générales de détention dans le champ de protection de l'article 3 de la Convention européenne des droits de l'homme depuis un arrêt célèbre Kudla c/ Pologne du 26 octobre 2000 [1]. La jurisprudence concorde alors, pour la première fois, avec les recommandations du Comité de prévention contre la torture du Conseil de l'Europe. Dans cet arrêt, la cour atteste que l'exécution d'une peine de prison ne doit pas soumettre « l'intéressé à une détresse ou à une épreuve d'une intensité qui excède le niveau inévitable de souffrance inhérente à la détention » (§ 94). Cette jurisprudence ne limite plus dorénavant aux seuls actes de maltraitances physiques les cas de violation de l'article 3 de la convention en considérant qu'il porte aussi sur les conditions de vie en prison. Rapidement, le droit pour tout prisonnier au bénéfice de conditions de détention conformes à la dignité humaine s'est trouvé concrétisé par des arrêts de condamnation[2], devenus au fil du temps de plus en plus fréquents[3]. Mais la dignité du détenu ne saurait se résumer aux seules situations de conditions de détention défaillantes.

Dans ce contexte de respect de la dignité des personnes détenues, il n'est guère surprenant que la loi pénitentiaire du 24 novembre 2009 ait mentionné parmi les principes fondamentaux, celui relatif au respect de la dignité du détenu (art. 22) et il ne s'agit pas d'y voir uniquement une simple assertion déclarative [4]. En effet, cet article est accompagné par d'autres dispositions fortifiant la reconnaissance à des degrés divers. Ainsi en est-il pour les fouilles, dont les pratiques ont été cadenassées (art. 57) par la nécessité de les justifier par la

---

[1] CEDH Gde ch., 26 oct. 2000, req. n° 30210/96 ; B. Ecochard, « L'émergence d'un droit à des conditions de détention décentes garanties par l'article 3 de la Convention européenne des droits de l'homme », *RFDA* 2003, p. 99

[2] CEDH, 19 avr. 2001, Peers c/ Grèce, req. n° 28524/95

[3] Par ex., CEDH, 25 octobre 2007, *Yakovenko c. Ukraine, req. n° 15825/06* ; CEDH, 14 février 2008, *Dorokhov c. Russie*, req. n° 66802/01 ; CEDH, 27 mars 2008, *Sukhovoy c. Russie*, req. n° 63955/00 ; CEDH, 27 mars 2008, *Korobov et autres c. Russie*, req. n° 67086/01).

[4] J.P. Céré, « Virage ou mirage pénitentiaire. À propos de la loi du 24 novembre 2009 », *JCP G* 2009, n° 50, p. 47.

présomption d'une infraction ou par les risques que le comportement du détenu fait courir à la sécurité des personnes et au maintien du bon ordre dans l'établissement. Leur fréquence en outre doit être adaptée à ces impératifs et à la personnalité du détenu. Des assouplissements sont intervenus cependant au fil du temps permettant depuis la loi pénitentiaire de réaliser des fouilles systématiques lorsque les nécessités de l'ordre public et les contraintes du service public pénitentiaire l'imposent[5]. Dans ce cas, le chef d'établissement doit prendre une décision pour une durée maximale de trois mois renouvelables après un nouvel examen de la situation de la personne détenue. Ainsi est-ce le cas encore en cas de placement dans une cellule collective. La dignité et la sécurité du détenu doivent être préservées par l'administration pénitentiaire (art. 87). Enfin, pour les femmes détenues, tout accouchement ou tout examen gynécologique devra être effectué sans entraves et hors la présence du personnel de surveillance (art. 52). Ces dispositions sont le marqueur ostensible d'une prise en compte, qui se présente comme effective, du respect de la dignité des personnes détenues, même si compte tenu de l'intitulé de l'intervention nous nous centrerons sur la question des conditions matérielles de détention.

En effet, une dynamique plus profonde du respect de la dignité de la personne détenue se décèle dans la décision du 30 janvier 2020 de la Cour européenne des droits de l'homme. Après avoir constaté l'ineffectivité des voies de recours offertes aux personnes détenues, la Cour a recommandé à la France de mettre en place un mécanisme leur permettant « de

---

[5] Ce qui pose indubitablement la question de la compatibilité de l'article L. 225-1 du Code pénitentiaire reprenant l'article 57 modifié de la loi pénitentiaire avec la jurisprudence européenne. En ce sens, J. Falxa, « Le Code pénitentiaire : une codification à droit inconstant », *AJ Pénal* 2022, p. 295.

redresser la situation dont ils sont victimes »[6]. Cet arrêt est le déclencheur incontestable d'une meilleure protection de la dignité des personnes détenues sur le plan des conditions matérielles de détention, tant elle a pu sembler longtemps malmenée (I), pour aboutir à une situation actuelle qui tend à sa consécration (II).

I. Une protection de la dignité des détenus malmenée

A. Une jurisprudence européenne éclairante

L'évocation du respect de la dignité du détenu à l'aune de la surpopulation en prison conduit inéluctablement à s'interroger sur la surface minimale accessible pour un détenu. La Cour considère que la question dépend de nombreux facteurs, tels que la durée de la privation de liberté, les possibilités d'accès à la promenade en plein air ou la condition mentale et physique du prisonnier. Une analyse plus fine de la jurisprudence permet néanmoins de dégager un critère purement factuel tenant justement à la surface disponible.

Dans un premier temps jurisprudentiel, lorsque la surface disponible est inférieure à 3 m^2, la Cour a pu estimer que « le manque d'espace dans un établissement pénitentiaire pouvait constituer l'élément central à prendre en compte dans l'appréciation de la conformité d'une situation donnée à l'article 3 ». Lorsque l'espace est compris entre 3 et 4m^2, la Cour européenne intègre d'autres aspects. C'est alors l'exiguïté combinée avec d'autres facteurs qui entraîne une violation de l'article 3, telle que l'impossibilité de bénéficier d'une douche plus d'une fois par semaine, l'absence de ventilation dans la cellule, l'absence de lumière naturelle dans la cellule, le

---

[6] CEDH, 30 janvier 2020, *J.M. B. c. France*, *JCP G* 2020, 154, obs. B. Pastre-Belda ; *D.* 2020, p. 753 note J-F Renucci ; *D.* 2020, p. 1195, obs. J-P Céré ; *D.* 2020, p. 1643, obs. J. Pradel. Cet arrêt concernait plus de 30 détenus répartis sur plusieurs établissements pénitentiaires.

manque de facilités sanitaires ou encore, par exemple, l'absence totale d'intimité. Le facteur relatif au temps passé en dehors de la cellule permet exceptionnellement de conclure à une absence de violation de l'article 3[7].

Qu'il s'agisse d'un espace personnel retenu compris entre 3 et 4 m^2 ou inférieur à 3 m^2, la configuration de la cellule et son équipement dans l'examen du respect de l'article 3 sont également pris en considération. L'espace personnel dévolu au détenu s'entend donc pour la Cour de façon effective, c'est-à-dire que le critère de superficie retenu est déterminé une fois déduit l'encombrement du mobilier (ex. table, lit, chaises).

Cette jurisprudence classique a été quelque peu polluée par un arrêt *Muršić* du 20 octobre 2016 qui a soutenu une approche plus singulière dans la mesure où la cour a jugé qu'une surface de moins de trois mètres carrés d'espace au sol entraîne « une présomption forte » selon laquelle les conditions de détention s'assimilent à un traitement contraire à l'article 3[8]. Cette présomption, aussi « forte » soit-elle, peut néanmoins être renversée.

Au-delà de cette approche minimaliste retenue, c'est la motivation qui surprend. Quand les détenus bénéficiaient d'un espace personnel en cellule compris entre 3 et 4m^2, la cour jugeait que la surpopulation n'est pas importante au point de soulever à elle seule un problème sous l'angle de l'article 3. Elle intégrait, comme il a déjà été dit, d'autres aspects des conditions matérielles de détention pour apprécier la conformité d'une situation donnée à l'article 3 de la Convention. Or, cette jurisprudence reste d'actualité. La cour prend soin de le préciser alors même que la situation ne se posait pourtant pas dans l'affaire *Muršić*. Dans le cas d'un espace compris

---

[7] Par ex. CEDH 17 janv. 2012, *István Gábor Kovács c. Hongrie*, n° 15707/10.

[8] CEDH Gde ch. 20 oct. 2016, *Muršić c. Croatie*, n° 73334/13 ; V. déjà CEDH 10 janv. 2012, A*nanyev et autres c. Russie*, n° 42525/07 et 60800/08 ; CEDH, 2 avr. 2013, *Olszewski c. Pologne*, n° 21880/03.

entre 3 et 4 m2, « une violation de l'article 3 ne sera constatée que si le facteur espace est associé à d'autres aspects inappropriés des conditions de détention physiques ».

L'arrêt *Muršić* atténue donc la césure jurisprudentielle établie entre les situations où l'espace disponible en cellule est inférieur à 3 m^2 et celles où l'espace est compris entre 3 et 4 m^2 et pourrait être entendu de prime abord comme moins protecteur de la dignité des détenus. En réalité, cet arrêt précise les conditions du renversement de cette présomption. Elle peut être désavouée en présence de trois conditions cumulatives : « si les réductions de l'espace par rapport au minimum requis de 3 m^2 sont courtes et occasionnelles et mineures ; si elles s'accompagnent d'une liberté de circulation suffisante hors de la cellule et d'activités hors cellule adéquates ; si le détenu est incarcéré dans un établissement offrant des conditions de détention décentes ». Ces conditions de renversement de la présomption apparaissent finalement extrêmement strictes et permettent de conserver un niveau de protection élevé contre des conditions de détention indignes[9].

En outre, lorsque la cour est confrontée au nombre de requêtes significatif dans quelques pays affectés par la surpopulation carcérale, elle a été amenée à utiliser la procédure dite de « l'arrêt pilote » qui intervient en cas de problèmes structurels ou systémiques, c'est-à-dire essentiellement quand un nombre croissant de personnes est concerné et que les requêtes pourraient donner lieu à de nombreux arrêts de violation. Plusieurs pays ont été concernés par un arrêt pilote

[9] Par ex. CEDH, 3 avr. 2018, *Danilczuk c. Chypre*, n° 21318/12

en matière de surpopulation carcérale[10]. Selon cette procédure, la cour peut enjoindre aux États de prendre un certain nombre de dispositions ou d'actions spécifiques pour remédier à la surpopulation, comme la mise en place d'un recours ou d'une combinaison de recours qui garantissent une réparation des violations de la Convention et un plan d'action crédible.

Si la surpopulation en prison est un critère fréquemment invoqué pour parvenir à un constat de violation de l'article 3, il n'est toutefois pas exclusif. Quelques exemples tirés de la jurisprudence suffiront pour s'en convaincre. Un cumul de mauvaises conditions matérielles de détention peut entraîner une violation de l'article 3[11]. Une conclusion identique prévaut pour des conditions de détention matérialisées par une limitation des contacts sociaux et d'activités[12] ou encore pour des mauvaises odeurs régnant à l'intérieur de la cellule. Cette jurisprudence trouve à s'appliquer principalement à raison des

---

[10] CEDH 25 avr. 2017, Rezmiveş et autres c. Roumanie, n° 61467/12, 39516/13, 48231/13 et 68191/13 (compte tenu de l'urgence et de l'importance des problèmes, renvoi au conseil des ministres pour fixer un délai. Par conséquent, le Gouvernement roumain doit fournir, en coopération avec le Comité des Ministres, dans les six mois à compter du jour où l'arrêt sera devenu définitif, un calendrier précis pour la mise en œuvre des mesures générales appropriées) ; CEDH 10 mars 2015, Varga et autres c. Hongrie, n° 14097/12, 45135/12, 73712/12, 34001/13, 44055/13 et 64586/13 ; CEDH 27 janv. 2015, Neshkov et autres c. Bulgarie, n° 36925/10, 21487/12, 72893/12, 73196/12, 77718/12 et 9717/13 (délai de 18 mois pour remédier aux problèmes constatés) ; CEDH 8 janv. 2013, Torreggiani et autres c. Italie, n° 43517/09 (délai de 12 mois) ; CEDH 10 janv. 2012, Ananyev et autres c. Russie, n° 42525/07 et 60800/08 (délai de 12 mois). V. aussi CEDH 3 déc. 2019, Petrescu c. Portugal, n° 23190/17

[11] Par ex. CEDH 27 nov. 2012, *Chervenkov c. Bulgarie*, n° 45358/04. *Adde*, CEDH 17 nov. 2015, *Dimitrov et Ribov c. Bulgarie*, n° 34846/08.

[12] CEDH 4 juill. 2013, *Rzakhanov c. Azerbaïdjan*, n° 4242/07.

odeurs découlant de l'usage des sanitaires en cellule,[13] mais elle peut concerner d'autres situations plus ponctuelles (ex. une cellule du quartier disciplinaire[14]).

Il est fondamental de comprendre que la protection de l'article 3 sur le terrain des conditions de détention joue indépendamment de toute volonté d'humiliation du détenu. Ainsi, le constat de conditions de vie déficientes suffit à générer une violation de l'article 3, principalement lorsqu'il s'agit de surpopulation chronique et de défaillance en matière de respect des règles d'hygiène[15].

La protection recouvre tous les lieux de détention, ce qui signifie qu'un État peut être condamné, à raison d'un seul constat de mauvaises conditions de détention, indépendamment du lieu de détention et du régime de détention applicable. À l'évidence, le statut juridique du détenu est donc indifférent et les personnes placées en détention provisoire ou condamnées peuvent se prévaloir d'un traitement inhumain[16].

C'est cette jurisprudence de la Cour européenne des droits de l'homme qui a soutenu les évolutions internes.

---

[13] CEDH 5 avr. 2011, *Rahimi c. Grèce*, n° 8687/08 ; CEDH 24 févr. 2009, *Gagiu c. Roumanie*, n° 63258/00.

[14] CEDH 10 nov. 2011, *Pathey c. France* (enfermement au sein d'une cellule disciplinaire qui venait d'être entièrement incendiée et qui dégageait une forte odeur de brûlé persistante).

[15] V. pour les premières décisions de condamnation, CEDH 15 juill. 2002, *Kalachnikov c. Russie*, Rec. 2002-VI ; CEDH 13 sept. 2005, *Ostrovar c. Moldavie*, *AJP* 2005, p. 421, obs. J.P. Céré.

[16] CEDH 22 mai 2012, *Idalov c. Russie*, *ibid.*

B. Un juge national stimulé

Un juge judiciaire porté par la jurisprudence européenne. La chambre criminelle a opéré un revirement magistral de jurisprudence en date du 8 juillet 2020[17] tout en saisissant le même jour le Conseil constitutionnel aux fins qu'il dise non conformes à la Constitution les articles 137-3, 144 et 144-1 du Code de procédure pénale concernant la détention provisoire. Avec cet arrêt, la chambre criminelle consacre pleinement le principe du respect de la dignité pour les personnes placées en détention provisoire, en lui conférant une portée générale. Désormais, une atteinte à la dignité de la personne en raison de ses conditions de détention peut soulever un obstacle légal au placement ou au maintien en détention provisoire. La motivation retenue ne laisse subsister aucun doute. « En tant que gardien de la liberté individuelle (...) dans le cas où la chambre de l'instruction constate une atteinte au principe de dignité à laquelle il n'a pas entre-temps été remédié, elle doit ordonner la mise en liberté de la personne, en l'astreignant, le cas échéant, à une assignation à résidence avec surveillance électronique ». Cette jurisprudence a été largement confirmée et précisée[18].

Un juge administratif dérouté de la jurisprudence européenne. S'il est incontestable que le juge administratif peut enjoindre à l'administration de prendre des mesures destinées à améliorer

---

[17] Cass. Crim. 8 juill. 2020, req. n° 20-81.739 et n° 20-81.731 ; *D. actualité* 31 août 2020, obs. C. Margaine, *D.* 2020 p. 1774, note J. Falxa ; *D.* 2020, p. 1643, obs. J. Pradel ; *AJ pénal* 2020, p. 404, note J. Frinchaboy ; *Gaz. Pal.* 2020, 29/09/2020, p. 12, obs. J.P. Céré. M. Afroukh et J-P Marguénaud, « Entente des juges contre l'indignité des conditions de détention provisoire : l'avènement de l'arrêt pilote dialogué ? », *D.* 2021, p. 432.

[18] V. Cass. Crim. 10 août 2020 ; Cass. Crim. 19 août 2020, n° 20-82.171 ; Cass. Crim. 16 sept. 2020, n° 20-82.674 ; 21 oct. 2020, n° 20-83.698 ; 25 nov. 2020, n° 20-84.886 ; n°20-84.886, *Dr pén.* 2021, comm. 40, V. Peltier ; *AJ pénal* 2020, p. 597, obs. C. Margaine ; Cass. Crim. 15 déc. 2020, n° 20-85.461 ; Cass. Crim. 30 mars 2021, n° 21-80.421 (à propos d'un détenu placé sous écrou extraditionnel).

les conditions de détention, reste à savoir si une possibilité effective permettant de mettre rapidement un terme à tout traitement contraire à l'article 3 de la Convention existe. Or, tout en admettant l'existence de traitements inhumains et dégradants (au sens de l'article 3 de la Convention européenne des droits de l'homme), le Conseil d'État forge les limites mêmes de son office, en considérant que « le caractère manifestement illégal de l'atteinte à la liberté fondamentale en cause doit s'apprécier en tenant compte des moyens dont dispose l'autorité administrative compétente ». En conséquence, il se limite à ordonner à l'administration pénitentiaire de prendre « dans les meilleurs délais, toutes les mesures qui apparaîtraient de nature à améliorer, dans l'attente d'une solution pérenne, les conditions matérielles d'installation des détenus »[19].

En estimant encore que « l'administration pénitentiaire ne dispose d'aucun pouvoir de décision en matière de mises sous écrou, lesquelles relèvent exclusivement de l'autorité judiciaire et qu'une maison d'arrêt est ainsi tenue d'accueillir, quel que soit l'espace disponible dont elle dispose, la totalité des personnes mises sous écrou »[20], le juge administratif a clairement posé des freins à son contrôle. La protection de la dignité du

---

[19] CE ord. 30 juill. 2015, n° 392043 et 392044, *AJDA* 2015, p. 2216, note O. Le Bot ; CE ord., 22 déc. 2012, n° 364584, *AJDA* 2013, p. 12 ; *D.* 2013, p. 1304, obs. J.-P. Céré, M. Herzog-Evans et E. Péchillon ; *AJ pénal* 2013. 232, obs. E. Péchillon ; CE. 19 oct. 2020, n° 439372, n°43972 ; *D.* 2020, p. 2121, obs. M-C Montecler ; *AJDA* 2021. 694, note J. Schmitz, et 2020. 1991 ; *AJ pénal* 2020. 593, obs. J.-P. Céré ; CE ord. 20 déc. 2020, n° 447141.

[20] CE ord. 28 juill. 2017, n° 410677. Sur cette évolution jurisprudentielle, Y. Faure et C. Malverti, « Conditions indignes de détention : le prix du temps », *AJDA* 2019, p. 279 ; S. Gauché, « À la recherche du recours effectif : responsabilité et référés en droit pénitentiaire », *AJDA* 2017, p. 1837 ; G. Koubi, « Pour un service public pénitentiaire garant du droit des détenus de ne pas être soumis à des traitements inhumains ou dégradants », *JCP Adm. et collectivités territoriales*, 2013, n° 2017.

détenu s'en trouve inachevée. Or, pour la Cour européenne des droits de l'homme, l'effectivité du recours en matière de protection de la dignité humaine passe par la coexistence complémentaire de recours préventifs et de recours indemnitaires[21]. Cette nécessaire coexistence des recours compensatoires et préventifs est évidemment appréciée à l'époque des faits[22].

Sur le terrain du recours indemnitaire, la jurisprudence du juge administratif français coïncide *a priori* avec les exigences européennes. Le caractère attentatoire à la dignité des conditions de détention repose en effet sur des critères découlant directement de la jurisprudence de la Cour européenne des droits de l'homme[23] et le juge des référés peut même octroyer une provision aux détenus qui subissent des conditions de détention inhumaines ou dégradantes[24]. D'ailleurs, dans un arrêt rendu récemment, la Cour européenne des droits de l'homme a décerné un brevet de conventionnalité au recours indemnitaire[25]. Mais, cette reconnaissance ne signifie pas un blanc-seing. Dans un arrêt plus récent, la Cour européenne a précisé que la faiblesse de l'indemnité octroyée par le juge administratif assortie de la mise à la charge du détenu des frais d'expertise « *après qu'eut été caractérisée l'existence d'un préjudice moral subi du fait de conditions de détention attentatoires à sa dignité* » ne peut que priver le recours de son efficacité[26].

---

21 CEDH 10 janv. 2012, *Ananyev et autres c. Russie,* n° 42525/07 et 60800/08 ; CEDH 12 déc. 2013, *Kanakis c. Grèce* (n°2), n° 40146/11.

22 CEDH 21 mai 2015, *Yengo c. France*, n° 50494/12.

23 Par ex. CE. 13 janv. 2017, n° 389712 ; CE., 6 déc. 2013, n° 363295

24 Par ex. CAA Bordeaux, 17 févr. 2014, n° 14BX011989 et 14BX01991.

25 CEDH 11 nov. 2020, *Barbotin c. France*, n° 25338/16, *AJ Pénal* 2021, p. 47, note J.-P Céré ; *Dr. pén.* 2021, comm. 19, obs. V. Peltier.

26 CEDH 11 nov. 2021, *ibid.*

Sur le terrain du recours préventif, la situation est moins glorieuse. Comme le rappelle régulièrement la Cour européenne, l'attribution d'une indemnisation est dans tous les cas insuffisante de toute façon à garantir l'exigence d'effectivité dès lors qu'elle ne se traduit pas par une amélioration des conditions de vie de l'intéressé[27].

Cette question du recours est essentielle. Le Conseil constitutionnel dans sa décision du 2 octobre 2020, après avoir dit non conformes les dispositions de l'article 144-1 du Code de procédure pénale, enjoignait au législateur, en l'état des limites de l'office du juge administratif dans la protection des droits des personnes détenues, de créer un recours juridictionnel permettant au justiciable d'obtenir du juge qu'il soit mis fin à des conditions de détention indignes[28].

Le Conseil d'État saisi à nouveau de la question du respect de la dignité des personnes détenues, dans une décision du 21 janvier 2021[29] devait, cette fois aussi, transmettre une question prioritaire concernant les personnes condamnées. Il fallait s'attendre à ce que le Conseil constitutionnel renoue avec la décision d'inconstitutionnalité dégagée le 2 octobre 2020 à propos des personnes placées en détention provisoire. Ce qu'il fit dans une décision du 16 avril 2021[30].

Ces rebondissements multiples – ce dialogue des juges[31] - devaient conduire le législateur à adopter la loi du 8 avril 2021

---

27 Par ex. CEDH 30 janv. 2020, *op. cit.*

28 C. const. 2 oct. 2020, n° 2020-858/859, QPC. V. C. Margaine, « Le droit à un recours juridictionnel effectif, un nouvel outil de progression de la condition juridique des détenus ? », *Rev. Pénit.* 2019, p. 173 ; *AJ pénal* 2020, p. 580, obs. J. Frinchaboy

29 CE. 27 janv. 2021, n° 445873.

30 C. const. 16 avr. 2021, n° 2021-898 QPC.

31 J. Schmitz, « Dialogue des juges en matière de conditions de détention provisoire », *AJDA*, 2021, p. 694

aux fins de consacrer la protection de la dignité des personnes détenues, qu'elles soient prévenues ou condamnées.

II. Une protection de la dignité des détenus consacrée

A. Une protection réelle

La loi du 8 avril 2021 introduit un article 803-8 au sein du Code de procédure pénale qui prévoit un nouveau recours devant le juge judiciaire pour mettre un terme aux conditions indignes de détention (le juge des libertés et de la détention, pour les prévenus ou le juge de l'application des peines pour les condamnés). Il modifie l'article 144-1 du Code de procédure pénale et l'article 707 § 3 du Code de procédure pénale afin de préciser les mesures que le juge pourrait être amené à prononcer.

La recevabilité de la requête est conditionnée à la démonstration par le requérant que les allégations sont « circonstanciées, personnelles et actuelles, de sorte qu'elles constituent un commencement de preuve que les conditions de la personne ne respectent pas la dignité de la personne » (art. 803-8 I al. 2 C. pr . pén.).

Le juge aura 10 jours, à compter de la réception de la requête pour se prononcer sur sa recevabilité. Dans l'affirmative, un nouveau délai compris entre 3 et 10 jours ouvrables est ouvert pour que le juge puisse vérifier l'état des conditions de détention du requérant et entendre éventuellement le détenu, y compris par visioconférence. Dans ce cas, le juge doit également entendre le ministère public et le représentant de l'administration pénitentiaire s'ils en font la demande (art. 803-8 III C. pr . pén.).

Si le juge considère que les conditions de détention sont contraires à la dignité humaine, après avoir informé l'administration pénitentiaire, il demande à cette dernière de remédier par tout moyen à l'indignité constatée. Cette dernière dispose d'un délai compris entre 10 jours et 20 jours pour s'exécuter. Toutefois, comme le juge judiciaire ne dispose pas d'un pouvoir d'injonction vis-à-vis de l'administration, en cas de persistance des conditions de détention indignes, il peut alors prendre l'une des décisions suivantes : 1° Soit il ordonne le transfèrement de la personne dans un autre établissement ; 2° Soit, si la personne est en détention provisoire, il ordonne sa mise en liberté immédiate, le cas échéant sous contrôle judiciaire ou assignation à résidence avec surveillance électronique ; 3° Soit, si la personne est définitivement condamnée et si elle est éligible à une telle mesure, il ordonne les mesures prévues au III de l'article 707 du Code de procédure pénale (mesure de semi-liberté, de placement à l'extérieur, de détention à domicile sous surveillance électronique, de libération conditionnelle ou d'une libération sous contrainte).

L'entrée en vigueur de la loi du 8 avril 2021 n'a pas tardé à recevoir plusieurs traductions jurisprudentielles.

D'abord, sur le plan de la charge de la preuve, le Conseil d'État indique que « lorsque la description faite par le demandeur de ses conditions de détention est suffisamment crédible et précise pour constituer un commencement de preuve de leur caractère indigne, c'est alors à l'administration qu'il revient d'apporter des éléments permettant de réfuter les allégations du demandeur »[32]. La chambre criminelle abonde dans la même direction en appliquant strictement les dispositions de l'article 803-8 du Code de procédure pénale. Dans un arrêt du 31 mai 2022, elle rappelle qu'au stade de l'introduction du recours, le juge ne peut déclarer irrecevable la requête d'un détenu qui fait valoir des allégations « circonstanciées, personnelles et actuelles »[33]. Dans ce cas, le juge n'a pas

---

[32] CE. 21 mars 2022, n°443986.

[33] Cass. Crim. 31 mai 2022, n° 22-81.770.

d'autres choix que de déclarer la requête recevable et de procéder « aux vérifications nécessaires » ainsi que de recueillir « les observations de l'administration pénitentiaire ». Ces jurisprudences amènent un renversement de la charge de la preuve qui s'aligne sur la jurisprudence européenne[34] et s'inspire des décisions rendues par la chambre criminelle antérieurement à la loi du 8 avril 2021[35].

Ensuite, sur le plan de l'exécution des décisions de justice, un pas supplémentaire dans le sens d'une meilleure effectivité du respect de la dignité des détenus vient d'être effectué. Dans plusieurs arrêts successifs, le Conseil d'État ouvre la voie à une condamnation sous astreinte lorsque plusieurs mesures ordonnées par le juge des référés en vue d'améliorer en urgence les conditions de détention attentatoires à la dignité humaine ne sont pas suivies d'effet[36].

L'ampleur et la rapidité des accommodations aux exigences européennes accomplies depuis la condamnation de la France dans l'arrêt J.M.B. du 30 janvier 2020 sont éclatantes. Mais cette lueur d'espoir conduisant au respect de la dignité des personnes détenues connaît quelques zones d'ombre.

B. Une protection inachevée

On sait que pour la Cour européenne des droits de l'homme, l'exigence d'effectivité d'un recours revêt une

---

[34] Ex. CEDH 2 déc. 2004, Farbtuhs c. Lettonie, n° 4672/02

[35] Crim. 8 juill. 2020, n° 20-81.731, *D. actualité* 31 août 2020, obs. C. Margaine, *D.* 2020 p. 1774, note J. Falxa ; *D.* 2020, p. 1643, obs. J. Pradel ; *AJ pénal* 2020, p. 404, note J. Frinchaboy ; *Gaz. Pal.* 2020, 29/09/2020, p. 12, obs. J.P. Céré ; Cass. Crim. 10 août 2020 ; Cass. Crim. 19 août 2020, n° 20-82.171 ; Cass. Crim. 16 sept. 2020, n° 20-82.674 ; 21 oct. 2020, n° 20-83.698 ; 25 nov. 2020, n° 20-84.886 ; n°20-84.886, *Dr pén.* 2021, comm. 40, V. Peltier ; *AJ pénal* 2020, p. 597, obs. C. Margaine ; Cass. Crim. 15 déc. 2020, n° 20-85.461 ; Cass. Crim. 30 mars 2021, n° 21-80.421.

[36] CE. 24 déc. 2021, n° 435622 ; CE. 11 févr. 2022, n° 452354.

double dimension. Au recours en indemnisation doit s'adjoindre un recours préventif consistant en une amélioration des conditions de vie du détenu, de telle sorte que le traitement contraire à l'article 3 Conv. EDH expire[37]. Et si l'on examine la loi du 8 avril 2021, le principe posé n'est pas celui de la libération du détenu qui n'est envisagée qu'en dernier recours, mais bien de remédier par tous les moyens aux conditions de détention indignes.

À la suite de la phase de vérification, le juge rendra une deuxième décision par laquelle il considèrera que les conditions alléguées respectent ou ne respectent pas la dignité du requérant, avec un appel possible devant la chambre de l'instruction ou la chambre de l'application de peines. Dans l'hypothèse où le juge considère les conditions indignes, il ne pourra pas en tirer immédiatement les conséquences par la remise en liberté du détenu, puisque la loi ouvre un troisième cycle pour permettre à l'administration pénitentiaire de prendre les mesures adéquates mettant fin aux conditions d'indignité constatées. Or, on a pu s'en convaincre, l'administration ne peut se voir imposer des mesures d'ordre structurel. Le juge des référés se cantonne à ordonner des mesures en prenant en compte « les moyens dont dispose l'autorité administrative compétente ».

La doctrine a souligné que la remise en liberté de la personne détenue dans des conditions indignes n'apparaît que comme *l'ultima ratio* dans la palette des mesures disponibles

---

37 Par ex. CEDH 30 janvier 2020, J.M. B. c. France, *JCP G* 2020, 154, obs. B. Pastre-Belda ; *D.* 2020, p. 753 note J-F Renucci ; *D.* 2020, p. 1195, obs. J-P Céré ; *D.* 2020, p. 1643, obs. J. Pradel ; CEDH 21 mai 2015, Yengo c. France, n° 50494/12

avec un cumul d'étapes procédurales à franchir assez dissuasif[38]. On doit même estimer que la loi du 8 avril 2021 préfère une solution moins tranchée que la chambre criminelle qui avait posé le principe de la (re)mise en liberté du détenu quand les conditions de détention étaient contraires à l'article 3 de la CEDH. La loi du 8 avril 2021 centralise en effet la procédure autour du transfert du détenu qui ne saurait apporter une réponse pérenne à l'indignité des conditions de détention, d'autant moins dans un contexte de généralisation de la surpopulation carcérale dans les maisons d'arrêt, de fermeture du droit au recours du détenu pour indignité en cas de refus du transfert[39] et de représailles subies parfois par les détenus qui engagent une action pour indignité de leurs conditions de détention[40].

C'est encore toute une série d'incertitudes qu'il conviendra de lever rapidement sur l'effectivité du recours, ne serait-ce qu'au regard de la longueur des délais établis, des modalités de vérification par le juge des mesures proposées par l'administration pénitentiaire ou encore des conséquences d'un transfert. Il est donc clair que la jurisprudence sur le sujet est

---

[38] En ce sens, M. Giacopelli, « La garantie du droit au respect de l'a dignité en détention : vers un recours effectif ? », *JCP G*, 2021, n° 17. Sur cette loi v. aussi, J.B. Perrier, « Détention et conditions de détention : création d'un recours (in)effectif », *Rev. sc. crim* 2021, p. 469 ; E. Bonis et V. Peltier, « La loi du 8 avril 2021 tendant à garantir le droit au respect de la dignité en détention », *Dr. Pénal.* 2021, Etude 11 ; J. Falxa, « Effectivité des recours relatifs aux conditions indignes de détention », 2021, p. 583 ; E. Senna, Le volet procédural de l'indignité des conditions de détention », *D.* 2021, p. 977.

[39] Sauf à démontrer une atteinte excessive à sa vie privée et familiale, ce qui s'avérera quasi insurmontable au regard de la jurisprudence en la matière.

[40] V. à propos des faits ayant conduit à la décision du conseil d'État du 20 déc. 2020, *op. cit. supra.*, J. Chapelle et M. Robert, « Le combat cher payé pour la dignité des conditions de détention », *Revue Déliberée*, 2022/1, n° 15 p. 82 et s.

devant nous alors même que le législateur n'a pas apporté de réponses au problème structurel de la surpopulation.

Mais je ne m'arrêterai pas à ce seul constat. La lecture de l'article 803-8 II 3° apprend que le juge peut ordonner l'une des mesures prévues à l'article 707 du Code de procédure pénale (mesure de semi-liberté, de placement à l'extérieur, de détention à domicile sous surveillance électronique, de libération conditionnelle ou d'une libération sous contrainte) que si la personne définitivement condamnée est éligible à une telle mesure. Que penser de ceux qui ne sont pas dans les temps pour bénéficier de l'une des mesures de l'article 707 ? À leur égard, la loi du 8 avril 2021 est sans effet, or ce sont les plus nombreux et bien souvent ceux incarcérés dans des maisons d'arrêt, qui sont les établissements justement qui subissent les situations les plus critiques de surpopulation carcérale. Ce constat, corrélé à l'impossibilité du juge des référés d'ordonner des mesures structurelles, assombrit les perspectives de compatibilité avec le droit européen.

Alors, la dernière question que l'on doit se poser dans le cadre de cette intervention est bien celle de savoir si le Code pénitentiaire, entré en vigueur au 1er mai 2022, opère une distribution novatrice en matière de respect de la dignité des détenus. Cette entrée en vigueur du Code pénitentiaire est le résultat d'une ordonnance publiée au JO le 5 avril 2022 prise sur le fondement de l'article 24 de la loi du 21 décembre 2021. Le gouvernement avait été habilité à prendre une telle ordonnance ; le parlement ayant 3 mois pour ratifier la partie législative, ce qui nous amène au 5 juillet 2022.

Le régime contentieux des ordonnances a été précisé par le Conseil constitutionnel[41]. Tant qu'une ordonnance n'a pas été ratifiée par le Parlement, elle peut être contestée devant le Conseil d'État, qui dispose du pouvoir de l'annuler. Une fois

---

[41] Décision n° 2020-843 QPC du 28 mai 2020 et décision n° 2020-851/852 QPC du 3 juillet 2020.

le délai accordé par le Parlement au Gouvernement pour prendre l'ordonnance expiré, celle-ci est considérée comme une disposition législative et la contestation de l'ordonnance au regard des droits et libertés garantis par la Constitution doit nécessairement prendre la forme d'une QPC.

Ce Code pénitentiaire a pour finalité de mettre fin à la dissémination et à la superposition des textes et à rendre plus lisible et plus cohérent le droit pénitentiaire[42]. Notre propos n'est pas ici d'analyser ce Code inédit, mais de le cueillir sous l'angle de la dignité en prison. Et sur ce point, le Code pénitentiaire n'apporte *a priori* rien de neuf, ce qui n'est pas surprenant, car il s'agit d'un Code à droit constant. Il se contente donc de codifier l'existant et d'intégrer les dispositions concernant la dignité en prison inscrite initialement dans la loi pénitentiaire, avec en point d'orgue l'article 22, qui devient l'article L 6 du Code pénitentiaire et qui dispose que « *l'administration pénitentiaire garantit à toute personne détenue le respect de sa dignité et de ses droits. L'exercice de ceux-ci ne peut faire l'objet d'autres restrictions que celles résultant des contraintes inhérentes à la détention, du maintien de la sécurité et du bon ordre des établissements, de la prévention de la récidive et de la protection de l'intérêt des victimes. Ces restrictions tiennent compte de l'âge, de l'état de santé, du handicap, de l'identité de genre et de la personnalité de la personne détenue* »[43].

---

[42] V. J.P. Céré, « L'inédit Code pénitentiaire », *D.* 2022, p. 896 ; M. Giacopelli, « La France s'est dotée d'un Code pénitentiaire », *Procédures* n° 8-9, août 2022, étude 10 ; F. Habouzit, « La codification du droit pénitentiaire », *Rev. sc. crim* 2022, p. 657. La codification était attendue de longue date. Par ex. M. Herzog-Evans, « Deux ans de réformes législatives du droit pénitentiaire ou de l'urgence à codifier un droit «patchwork » », *D.* 2005, p. 679; M. Tinel, « Réflexions sur les apports d'une codification du droit de l'exécution des peines », *Dr. pénal* 2011, étude n° 23, J.B. Perrier, « Une loi pénitentiaire pourquoi ? Une codification pour qui ? », *in* J.P. Céré et L. Grégoire, *Dix ans d'application de la loi pénitentiaire*, L'Harmattan, 2021, p. 289.

[43] L'identité de genre ayant été introduite par la loi du 22 déc. 2021, préc.

Plus étonnante, en revanche, est l'absence de transfert de l'article 803-8 du Code de procédure pénale dans le Code pénitentiaire[44]. Elle rompt d'un côté avec la recherche de lisibilité et de sécurité juridique qui motivait la création d'un Code pénitentiaire et marginalise la portée d'un texte qui va perdurer à se situer dans un titre du Code de procédure pénale consacré aux frais de justice, absolument sans rapport cohérent avec les enjeux soutenus par l'article 803-8. Elle revient à mettre en exergue d'un autre côté la pertinence du choix d'un Code pénitentiaire qui obère l'ensemble du processus d'exécution de la peine.[45]

En conclusion, point n'est besoin d'insister, nonobstant les évolutions récentes propices au renforcement du respect de la dignité en prison, sur l'incompatibilité persistante du droit français avec la jurisprudence européenne. Les prisons françaises comptaient 71 053 détenus pour 60 683 places opérationnelles au début du mois d'avril 2022. Un nombre en augmentation de 9,1 % sur un an[46]. La suppression du crédit de réduction de peine par la loi du 21 décembre 2021 corrélée au fait que tous les condamnés pour une infraction qui porte atteinte à l'autorité des forces de l'ordre ou de la justice ne pourront bénéficier de la totalité des réductions de peine prévues amène un terreau fertile supplémentaire pour une augmentation de la surpopulation carcérale. Le CPT dans son

---

[44] L'article L. 315-9 du Code pénitentiaire opère un simple renvoi sur l'article 803-8 du code de procédure pénale. V. sur ce point, E. Bonis, « Le Code pénitentiaire est entré en vigueur », *JCP* 2022, p. 622 et M. Wagner, « L'élaboration du Code pénitentiaire vue par une rédactrice : le code en quatre étapes », *AJ Pénal* 2022, p. 288.

[45] J.C. Bouvier, « Le choix regrettable d'un Code pénitentiaire », *AJ Pénal* 2022, p. 299 ; J. Falxa, « Le Code pénitentiaire : une codification à « droit inconstant » », *AJ Pénal* 2022, p. 295 ; M. Herzog-Evans et A. Dejean de la Bâtie, « Code pénitentiaire : something old, something new, sommething borrowed, and something blue », *AJ Pénal*, 2022, p. 291.

[46] Source : statistiques des établissements des personnes écrouées en France, Ministère de la justice, avril 2022.

dernier rapport annuel rendu public le 21 avril 2022 a appelé les États européens qui connaissent une surpopulation carcérale persistante à remédier à ce problème avec opiniâtreté en fixant un plafond – à respecter scrupuleusement – pour le nombre de détenus dans chaque établissement pénitentiaire et à développer le recours aux mesures alternatives à la détention[47]. Le risque de connaître un arrêt pilote me paraît toujours aussi prégnant.

3ème PARTIE : QUELLE(S) OBLIGATION(S) POUR L'ADMINISTRATION PÉNITENTIAIRE ?

L'obligation de l'administration pénitentiaire de respecter la dignité des détenus devant le juge administratif

Jean-Paul PASTOREL
Professeur, Université de la Polynésie française

Croiser la condition carcérale avec la notion de *dignité humaine*, valeur consubstantielle à l'être humain et à la démocratie, ainsi qu'avec le contrôle juridictionnel exercé par le juge administratif, revient à s'inscrire résolument dans la reconnaissance d'un véritable *droit de la protection des personnes privées de liberté*[1]. En dépit d'une évolution de la jurisprudence administrative en cohérence avec celle de la Cour européenne des droits de l'homme (CEDH), la condamnation de la France en 2020, tant pour ses conditions inhumaines et dégradantes de détention au sein de ses établissements pénitentiaires, que pour la surpopulation carcérale structurelle et le non-respect du droit à un recours effectif[2], illustre l'ampleur des efforts à

[1] Contrôleur général des lieux de privation de liberté, *Recommandations minimales pour le respect de la dignité et des droits fondamentaux des personnes privées de liberté*, JO 4 juin 2020.

[2] CEDH, 30 janv. 2020, *J.M.B. et autres c/ France* (req. n° 9671/15 et 31 autres).

accomplir et du chemin à parcourir pour organiser un véritable service public de la justice respectueux de la dignité des détenus[3].

Longtemps protecteur des prérogatives de l'administration[4], le juge administratif est resté en retrait, « réticent à pénétrer dans l'univers carcéral », pour reprendre la célèbre formule du conseiller Mattias Guyomar[5].

La notion même de *dignité humaine* était absente de la Déclaration de 1789 qui réservait les droits de l'homme aux seuls *citoyens*[6], excluant par exemple les *sujets* de l'empire colonial[7] et même les ressortissants des territoires d'outre-mer qui ne durent qu'à un arrêt du Conseil d'État de 1959 le bénéfice des *principes généraux du droit*[8]. Ce n'est qu'après la Deuxième Guerre mondiale que le refus de la barbarie a donné à la dignité de la personne humaine tout son sens. Mais, ainsi que le relèvera Françoise Tulkens, juge belge à la Cour de Strasbourg[9], les grands textes internationaux de l'après-guerre, y

---

[3] Contrôleur général des lieux de privation de liberté, *Rapport d'activité 2020*, p. 18.

[4] Mestre (Achille), *Le Conseil d'État protecteur des prérogatives de l'administration, études sur le recours pour excès de pouvoir* (préf. Jean Rivéro), LGDJ, 1974.

[5] Guyomar (Mattias), « Le juge administratif, juge pénitentiaire », *in* Mélanges Yves Jégouzo, Terres de droit, Dalloz, 2009, pp. 479-487 et « La justiciabilité des mesures pénitentiaires devant le juge administratif », *AJDA*, 2009, p. 413.

[6] Guilhaumou (Jacques) et Maldidier (Denise), « De nouveaux gestes de lecture ou le point de vue de l'analyse de discours sur le sens », *in* Normand (Claudine), *La quadrature du sens*, PUF, Nouvelle Encyclopédie Diderot, 1990.

[7] V. Urban (Yerri), *L'indigène dans le droit colonial français, 1865-1955*, LGDJ, 2011.

[8] CE, 26 juin 1959, *Syndicat général des ingénieurs conseils*, Rec. p. 394.

[9] Tulkens (Françoise), « Droits de l'homme et prison, jurisprudence de la nouvelle Cour européenne des droits de l'homme », *in* De Schutter (Olivier) et Kaminski (Dan) (dir.), *L'institution du droit pénitentiaire, enjeux de la reconnaissance de droits aux détenus*, Bruylant, 2002, pp. 249-285.

compris la Convention de sauvegarde des droits de l'homme et des libertés fondamentales du Conseil de l'Europe, n'ont pas été élaborés « de manière spécifique pour les détenus ». Ces instruments ne se sont en outre imposés aux États que de façon progressive. Dans ce contexte, la condition carcérale n'était pas un enjeu sociétal ni même de débat, en tout cas jusqu'aux révoltes de détenus des années soixante-dix[10], et le juge administratif se tenait prudemment à l'écart du droit pénitentiaire.

Avec le temps, ces immunités juridictionnelles sont cependant apparues, notamment aux yeux des associations de défense des droits des détenus[11], mais aussi des témoins de

---

[10] Artières (Philippe), « La prison en procès. Les mutins de Nancy (1972) », *Rev. d'histoire*, 2001, n° 70, p. 60 ; Guérin (Anne), *Prisonniers en révolte. Quotidien carcéral, mutineries et politique pénitentiaire en France (1970-1980)*, Agone, 2013.

[11] Ferran (Nicolas), « La personne détenue encore à la recherche de son juge en France », *Déviance et société*, 2014/4, vol. 38, pp. 469-489 ; Costa (Jean-Paul), « Bilan de dix années de contentieux des détenus devant la CEDH », *in* Comité national des droits de l'homme et Observatoire international des prisons (dir.), *Défendre en justice la cause des personnes détenues*, Documentation française, 2014, pp. 221-228 ; Lochak (Danièle), « Les usages militants du droit », *Revue des droits de l'homme*, 2016/10, pp. 1-17 ; Israël (Liora), *L'arme du droit*, Presses de Sciences Po, 2e éd., 2020.

l'univers carcéral[12], puis des rapports d'enquêtes parlementaires[13], comme un véritable *déni de justice*[14]. Car, comme le relevait le conseiller rapporteur Mattias Guyomar dans ses conclusions sur l'arrêt *Garde des Sceaux c/ Boussouar* du 14 décembre 2007[15], en milieu carcéral, « rien n'est véniel », ni sur le terrain des libertés ni sur celui de l'ordre public.

Les engagements internationaux et européens de la France rendaient aussi intenable le *statu quo*[16]. La Convention de sauvegarde, proclame la Cour européenne des droits de l'homme, « ne s'arrête pas aux portes des prisons[17] » ! Les États parties

---

12 Vasseur (Dr Véronique), *Médecin chef à la Santé*, Cherche-Midi éd., 2000 ; Schutter (Olivier de) et Kaminski (Dan), *L'institution du droit pénitentiaire. Enjeux de la reconnaissance de droits aux détenus*, Bruylant/LGDJ, 2002 ; Noël (Étienne) et Sanson (Manuel), (préf. Jean-Marie Delarue), *Du côté des détenus : un avocat contre l'État*, éd. Les Peregrines, 2015 ; Fassin (Didier), *L'ombre du monde. Une anthropologie de la condition carcérale*, Seuil, 2015 ; Rotach (Christelle), *Directrice de prison. Trafics, violence, radicalisation. Tout ce qu'on ne peut pas dire*, Plon, 2019 ; Poblete (Maria) et Horel (Marie-Annick), *Au cœur de la prison des femmes. Ma vie de surveillante*, 2022.

13 Ass. Nat., Rapport Mermaz (Louis), n° 2521 (1999-2000), 28 juin 2000 et Sénat, Rapport Hyest (Jean-Jacques) et Cabanel (Guy-Pierre), n° 449 (1999-2000), 29 juin 2000.

14 Lochak (Danièle), « Le droit administratif, rempart contre l'arbitraire ? », *Pouvoirs*, n° 46, 1988, pp. 43-55.

15 CE, ass., 14 déc. 2007, *Boussouar*, Rec. p. 495 et *RFDA*, 2008, p. 87.

16 Lambert (Pierre), « Le sort des détenus au regard des droits de l'homme et du droit supranational », *RTDH*, 1998, n° 34, p. 302 ; Céré (Jean-Paul), *Le contentieux disciplinaire dans les prisons françaises et le droit européen*, L'Harmattan, 1999 ; Poncela (Pierrette), « L'harmonisation des normes pénitentiaires européennes », *Rev. sc. crim. et de droit pénal comparé*, 2007, pp. 126-133 ; Bioy (Xavier), « Rapport introductif. Le concept de dignité », *in* Burgorgue-Larsen (Laurence) (s/d), *La dignité saisie par les juges en Europe*, Bruylant, 2010, pp. 13-51 ; Belda (Béatrice), *Les droits de l'homme des personnes privées de liberté : contribution à l'étude du pouvoir normatif de la CEDH*, Bruylant, 2010.

17 CEDH, 25 juil. 2013, *Khodorkovskiy et Lebedev c/ Russie* (req. n° 11082/06 et 13772/05), § 836 et CEDH, 4 oct. 2016, *Klibisz c/ Pologne* (req. n° 223502), § 354.

doivent donc non seulement sanctionner les ingérences et les atteintes à la dignité en milieu carcéral, mais ils ont aussi l'obligation positive d'accomplir les procédures nécessaires à cet effet[18], notamment en organisant leur système pénitentiaire de manière à assurer le respect de la dignité des détenus, indépendamment de toutes difficultés financières ou logistiques[19]. En France, il reviendra au Conseil constitutionnel de préciser qu'il appartient aux autorités judiciaires et administratives de « veiller à ce que la privation de liberté des personnes placées en détention provisoire soit, en toutes circonstances, mise en œuvre dans le respect de la dignité de la personne » et aux autorités et juridictions compétentes « de prévenir et réprimer les agissements portant atteinte à la dignité de la personne placée en détention provisoire et d'ordonner la réparation des préjudices subis[20]. »

On attendait donc que le juge administratif, qui s'est approprié la notion de *dignité de la personne humaine* à la faveur des affaires du « lancer de nains », puis de la reconnaissance de la responsabilité de l'État français dans la déportation des Juifs et encore de l'affaire Dieudonné[21], accompagne ce mouvement dans l'univers clos des prisons. Les nécessités de l'ordre public ne légitimaient plus, depuis longtemps, le traitement des usagers du service public pénitentiaire en *sujets* plutôt

---

[18] CEDH, 26 oct. 2000, *Kudla c/ Pologne* (req. n° 30210/96), § 94 ; CEDH, 16 nov. 2000, *Tanribilir c/ Turquie* (req. n° 21422/93) ; CEDH, 3 juin 2003, *Pantea c/ Roumanie* (req. n° 33343/96), § 190, 199.

[19] CEDH, 27 janv. 2015, *Neshkov et autres c/ Bulgarie* (req. n° 36925/10, n° 21487/12, n° 72893/12, n° 73196/12, n° 77718/12), § 229 ; CEDH, 26 oct. 2016, *Muršić c/ Croatie* (req. n° 7334/13), § 99.

[20] C. Const., n° 2020-858/859 QPC 2 octobre 2020, *M. Geoffrey F. et autre* [conditions d'incarcération des détenus], JO 3 oct. 2020, texte n° 106, considérant n° 14.

[21] CE, ass, 27 oct. 1995, *Commune de Morsang-sur-Orge [lancers de nains]*, Rec. p. 372 ; CE, Avis, 16 févr. 2009, *Hoffman-Glemane* [déportation des Juifs], Rec. p. 43 ; CE, ord., 9 janv. 2014, *Sté Les Productions de la Plume et M. Dieudonné M'Bala M'Bala*, n° 374508.

qu'en *citoyens*[22]. Le juge administratif était attendu en matière pénitentiaire, tant sur le terrain de la légalité (I) que sur celui de la responsabilité (II) et enfin de l'urgence (III).

I. Le juge administratif et la légalité pénitentiaire

Du célèbre arrêt *Préfet de la Guyane*[23], le juge administratif a tiré sa compétence pour connaître de tout litige portant « sur la légalité d'un acte à portée générale et impersonnelle [...] relatif à l'organisation du service public de la justice », puis par extension, des décisions individuelles prises par les services pénitentiaires en exécution des décisions pénales. Si le recours pour excès de pouvoir contre les actes de portée générale de l'administration ne fait plus problème depuis longtemps[24] (A), le contrôle des mesures individuelles en matière pénitentiaire a suivi un parcours plus chaotique avant de devenir plein et entier (B).

A. Le plein contrôle des mesures réglementaires relatives à l'organisation même du service public pénitentiaire

Traditionnellement, le juge administratif est compétent pour connaître de la légalité des mesures de portée générale et impersonnelle d'un organe administratif. S'interrogeant sur l'assimilation de toute activité de service public à une activité administrative, certains auteurs se sont pourtant demandé s'il ne devrait pas en être ainsi « que dans la mesure où le service

---

[22] V. aussi Favard (Jean), « Le détenu-citoyen », *RPDP*, 1989, n° 3, pp. 255-279. V. aussi Gonçalves (Barbara), *Le détenu, du statut d'assujetti au service public au statut d'usager du service public*, thèse Clermont-Ferrand, 2019.

[23] TC, 27 nov. 1952, *Préfet de la Guyane,* Rec. p. 642 et TC, 22 févr. 1960, *Fargeau d'Epied,* Rec. p. 855, *AJDA* 1960, p. 147 ; *RDP,* 1960, p. 837.

[24] Charité (Maxime), « Vivante, notre étoile brille toujours. À propos du recours pour excès de pouvoir dirigé contre les actes réglementaires », *AJDA* 2016, pp. 1334-1140.

public considéré est sous l'autorité du pouvoir exécutif »[25]. Mais, en 1953, le Tribunal des conflits a défini la frontière qui sépare la compétence des ordres juridictionnels administratif et judiciaire. À la suite des jurisprudences *Préfet de la Guyane* de 1952 et de *Fargeau d'Epied* de 1960 (voir supra), la compétence du juge judiciaire s'est trouvée cantonnée aux « [...] décisions ou mesures [...] dont l'examen se rattache à la fonction juridictionnelle ou conduit à porter une appréciation sur la marche même des services judiciaires ». Autrement dit, la juridiction judiciaire ne doit statuer que sur les actes relatifs à la conduite d'une procédure judiciaire ou qui en sont inséparables. En revanche, lorsque « l'organisation même du service public pénitentiaire » est en cause, le juge administratif devient compétent. Cette *summa divisio* entre « fonctionnement » et « organisation » n'a pas été sans susciter les interrogations des auteurs qui, à l'instar du doyen Debbasch, s'inquiétaient d'un partage de compétences byzantin, car « l'acte de fonctionnement dépend nécessairement de l'acte d'organisation » et certains actes peuvent « être rattachés aussi bien à l'organisation qu'au fonctionnement »[26].

Toutefois, en dépit de ces chevauchements inévitables, illustrés encore récemment dans un arrêt du Tribunal des

---

25 Vedel (Georges), *Note sous CE, Ass., 17 avr. 1953, Falco et Vidaillac*, n° 24044, *JCP*, II, 7798. V. aussi Renoux (Thierry), « Introduction de la problématique [sur la mission constitutionnelle de l'autorité judiciaire] », *in* Cour de cassation, *La place de l'autorité judiciaire dans les institutions*, Dalloz, 2016 et, du même auteur, « L'autorité judiciaire, un service public ? », Les Cahiers de la Justice, 2017/2, pp. 331-346.

26 Debbasch (Charles), *D.* 1962, J., p. 275. V. aussi Auby (Jean-Marie), « Le contentieux administratif du service public pénitentiaire », *RDP*, 1987, p. 547.

conflits à propos des *box* dans les salles d'audience[27], la frontière entre « fonctionnement » et « organisation » du service public de la justice tient toujours lieu de règle de répartition de compétence entre la juridiction judiciaire et la juridiction administrative.

La juridiction judiciaire est seule habilitée à connaître des actes et agissements non détachables de la marche même des services judiciaires, comme l'octroi ou la révocation d'une libération conditionnelle[28], d'une permission de sortie[29] ou d'une réduction de peine[30] ou encore d'une suppression d'un permis de visite d'un détenu prise par le juge d'instruction sur le fondement de l'article D. 408 du Code de procédure pénale « en raison des troubles causés par le visiteur et signalés par le chef d'établissement pénitentiaire[31]. »

À l'inverse, ressortissent à la compétence de la juridiction administrative les textes qui régissent la détention, par exemple un décret modifiant le Code de procédure pénale et relatif aux décisions prises par l'administration pénitentiaire[32], une note de service du Garde des Sceaux relative à la gestion des détenus les plus dangereux[33], un règlement intérieur type des établissements pénitentiaires[34] ou la tarification des services téléphoniques proposés aux détenus[35]. Dans toutes ces

---

27 TC, 8 févr. 2021, *Syndicat des avocats de France c/ Garde des Sceaux*, n° 4202 : l'usage d'un *box* au cours d'une audience relève de la juridiction judiciaire tandis que sa sécurisation est rattachée à la compétence du juge administratif.

28 CE, sect., 4 nov. 1994, *Korber*, Rec. p. 489.

29 CE, 9 févr. 2001, *Malbeau*, Rec. p. 54.

30 CE, 9 nov. 1990, *Théron*, Rec. p. 313 ; CE, 18 mars 1998, *Druelle*, Rec. p. 98 ; CE, 23 nov. 2005, *Monné*, Rec. p. 801.

31 CE, 15 avr. 2011, *Garde des Sceaux c/ Mme A.*, n° 346213.

32 CE, 17 déc. 2008, *Section française de l'OIP*, n° 293786.

33 CE, 29 fév. 2008, *M. Thierry T. et autres*, n° 308145.

34 CE, 24 oct. 2014, *Section française de l'OIP*, n° 369766.

35 CE, 7 oct. 2020, *M.A. c/ Centre pénitentiaire de Moulins-Yzeure*, n° 438080.

hypothèses, le juge administratif exercera son plein contrôle[36]. Toutefois, les délais d'instruction d'un recours pour excès de pouvoir contre un acte réglementaire peuvent aboutir à une inefficacité réelle. Ainsi, l'annulation de la circulaire du Garde des Sceaux interdisant au juge de l'application des peines de déterminer la fréquence des convocations des personnes placées sous main de justice devant un personnel du SPIP, n'est intervenue qu'un an après[37]...

B. L'extension du contrôle des mesures individuelles prises à l'égard des détenus

Le juge administratif est resté longtemps prudent dans le contrôle des décisions prises par l'administration pénitentiaire à l'égard des détenus. Alors même que les mesures « sans relation avec les nécessités de l'instruction » et « intéressant le fonctionnement du service administratif pénitentiaire » relèvent de la compétence du juge administratif[38], à l'instar du placement d'un détenu à l'isolement[39], en *quartier de plus grande sécurité* ou en *régime différencié*[40], du transfèrement d'un détenu[41], de fouilles corporelles à l'occasion d'extractions judiciaires[42], de punitions disciplinaires[43], du déclassement d'emploi[44], ou

---

[36] Conseil d'État, « Le juge administratif et l'administration pénitentiaire », Les dossiers thématiques, mise à jour 15 avr. 2017, p. 6.

[37] CE, 13 fév. 2013, *Syndicat de la magistrature c/ Garde des Sceaux*, n° 356853.

[38] TC, 4 juil. 1983, *Caillol*, Rec. p. 541, *AJDA*, 1984, p. 72, chron. Lasserre (Bruno) et Delarue (Jean-Marie) ; *D.* 1983, J., p. 587, note Regourd (Serge).

[39] CE, 30 juil. 2003, *Garde des Sceaux, ministre de la justice c/ Remli*, Rec. p. 366.

[40] CE, 6 déc. 2012, *Garde des Sceaux, ministre de la justice c/ David*, n° 344995.

[41] CE, 8 déc. 1967, *Kayanakis*, Rec. p. 475 ; 14 févr. 2001, *Belin*, T. pp. 884-1036.

[42] CE, 14 nov. 2008, *El Shennawy*, n° 315622.

[43] CE, ass., 17 févr. 1995, *Marie*, Rec. p. 83.

[44] CE, ass., 14 déc. 2007, *Planchenault*, Rec. p. 475 et *Boussouar*, même date, Rec. p. 495 et *RFDA*, 2008, p. 87.

de la gestion de compte nominatif des détenus[45], le juge administratif renonçait, de façon paradoxale, à les contrôler. « Il existait bien », regrettait le conseiller d'État Guyomar[46], « un juge compétent [pour connaître des requêtes formulées par des personnes détenues] mais [celui-ci] estimait ne pas devoir connaître du litige » ! Il considérait les décisions prises par l'administration pénitentiaire comme des « mesures d'ordre intérieur », censées « ne pas faire grief » aux détenus et insusceptibles de recours pour excès de pouvoir et, *a fortiori*, de recours de pleine juridiction, s'agissant de la réparation des conséquences de ces mesures. Au fond, elles étaient réputées ne rien changer à la situation de privation de liberté des usagers et répondaient aux nécessités de la sécurité et du bon ordre. Dans des institutions où les contraintes de la discipline étaient particulièrement rigoureuses, la hiérarchie ne devait pas avoir à souffrir de recours contentieux qui auraient nui à son autorité[47].

Lorsqu'en 1984, le commissaire du gouvernement Bruno Genevois proposa à l'assemblée du contentieux de revenir sur cette jurisprudence[48], il ne fut pas suivi et dans son arrêt du 27 janvier 1984, le Conseil d'État confirma qu'une décision de placement en *quartier de plus grande sécurité* « constituait une mesure d'ordre intérieur non susceptible d'être déférée au juge administratif par la voie du recours pour excès de pouvoir »[49].

---

45 CE, 6 juin 2007, *Garnier*, Rec. p. 128.

46 Guyomar (Mattias), « La justiciabilité des mesures pénitentiaires devant le juge administratif », *AJDA* 2009, p. 413.

47 Sur la légitimation de l'irrecevabilité des recours dirigés contre des sanctions disciplinaires en prison, v. Hauriou (Maurice), note sur CE, 22 fév. 1918, *Cochet d'Hattecourt*, S. 1921.3.9 et Odent (Raymond), *Contentieux administratif*, Les Cours du droit, 1979-1980, vol. 1.

48 Genevois (Bruno), conclusions sur CE, ass., 27 janv. 1984, *Caillol*, *RDP*, 1984, p. 483.

49 V. à ce sujet les explications de Mattias Guyomar, « Un droit en équilibre », *in* Mélanges Bruno Genevois, Dalloz, 2008, p. 542.

Comme le notera plus tard le commissaire du gouvernement Frydman dans ses conclusions sur l'arrêt Marie en 1995[50], le caractère laconique et même elliptique de la motivation adoptée par les arrêts rendus en la matière met en lumière la « faiblesse des justifications théoriques » de la jurisprudence des mesures d'ordre intérieur :

« [Telle décision] *constitue une mesure d'ordre intérieur non susceptible d'être déférée au juge administratif par la voie du recours pour excès de pouvoir* ».

Sous la pression de la Cour européenne (voir supra), le bloc des « mesures d'ordre intérieur » s'est cependant progressivement fissuré[51]. Sont sorties de cette catégorie les décisions qui comportent des effets pécuniaires[52] ainsi que celles qui mettent en cause des libertés ou des droits protégés[53]. L'arrêt *Marie* de 1995 constitue le point d'orgue de cette évolution. Toutefois, en prenant en compte « la gravité des effets de la mesure, non seulement sur la situation juridique de la personne, mais aussi sur sa condition matérielle, concrète[54] », la jurisprudence a introduit un « biais » dont le risque était de

---

50 Frydman (Patrick), conclusions sur CE, ass., 17 févr. 1995, *Marie*, préc.

51 Pouthier (Tristan), « L'épuisement des mesures d'ordre intérieur en prison : essai d'interprétation historique », *in* Serrand (Pierre) et Szwedo (Piotr), *Mélanges Jacques Leroy, L'injusticiabilité : émergence d'une notion ?* Biblioteka Jagiellońska, 2018, p. 95.

52 CE, 3 nov. 1989, *Pitalugue*, T. p. 772.

53 CE, 12 mars 1980, *Centre hospitalier spécialisé de Sarreguemines* [atteinte au secret de la correspondance entre un détenu et son avocat], Rec. p. 141 ; CE, 21 oct. 1988, *Syndicat des avocats de France* [installation d'un portique de contrôle des visiteurs à l'entrée d'une prison], Rec. p. 373 ; CE, 10 oct. 1990, *Garde des Sceaux c/ Hyver* [interdiction de recevoir des publications relatives aux armes à feu et des cartes géographiques manifestement destinées à favoriser son évasion], T. p. 911 ; CE, 15 janv. 1992, *Cherbonnel* [interprétation du code de procédure pénale relatives aux possibilités d'achat en cantine], Rec. p. 19.

54 Sauvé (Jean-Marc), *Le contrôle de l'administration pénitentiaire par le juge administratif*, IEJ Lille II, 24 fév. 2009.

réduire la portée de l'arrêt Marie en fonction de « l'importance des effets » de telle ou telle mesure « sur les conditions de détention. » En considérant *« qu'eu égard* à sa durée, à son caractère provisoire et conservatoire », le placement en cellule disciplinaire n'excédant pas deux jours, avec privation d'achats en cantine, de visites et d'activités, n'est pas une mesure disciplinaire, mais une mesure d'ordre intérieur, l'arrêt Frérot de 2003 illustre ainsi cette dérive[55] qui vaudra à la France une condamnation par la Cour européenne[56].

Au fil des condamnations de la France par la Cour européenne, le Conseil d'État a fini par contrôler le placement d'un détenu à l'isolement, qu'il s'agisse de mesures préventives, provisoires ou prises en urgence[57] ou encore les fouilles corporelles intégrales[58], voire les modalités d'organisation des visites aux détenus[59], et plus généralement toutes les conditions matérielles de détention[60]. Il précise aussi que l'atteinte à la dignité ne saurait être écartée du fait de la seule durée de l'incarcération[61].

Il reste cependant encore, ainsi que le relevait Jean-Marc Sauvé[62], des « zones limitées de contrôle restreint lorsque l'imposent les contraintes du milieu pénitentiaire ». On ne peut s'empêcher de penser aux sanctions disciplinaires qui, en milieu pénitentiaire, n'ont longtemps fait l'objet que d'un

---

55 CE, 12 mars 2003, *Frérot*, Rec. p. 121.

56 CEDH, 12 juin 2007, *Frérot c/ France* (requête n° 70204/01), § 66.

57 CE, 17 déc. 2008, *Section française de l'OIP*, req. n° 293786.

58 CE, 14 nov. 2008, M. *Philippe Mahmoud*, req. n° 315622.

59 CE, 26 nov. 2010, *Garde des Sceaux c/ M. Hervé B.*, req. n° 329564.

60 CE, Sect., 3 déc. 2018, *M.A.*, n° 412010.

61 CE, 13 janv. 2017, *M.*, n° 389711.

62 Sauvé (Jean-Marc), *Le contrôle de l'administration pénitentiaire par le juge administratif*, préc.

contrôle limité à l'erreur manifeste d'appréciation[63]. Le maintien de cette jurisprudence pouvait donner « l'impression d'un irrédentisme curieux », pour reprendre l'expression de la commissaire du gouvernement Aurélie Bretonneau dans ses conclusions sur l'affaire *M.A.* du 1er juin 2015[64], alors même que, sous l'influence de la Cour européenne[65], le Conseil d'État y avait renoncé à propos des sanctions contre les agents publics[66] et que le Conseil constitutionnel considérait, de façon récurrente, que toute sanction, juridictionnelle ou administrative, devait faire l'objet d'un contrôle de proportionnalité qui découle de la nécessité des peines[67]. La haute juridiction administrative a finalement abandonné cette jurisprudence et déploie désormais son plein contrôle juridictionnel pour s'assurer que les mesures qui impactent les conditions matérielles de détention et d'accès aux droits fondamentaux sont nécessaires et proportionnées et que les conditions dans lesquelles elles sont effectuées ne sont pas, par elles-mêmes, attentatoires à la dignité de la personne.

Les mesures d'ordre intérieur ont-elles alors totalement disparu ? Elles subsistent cependant lorsqu'elles sont prononcées dans l'intérêt du service sans impacter directement le détenu. Tel sera le cas de la suppression d'un emploi occupé par un détenu pour des raisons budgétaires ou d'organisation

---

63 CE, Sect., 9 juin 1978, *M.L...*, Rec. p. 245, n° 5911 ; CE, 20 mai 2011, *B.*, Rec. p. 246, n° 326084.

64 CE, 1er juin 2015, *M.A.*, n° 380449.

65 CEDH, 19 avr. 2007, *Vilho Eskelinen et autres c/ Finlande* (req. n° 63235/00).

66 CE, Ass. 13 nov. 2013, *M.D...*, Rec. p. 279, n° 347704.

67 C. Const., n° 86-215 DC 3 sept. 1986, considérant n° 7 ; C. Const. n° 87-237 DC 30 déc. 1987, considérants 14-15 ; C. Const. n° 88-248 DC 17 janv. 1989, considérant n° 30.

administrative[68], ou du transfert d'un détenu entre deux établissements de même nature à condition de ne pas porter atteinte au droit au maintien de ses liens familiaux[69].

II. Le juge administratif et la responsabilité des services pénitentiaires

Après avoir longtemps subordonné la responsabilité des services pénitentiaires à la preuve d'une faute « manifeste et d'une particulière gravité » [70], puis à partir de 1958, d'une « faute lourde »[71] (A), le Conseil d'État a atténué son niveau d'exigence pour donner plus d'effectivité au recours compensatoire qui reste un des moyens de réparer le temps passé en prison dans des conditions inhumaines ou dégradantes (B).

A. Le postulat de la « faute lourde » comme immunité juridictionnelle

Dans un domaine « régalien » comme celui des services pénitentiaires, le juge administratif était sensible aux difficultés de l'activité de surveillance et se faisait parcimonieux dans l'engagement de la responsabilité de l'État. L'exigence d'une « faute lourde » de l'administration constituait une soupape de sécurité pour sanctionner les fautes les plus criantes et scandaleuses. Il acceptait d'ailleurs d'y renoncer lorsque le préjudice trouvait son origine dans des négligences lourdes de conséquences, par exemple des fautes grossières d'entretien

---

68 CE, 14 déc. 2007, *Planchenault*, n° 290420.

69 CE, 27 mai 2009, *X*, n° 322148.

70 CE, 4 janv. 1918, *Mineurs Zulemaro*, Rec. p. 9 et *Ministre de la Justice c/ Mineur Duchesne*, Rec. p. 10.

71 CE, 3 oct. 1958, *Rakotoarinovy*, Rec. p. 470, *JCP* 1958, II, 10845.

des locaux[72] ou de l'organisation matérielle du service médical[73]. Mais dans tous les autres cas, une simple faute ne suffisait pas à mettre en jeu la responsabilité de la puissance publique.

Pour prouver l'existence d'une faute lourde des services pénitentiaires, il fallait démontrer que le préjudice était suffisamment « prévisible »[74]. Tel était le cas lorsque l'administration avait laissé isolé et sans surveillance particulière un détenu nonobstant ses tendances suicidaires[75] ou n'avait pas tenu compte des antécédents d'un détenu réputé dangereux pour protéger ses codétenus[76].

L'existence d'une faute lourde dépendait donc de la capacité à démontrer que le comportement d'un détenu pouvait laisser prévoir un suicide ou une agression. Le juge restait inflexible lorsque « rien dans le comportement [du détenu] depuis son incarcération » ne laissait présager le passage à l'acte[77]. Autant dire que, dans la pratique, il était quasiment impossible de qualifier de « lourde » une faute de négligence ou un défaut de surveillance. L'exigence d'une faute lourde a

---

[72] CE, 11 mai 1956, *Michel et Petit* [matières inflammables oubliées dans un local], Rec. p. 190, *AJDA* 1956, p. 225, note Coulet (F.).

[73] CE, 10 fév. 1956, *Volmerange*, Rec. p. 751 ; CE, 6 juil. 1960, *Ribot*, Rec. p. 1124.

[74] Péchillon (Éric), *Sécurité et droit du service public pénitentiaire*, LGDJ, 1998.

[75] CE, 14 nov. 1973, *Zanzi*, Rec. p. 645, *D.* 1974, p. 315, note Moderne (Franck).

[76] CE, 26 mai 1978, *Garde des Sceaux c/ Cts Wachter*, Rec. p. 222, *D.* 1978, p. 711, note Duffar (Jean).

[77] CE, Sect., 5 fév. 1971, *Ministre de la Justice c/ Veuve Picard*, Rec. p. 101 ; CE, 28 octobre 1983, *Garde des Sceaux c/ Mme Fernandez*, Rec. p. 860 ; *D.* 1985, IR p. 211, obs. Moderne (F.) et Bon (P.).

donc constitué un barrage jurisprudentiel efficace contre les actions en réparation des détenus[78].

Cette solution était illogique dès lors que la haute juridiction administrative reconnaissait que l'administration pénitentiaire était « responsable de la sécurité des prisonniers »[79]. Elle semblait désuète au regard de l'évolution de la jurisprudence du Conseil d'État qui se contentait désormais d'une faute simple pour engager la responsabilité des établissements spécialisés en cas de suicide d'un malade hospitalisé[80]... Elle était enfin inacceptable alors que l'intégrité est une composante inaltérable de la dignité humaine[81]. Le Rapport de Guy Canivet, Premier président de la Cour de cassation, en 2000 releva ainsi : « Une protection plus adaptée des détenus qui ont subi un préjudice à l'intérieur d'un établissement pénitentiaire pourrait conduire à abandonner l'exigence d'une faute lourde pour mettre en cause la responsabilité de l'État »[82].

B. L'abandon de la faute lourde

C'est avec l'arrêt Chabba, en 2003, que le Conseil d'État renonça, en contradiction avec les conclusions de la commissaire du gouvernement, à l'exigence d'une faute lourde du fait

---

78 Errera (R.), « Un nouveau domaine de responsabilité de l'État du fait du service public de la justice. La prison en justice », *in* Mélanges Serge Guichard, *Justices et droit du procès. Du légalisme procédural à l'humanisme processuel*, Dalloz, 2010, pp. 115-129 et « Les juges et la prison : les raisons et les conséquences de leur intervention », *Les Cahiers de la justice* 2013/4, pp. 7-16.

79 CE, 26 mai 1978, *Garde des Sceaux c/ Cts Wachter*, préc.

80 CE, 27 fév. 1985, *CH de Tarbes c/ Melge*, req. n° 39069 et n° 48793, Rec. p. 768.

81 Moderne (Franck), « La responsabilité des services pénitentiaires à raison des dommages subis par les détenus », *Rev. dr. pénit.* 1982, oct.-déc., p. 575.

82 Canivet (Guy), Rapport au Garde des Sceaux, « Amélioration du contrôle extérieur des établissements pénitentiaires », La Documentation française, 2000, p. 107.

du suicide d'un détenu, compte tenu d'une « succession de fautes imputables au service pénitentiaire »[83]. La haute juridiction administrative a, par la suite, précisé que cette solution valait même lorsque la faute commise était unique[84]. Il en ira ainsi autant pour le décès consécutif à l'action d'un codétenu[85], que pour une atteinte aux biens d'un détenu[86].

Nonobstant cette évolution, il peut être cependant aussi difficile d'apporter la preuve d'une faute simple que d'une faute lourde. Ainsi, dans le cas du suicide d'un détenu, la faute simple pour défaut de surveillance ou de vigilance n'est susceptible d'être engagée que si l'administration « n'a pas pris, compte tenu des informations dont elle disposait, en particulier sur les antécédents de l'intéressé, son comportement et son état de santé, les mesures que l'on pouvait raisonnablement attendre de sa part pour prévenir le suicide »[87] ; en d'autres termes, si le comportement du détenu n'a pas laissé présager un passage à l'acte imminent alors même que celui-ci faisait l'objet de traitements médicaux pour des troubles psychiatriques, que le matin même de son suicide, l'intéressé s'est volontairement blessé au cou et au ventre après avoir fait part de son inquiétude de ne pas avoir de nouvelles de sa mère, de sa déception d'avoir vu ses demandes d'aménagement de peine rejetées et de sa volonté de travailler, qu'il a été immédiatement pris en charge par le service médical et le médecin-psychiatre, etc., et que, nonobstant ces alertes, les services médicaux n'ont formulé aucune consigne de vigilance particulière, l'administration sera exonérée de toute négligence dans la prévention de cet acte ! Le décès ne sera donc

---

83 CE, 23 mai 2003, *Chabba*, Rec. p. 240.

84 CE, 9 juil. 2007, *Delorme*, Rec. T. p. 1063.

85 CE, 17 déc. 2008, *Ministre de la Justice c/ Mme Zaouiya*, Rec. p. 465 ; concl. De Silva (Isabelle), *AJDA* 2009, p. 432.

86 CE, 9 juil. 2008, *Garde des sceaux, Ministre de la justice*, Rec. p. 495.

87 CE, 28 déc. 2017, *D.C. et M.B.C.*, n° 400560.

pas considéré comme la conséquence directe de faits imputables au service pénitentiaire.

Lorsque, dans les contentieux, il y a une tierce intervention du Contrôleur général des lieux de privation de liberté ou de la Commission consultative des droits de l'homme, comme dans l'affaire Yengo (maison d'arrêt de Nouméa)[88], les faits dénoncés deviennent plus difficilement contestables (cf. « une situation insoutenable »), mais ces tierces interventions ne constituent pas la norme…

Dès lors, le passage de la faute lourde à la faute non qualifiée paraît souvent plus formel que réel, le juge persistant à prendre en compte les difficultés des activités concernées[89]. Cette solution est problématique, car la Cour européenne considère qu'une action en réparation n'est pas une simple alternative à un usage approprié du recours préventif.

Le juge reste en outre parcimonieux dans la fixation du montant de la réparation. Or, le montant de la réparation susceptible d'être accordée est, d'après la Cour européenne, « un élément constitutif de l'effectivité du recours au sens de l'article 13 de la Convention »[90] et son insuffisance peut conduire à une violation du principe de l'effectivité du recours. La France a ainsi été condamnée en 2020 autant pour le montant dérisoire de l'indemnité accordée que pour le fait que le requérant avait dû supporter les frais d'expertise concernant ses

---

[88] CEDH, 21 mai 2015, *Yengo c/ France* (req. n° 50494/12).

[89] Guettier (C.), « Responsabilité administrative et responsabilité civile : destins croisés », Rev. Responsabilité civile et Assurances, n° HS 2001, p. 30 et s.

[90] CEDH, 27 janv. 2015, *Neshkov et autres c/ Bulgarie,* préc., § 288 ; CEDH, 27 juin 2017, *Angel Dimitrov Atanasov et Aleksandar Atanasov Apostolov c/ Bulgarie* (req. n° 65540/16 et 22368/17), § 64 ; CEDH, 12 fév. 2019, *Draniceru c/ République de Moldova* (req. n° 31975/15), § 32-34.

conditions de détention, ce qui le rendait débiteur de l'État à hauteur d'environ 273 euros[91] !

III. Le juge administratif et l'urgence

La Cour européenne considère que l'effectivité des recours exigée par l'article 13 de la Convention suppose qu'ils puissent empêcher l'exécution des mesures contraires à la Convention et dont les conséquences sont potentiellement irréversibles[92]. Si la France dispose de moyens légaux de solliciter le juge en urgence, le juge administratif met cependant en balance les contraintes qui pèsent sur l'administration avec le respect des droits fondamentaux des détenus (A), de telle sorte que la Cour européenne a considéré que les détenus ne disposaient pas d'un véritable droit « au recours effectif » (B).

A. Le contrôle limité du juge français des référés

Dans ses différentes déclinaisons (référé-liberté, référé-suspension, référé-mesures utiles, référé-réexamen, référé-provision), le référé administratif est censé faire cesser les atteintes à la dignité humaine.

Toutefois, outre les conditions limitatives de mise en œuvre de ces mécanismes, le juge des référés n'intervient que :

Si des mesures utiles peuvent être prises à très bref délai (dératisation[93], accès aux produits d'entretien dans les cellules et à des draps et couvertures propres[94]), mais non pour des travaux de réfection plus longs et coûteux à réaliser (même si ces travaux permettaient le respect des exigences de sécurité,

---

[91] CEDH, 19 nov. 2020, *Barbotin c/ France* (req. n° 25338/16), § 50-58.

[92] CEDH, 10 nov. 2011, *Plathey c/ France* (req. n° 48337/09), § 73.

[93] CE, référés, 22 déc. 2012, *Section française de l'OIP et autres* [maison d'arrêt des Baumettes], n° 364584.

[94] CE, référés, 30 juil. 2015, *Section française de l'OIP et ordre des avocats au barreau de Nîmes*, n° 392043.

de salubrité ou d'intimité). Sont donc rejetées les demandes de mesures « d'ordre structurel » ou portant sur des « choix de politique publique » insusceptibles d'être mises en œuvre rapidement (cf. maison d'arrêt de Nouméa)[95] : ces mesures faisaient pourtant partie des recommandations de la Contrôleure générale des lieux de privation de liberté, mais elles impliquent des investissements (restructuration de la cuisine, rénovation du quartier des mineurs…) et/ou des recrutements (conseillers d'insertion et de probation…).

Il intervient aussi lorsque le fonctionnement d'un établissement pénitentiaire ou des mesures particulières prises à l'égard d'un détenu « affectent de manière caractérisée sa dignité dans des conditions qui excèdent les restrictions inhérentes à la détention » (cf. certains régimes de fouille[96]). Mais la marge d'appréciation est importante : ainsi, le juge administratif considère-t-il qu'en dépit de la suroccupation des cellules successivement occupées par un détenu, les conditions de détention n'ont pas porté atteinte à sa dignité parce qu'il a pu bénéficier d'un espace individuel d'au moins 3 m² ayant fait l'objet de travaux de rénovation[97] ; de même, à la maison d'arrêt de Nîmes, l'absence de cloisonnement des toilettes du sol au plafond, justifiée par la nécessité de surveiller la cellule, n'est pas considérée comme susceptible d'empêcher l'intimité des détenus, « quelles que soient les regrettables conséquences que ce dispositif entraîne »[98]. Enfin, le juge

[95] CE, 19 oct. 2020, *Section française de l'OIP* [maison d'arrêt de Nouméa], n° 439372.

[96] CE, référés, 6 juin 2013, *Section française de l'OIP*, n° 368816 et du même jour, *T. et M. E.*, n° 368875 [maison d'arrêt de Fleury-Mérogis].

[97] CE, 13 janv. 2017, *M.A.B.* [maison d'arrêt de Rouen], n° 389711.

[98] CE, référés, 30 juil. 2015, *Section française de l'OIP et ordre des avocats au barreau de Nîmes*, préc.

administratif se refuse à ordonner à l'administration de prononcer des mesures d'ordre réglementaire, y compris d'organisation d'un service[99].

De fait, le juge des référés admet son incapacité à protéger les détenus des conditions attentatoires à la dignité humaine du fait de la surpopulation et des conséquences de cette dernière sur le quotidien carcéral. Il prononce des mesures ponctuelles, susceptibles d'agir à très bref délai sur le risque à neutraliser, et non des mesures d'ampleur visant à résoudre un dysfonctionnement complexe ou structurel. Il ne peut donc pas intervenir sur les causes mêmes de la violation.

B. La sanction de la Cour européenne

Dans l'affaire précitée *Yengo c/ France*, la Cour européenne a relevé qu'aucune juridiction française n'avait jamais ordonné la remise en liberté d'une personne détenue en se fondant sur le caractère inhumain et dégradant de ses conditions de détention et qu'en l'absence de moyens de recours pour faire cesser les conditions de détention contraires à l'article 3 de la Convention, il n'y avait pas de « recours effectif »[100].

Le Gouvernement français a fait valoir par la suite que le référé-liberté et le référé-mesures utiles constituaient des recours préventifs effectifs qui répondaient aux exigences de l'article 13 de la Convention. Toutefois, dans un arrêt retentissant concernant trente-deux affaires sur les mauvaises conditions de détention dans les centres pénitentiaires de Ducos (Martinique), Faa'a Nuutania (Polynésie française), Baie-Mahault (Guadeloupe) ainsi que dans les maisons d'arrêt de Nîmes, Nice et Fresnes, la Cour européenne a considéré que

---

99 CE, 27 mars 2015, *Section française de l'OIP* [demande de mise en place d'un dispositif permettant au sein d'une prison de consulter les personnes détenues sur les problèmes de leur vie quotidienne ainsi que sur leurs conditions de détention], n° 385332.

100 CEDH, 21 mai 2015, *Yengo c/ France*, préc., § 68.

le référé-liberté « ne pouvait être considéré comme le recours préventif qu'exige la Cour »[101]. Tout en relevant que la saisine du juge du référé-liberté avait permis la mise en œuvre de mesures visant à remédier à des atteintes graves auxquelles sont exposées les personnes détenues, notamment en matière d'hygiène, elle constate que « sa portée est limitée ». Elle estime que le pouvoir d'injonction conféré au juge des référés ne lui permet pas d'exiger la réalisation de travaux d'une ampleur suffisante pour mettre fin aux conséquences de la surpopulation carcérale et que la mise en œuvre des injonctions connait des délais qui ne sont pas conformes avec l'exigence d'un redressement diligent. Elle conclut que ce dispositif n'est pas de nature à faire cesser pleinement et immédiatement les atteintes graves portées à l'article 3 ou d'y apporter une amélioration substantielle.

À la suite de cette condamnation, le Conseil d'État a expliqué, en s'appuyant sur une décision du Conseil constitutionnel[102], qu'il n'appartenait qu'au législateur « de tirer les conséquences de l'arrêt de la Cour [européenne] s'agissant de l'absence de voie de recours préventive pour mettre fin aux conditions indignes de détention résultant de carences structurelles »[103]. Il reviendra ainsi à la loi du 8 avril 2021 de prévoir une voie de recours auprès du juge judiciaire permettant aux personnes placées en détention de faire cesser leurs conditions indignes de détention.

En conclusion, que retenir de ces évolutions ?

Une première remarque concerne le caractère évolutif de la notion de « dignité des personnes privées de liberté » qui, en dépit des mises à niveau spectaculaires des jurisprudences européenne et nationale, est un « signifiant flottant » comme

---

[101] CEDH, 30 janv. 2020, *J.M.B. et autres c/ France*, préc., § 175.

[102] C. Const. n° 2020-858/859 QPC 2 oct. 2020.

[103] CE, 19 oct. 2020, *Section française de l'OIP* [maison d'arrêt de Nouméa], préc., considérant n° 11.

dirait notre collègue Olivier Cayla[104], et va rester, pendant un certain temps encore, un « droit en construction » ;

Une dernière observation : la question de l'indignité de la condition carcérale ne peut pas se jouer que dans les prétoires. On ne peut attendre du juge, et le Conseil d'État l'a rappelé en 2020, qu'il se substitue à la représentation nationale. Christine Lazerges nous rappelait que la prison était un « miroir déformant de la réalité sociale ». On a bien vu en Polynésie qu'une condamnation de l'État pour des conditions dégradées de détention à la maison d'arrêt de Nuutania avait suscité la réprobation des réseaux sociaux qui considéraient que l'humiliation que subissait un détenu en prison faisait, en quelque sorte, partie du « package » de la peine. Il faut donc que la société s'approprie ce débat et considère que toute personne, même privée de liberté, est membre de la « famille humaine » et que sa dignité, pour rendre une formule de la CEDH, reste « la valeur suprême dans l'échelle des droits de l'homme ».

---

104 *Le Monde*, 30 janv. 2003.

La place du respect de la dignité des personnes détenues dans la déontologie des personnels pénitentiaires

François FÉVRIER
École Nationale d'Administration Pénitentiaire

Permettez-moi 3 rapides préalables avant de vous parler de la place du respect de la dignité des personnes détenues dans la déontologie des personnels pénitentiaires.

Le premier pour vous **REMERCIER**, évidemment, de m'avoir convié ici, parmi vous. Je le perçois comme un très grand honneur et j'en mesure l'immense privilège. Les personnes et la nature rappellent ici que, si à des milliers de kilomètres, il y a un enfer, il est fort possible qu'ici soit un début de paradis.

Le second pour vous demander de me **PARDONNER**. Parler de dignité et de déontologie professionnelle va m'amener à manier de grandes notions pour, au fond, vous dire ce que beaucoup d'entre vous pressentent, éprouvent concrètement ou connaissent mieux que moi. C'est moins dans les concepts et les grandes notions que dans la réalité d'un regard ou le ton d'une parole que s'unissent ou se réduisent la dignité du surveillé et l'exemplarité du surveillant.

Le troisième, plus personnel et sans doute plus mystérieux, pour vous donner la clé de lecture de ce que je vais ensuite vous raconter. En préparant cette contribution, j'ai tenté de trouver dans les légendes polynésiennes, un conte dont j'aurais pu déduire une essence déontologique, une morale me permettant de guider mon propos. J'y ai renoncé, d'abord parce que j'ai surtout trouvé dans vos contes de merveilleuses Odes à la nature et à son respect par l'être humain... ensuite et surtout parce que ma démarche était trop audacieuse de prétendre emprunter à votre culture pour exposer une problématique que j'estime beaucoup plus saillante en Europe. Alors... comme je viens moi aussi d'un pays de marins, j'ai pensé aux étoiles... et notamment à cet amas d'étoiles qu'on appelle les PLÉIADES, nichées dans la galaxie du Taureau. Elles ont une particularité à la fois charmante et mystérieuse : on ne les devine qu'à la condition de ne pas les regarder de face et sitôt qu'on les cherche elles échappent à notre perception.

Peut-être en est-il de même du lien unissant la déontologie des personnels pénitentiaires et la dignité des personnes détenues. On le présume, on croit naturellement à son existence, mais à peine on l'aperçoit qu'il échappe à notre regard...

Tout ceci étant dit....

On prête à Fernand Braudel, immense historien, la facétie d'avoir un jour annoncé à ses étudiants : « l'Angleterre est une île. Ainsi, mon cours est terminé ».

Si je m'autorisais la même pirouette, je pourrais vous indiquer, avec la conviction que permettent le simplisme, l'ironie ou la paresse que « La place du respect de la dignité de la personne détenue dans la déontologie des personnels pénitentiaires est ÉVIDEMMENT centrale !»

Ce ne serait pas exact et ce serait tout aussi évidemment sans compter avec l'extrême relativité, pour ne pas dire le flou extrême, qui marque ces deux concepts : Déontologie et Dignité.

Floues et fuyantes, ces deux notions peuvent être appréhendées de manière objective ou subjective, sans que leurs définitions puissent être considérées comme exhaustives.

Objectivement, la déontologie est l'ensemble des règles et des devoirs qui régissent une profession. Ces règles figurent le plus souvent dans un Code et leur violation est le plus généralement sanctionnée par la discipline interne à l'Institution ou au corps de métier concernés.

De manière plus subjective, la déontologie est la science de l'action, du bien agir, ce qu'il convient de faire et comment il convient de se comporter. Cette définition convoquera alors des valeurs telles que la probité, l'exemplarité, la neutralité qui toutes comportent elles-mêmes leur lot de subjectivité (être exemplaire suppose un exemple, une norme, un étalon auquel pouvoir se rapporter/ la probité semble aller de soi et suggère désintéressement et honnêteté/ la neutralité relève de l'équilibrisme constant dans la mesure où (dès lors que l'humain est en jeu) elle réclame une adaptation constante sans discrimination positive ni négative). Cette combinaison des approches objective et subjective permet d'apercevoir qu'aussi limité soit-il, un corpus donné de règles déontologiques pourra donner lieu à une infinie multitude d'actions et d'interprétations.

Objectivement, à nouveau, la dignité a progressivement été rapportée au maintien de certains droits fondamentaux inhérents à la personne humaine (inviolabilité, inaliénabilité et intégrité de la personne humaine).

Plus subjectivement (sans que cela arrange nos affaires si vous me permettez l'expression), la dignité se définit surtout par ce qu'elle n'est pas, ce qui la nie, ce qui l'atteint ou la compromet. La Convention européenne des droits de l'homme enrichie par la jurisprudence, l'appréhende (vous le savez) comme l'absence de traitement inhumain ou dégradant, l'absence de comportement conduisant à un sentiment d'humiliation, d'angoisse ou d'avilissement chez celui qui en est l'objet. On aperçoit dès lors (et pardon de ce truisme) que la notion de dignité est à la fois attachée à l'idée universelle que l'on pourrait se faire de l'être humain, mais, simultanément, et tout autant, à la représentation très variable que chaque individu se fait de lui-même.

Nous voici donc face à deux notions qui, dans leur approche aussi bien subjective qu'objective, produisent quoi qu'on y fasse, une certaine volatilité et à tout le moins une difficulté de mesure tangible. On ne peut estampiller un comportement professionnel de « parfaitement » déontologique, mais l'on pourra discerner celui qui violera l'idée que l'on se fait de la déontologie professionnelle. On pourra repérer une situation ou un traitement que l'on estime indigne, sans être en mesure de définir avec précision où se situe la frontière exacte entre indignité et dignité de la personne (sauf à poser des règles arithmétiques comme s'y est finalement résolue la Cour européenne des droits de l'homme, on y reviendra).

Ajoutons que ces deux notions ne manquent pas d'offrir des définitions distinctes suivant le lieu où l'on se trouve et le groupe social, professionnel, local que l'on considère. La déontologie du médecin n'est pas celle du journaliste et celle du policier et, tout en se référant le plus souvent aux mêmes notions cardinales, ne renvoie pas aux mêmes situations que celles dont a à connaître le surveillant pénitentiaire. Regarder une personne droit dans les yeux sera, ici, une offense et, là, une marque de respect. Tutoyer ici une personne sera une marque de fraternité tandis que là-bas cette action sera perçue comme une familiarité incorrecte voire une marque de dédain, d'irrespect ou de domination. La dignité reçoit une définition relativement unanime à Strasbourg ou à New York, mais son appréhension sera nécessairement différente à Paris, Moscou, Papeete ou Calcutta.

On comprendra dès lors qu'aperçues dans la variabilité que leur prête le lieu où elles sont considérées, **dignité et déontologie ne peuvent que susciter interrogations et paradoxes lorsqu'elles doivent être observées en prison**, qui par nature est un univers d'injonctions paradoxales, de contraintes, de violence (tout ce qui, certes, réclame initialement déontologie et compromet initialement la dignité). Rappelons ici que le modèle moderne de la prison française, hérité de la Révolution française, se fonde sur l'idée de pénitence et d'amendement. Historiquement, la peine d'emprisonnement constitue en elle-même une indignité, un stigmate, que l'on a substitué à la souffrance caractérisant la pénalité de l'Ancien Régime. Ce n'est finalement que très récemment que la dignité des conditions d'exécution de cette sanction a gagné le champ des préoccupations des spécialistes.

Quant à la déontologie pénitentiaire, son irruption plus récente encore dans le champ du droit carcéral positif (le Code de déontologie date de 2010 !) répond assez évidemment comme un écho à cette préoccupation nouvelle de la dignité de la personne détenue. Il convient cependant de relever que la déontologie pénitentiaire n'est pas née avec le Code qui en pose les principes et que sa première formulation sous la plume de Jérémy Bentham (celui-là même qui posa le modèle panoptique) s'inscrit dans une réflexion utilitariste sur l'efficacité du système sécuritaire de surveillance.

Ainsi, dans son origine lointaine, la déontologie carcérale est de fait clairement éloignée de la préservation de la dignité du détenu.

Vous l'aurez compris, l'association des deux notions en cause, que m'a proposé de traiter Emmanuelle Gindre, n'a pas encore fini de me plonger dans une certaine perplexité !... Un peu à la manière des Pléiades, cette constellation d'étoiles si particulières que l'on ne les devine qu'à la seule condition de ne pas les regarder .... Déontologie et dignité semblent elles aussi, a priori, entretenir un lien évident qui échappe cependant à l'observation rationnelle dès qu'on les place en face à face.

En « redescendant » de l'observation conceptuelle au niveau de l'appréhension juridique, Déontologie et dignité de la personne détenue offrent cependant un point commun qu'il nous faut aussi dire ici, même si on l'a déjà esquissé.

On observe en effet que, rapportées au milieu carcéral, ces deux notions se caractérisent toutes deux par la nouveauté et la très récente juridicité. À l'échelle de l'histoire de la prison, l'entrée, d'ailleurs très progressive, de la notion de dignité dans le droit positif ne remonte qu'à quelques décennies (celles qui ont marqué l'évolution de plus en plus contraignante de la jurisprudence de la Cour européenne des droits de l'homme, celles qui n'a permis au Conseil d'État de reconnaître la dignité comme un Principe fondamental qu'en 1995 !, celles qui n'ont reconnu l'indignité des conditions de détention comme critère opposable à la poursuite de la détention provisoire ou des modalités d'exécution de la peine qu'en ... 2021 (803-8 CPP)).

De la même manière, on l'a dit, la déontologie pénitentiaire n'est soutenue et encadrée par un texte spécifique que depuis le décret du 30 décembre 2010[1] et, hormis la déclinaison interne et disciplinaire de ce droit, on peine encore à trouver de la jurisprudence au sein de laquelle le juge relève expressément une atteinte au Code de déontologie du service public pénitentiaire[2].

---

[1] Décret aujourd'hui intégré au Code pénitentiaire (articles L.2, L.120-1 et R.120-1 à R.123-5 du Code pénitentiaire).

[2] Une décision du Défenseur des droits du 21 mars 2022 relève toutefois l'incompatibilité des termes d'un tract syndical avec les obligations découlant du Code de déontologie du SPP. decision-ddd-2022030-tractufap-laon.pdf (oip.org)

Cette juridicité nouvelle et somme toute très relative révèle quelque chose qui n'est pas très éloigné du mystère des Pléiades.... et devrait nous permettre de rendre compte du lien qu'entretiennent déontologie des personnels et dignité des personnes détenues. Là où le droit vient tout juste de s'en saisir, d'y poser des mots, des principes et des sanctions... La relation concrète entre ces deux notions est bien sûr aussi vieille que la prison puisqu'elle interroge la relation du surveillant au surveillé.

Ainsi, en paraphrasant Michel Foucault (non pas dans « surveiller et punir », mais dans « les mots et les choses ») on peut présumer qu'à la manière des Pléiades, le lien entre déontologie et dignité en milieu carcéral se trouve soit difficilement perceptible soit évident, mais diffus.

Suivant que l'on distingue les mots et les choses, les concepts et leur traduction concrète, le lien entre déontologie pénitentiaire et dignité des personnes incarcérées appellera en somme des commentaires distincts. Dans une approche juridique et formelle, on observera **une dissociation relative** (Première partie) tandis que dans une approche réelle et concrète, on discernera **une connexion effective** de ces deux notions (seconde partie).

I. Les mots (formellement) : Dissociation relative de la déontologie pénitentiaire et de la dignité de la personne détenue.

Puisque l'on s'en tient aux mots, il faut être précis. La dissociation annoncée n'est en réalité que relative. En effet, si juridiquement et matériellement, on relève une dissociation des notions de déontologie pénitentiaire et de dignité de la personne détenue (A), la connexion de ces deux concepts apparaît en creux au travers de l'ensemble des politiques pénitentiaires où des considérations déontologiques entrent en ligne de compte (B). On traitera donc d'une **Dissociation textuelle** et d'une **conciliation contextuelle.**

A. Dissociation textuelle

Les textes se rapportant le plus immédiatement aux obligations déontologiques du personnel ou à la sauvegarde de la dignité de la personne détenue n'associent pas expressément ces deux notions, aussi bien dans leur lettre que dans leur esprit.

1. Dans la lettre des textes

Code de déontologie

Adopté le 30 décembre 2010 et édicté par un décret en Conseil d'État (ce qui souligne son importance), le Code de déontologie du service public pénitentiaire rassemble en 35 articles une quinzaine d'obligations positives et une vingtaine d'interdictions. Il est notable, pour répondre à notre interrogation de relever que le lien entre le comportement du personnel et la dignité du détenu n'est jamais express ou explicite. La seule occurrence du terme dignité se rapporte à celle des agents, au sens où ils ne doivent jamais s'en départir (art.7 ancien codifié à l'article R.122-1 C. pénit).

Les obligations du personnel à l'égard des personnes détenues (art. 15 à 20 anciens codifiés aux articles R.122-10 à R. 122-15 C. pénit) sont plus détaillées, mais ne font pas de la dignité un principe directeur expressément cité.

Les personnels doivent vouer aux détenus un respect absolu (on en déduira que leur dignité, bien que non dite, est incluse) et s'interdire à leur égard toute violence ou intimidation (art. R. 122-10 C. pénit). Suivant le même article le personnel ne « *manifeste aucune discrimination. Il ne doit user ni de dénomination injurieuse, ni de tutoiement, ni de langage grossier ou familier. Il manifeste le même comportement à l'égard de leurs proches.* »

De manière plus positive, le Code de déontologie oblige les personnels pénitentiaires à prendre toute mesure tendant à la sauvegarde de la vie et de la santé des personnes qui lui sont confiées (art. R. 122-11 C. pénit) ou à rappeler à ces personnes leurs droits et devoirs ainsi que les sanctions ou mesures dont elles peuvent faire l'objet (art. R. 122-13 C. pénit).

L'article R.122-12 résume autour d'un mot clé ce positionnement professionnel attendu : l'Exemplarité.

Qu'en déduire ? Textuellement tout concourt à interdire aux personnels quelque atteinte que ce soit à la dignité, sans pour autant que cette notion soit consacrée explicitement, érigée en principe directeur ou en raison d'être.

À l'inverse, toujours textuellement, le Code pénitentiaire pose le principe de la dignité en son article L.6, dans une formulation cependant qui peut interroger et, insistons-y, sans la corréler à la déontologie des personnels.

Pour rappel, cet article L.6 (ancien article 22 de la loi pénitentiaire), récemment amendé par la loi du 22 décembre 2021 indique que « L'administration pénitentiaire garantit à toute personne détenue le respect de sa dignité et de ses droits. L'exercice de ceux-ci ne peut faire l'objet d'autres restrictions que celles résultant des contraintes inhérentes à la détention, du maintien de la sécurité et du bon ordre des établissements, de la prévention de la commission de nouvelles infractions et de la protection de l'intérêt des victimes. Ces restrictions tiennent compte de l'âge, de l'état de santé, du handicap, de l'identité de genre et de la personnalité de chaque personne détenue ».

On aperçoit ici que l'article L.6 du Code pénitentiaire développe une approche objective des conditions de détention et n'admet de limitations des droits de la personne détenue qu'en regard des caractéristiques objectives de ces conditions de détention. Aucun lien entre la dignité des détenus et la déontologie des personnels n'y est cependant établi.

La raison de cette dissociation relative se retrouve et s'explique en partie dans l'esprit, ou plutôt, l'origine de ces deux textes.

2. Dans l'esprit (et les enjeux) des textes

Dans leur esprit et les enjeux en présence lors de leur édiction, le Code de déontologie et la loi pénitentiaire n'accordaient pas (pas encore) une place première à la déontologie dans son lien avec la dignité de la personne détenue. La loi de 2009 est adoptée dans un contexte de forte remise en cause de l'Institution pénitentiaire. Son contenu est très fortement inspiré des Règles pénitentiaires européennes et se focalise principalement sur la reconnaissance des droits de la personne détenue et l'encadrement des régimes de détention. La promesse d'un Code de déontologie, adopté un an plus tard, accompagne ce vaste mouvement de réforme et assure, de fait, la mission première de tout engagement déontologique pour toute institution : Communiquer vers la société l'engagement que les personnels se conformeront à une éthique professionnelle adossée aux missions redéfinies de l'Institution.

De son, côté, il faut bien le dire, la société dans sa globalité n'accorde pas un primat à la préservation de la dignité de la personne détenue. Il faut insister, je crois, sur la forte ambivalence qui marque cette problématique : entre une forte aspiration sécuritaire que relaie le populisme pénal, nonobstant l'accroissement de la surpopulation carcérale et – de temps à autre – de manière sans doute plus timide, la conscience que la prison ne saurait atteindre ses objectifs si elle est un lieu d'humiliation.

C'est donc plus naturellement – et plus efficacement – que s'est effectuée une conciliation indirecte de la déontologie pénitentiaire et de la dignité des détenus, au travers des politiques pénitentiaires mises en œuvre durant la dernière décennie.

B. Conciliation contextuelle

Le contexte d'importantes réformes mises en œuvre à la suite de la loi pénitentiaire n'opère pas une connexion immédiate de la déontologie carcérale et de l'objectif de dignité de la personne détenue.

En revanche, on peut affirmer que l'évolution des régimes de détention de même que l'adaptation des modalités de prise en charge poursuivent cet objectif en inférant à l'évidence une évolution des postures professionnelles des agents.

1. L'adaptation des régimes de détention

Concernant les adaptations des régimes de détention, en premier lieu, on s'en tiendra à deux exemples : le Module de respect et les SAS.

Le premier relie immédiatement l'aspiration à une meilleure reconnaissance de l'autonomie et de la responsabilité de la personne détenue. Ce régime de détention aujourd'hui largement déployé sur l'ensemble du territoire, aussi bien en maisons d'arrêt qu'en centres de détention implique évidemment une évolution de la posture du surveillant, aussi bien dans ses missions d'observation et de surveillance que de contribution aux démarches de réinsertion.

Tout ceci conduit bien naturellement à une plus tangible alliance de travail avec les personnes détenues qui, en retour, voient leur dignité personnelle bien davantage respectée, du fait principalement d'un changement important des modalités de vie en détention et de coexistence avec le personnel.

De manière plus accomplie encore, bien que d'origine plus récente, les Structures d'accompagnement à la sortie (qui ont remplacé les centres pour peine aménagée) renforcent cette responsabilisation et cette autonomie des condamnés en fin de peine. Là encore, les modalités d'organisation de ce nouveau régime de détention déplacent à l'évidence les jalons de coexistence des personnels pénitentiaires et des condamnés. L'internalisation nécessaire de la discipline et le régime exclusivement tourné vers l'insertion sociale projetée accroissent notablement le lien pour ainsi dire « partenarial » que les personnels de surveillance et d'insertion peuvent nouer avec les personnes incarcérées. À ce stade et dans cet environnement, le respect de la dignité acquiert un niveau plus fort d'évidence au point que cela ne devient plus la préoccupation essentielle dans le cadre de la réussite du parcours de fin de peine.

Ces deux régimes de détention innovants sollicitent pour ainsi dire la déontologie pénitentiaire « en creux » ou de manière indirecte et lui permettent de s'exercer à plein au bénéfice de projets qui soutiennent l'autonomie de la personne détenue.

Cette même connexion indirecte se retrouve dans l'évolution des modalités de prise en charge soutenue par les RPE et, plus récemment, par le RPO.

2. L'adaptation des pratiques de prise en charge

Les Règles pénitentiaires européennes et les Règles européennes de la probation ont joué un rôle fondamental dans l'évolution des modalités de prise en charge, aussi bien en milieu fermé qu'en milieu ouvert. Or, ces deux recommandations européennes comportent de fortes implications déontologiques, notamment au sens où elles permettent de considérer de nombreuses pratiques professionnelles, y compris strictement sécuritaires, en termes de prestations, évaluables, traçables, «labellisables».

Ainsi, les RPE, dans leur version de 2006 ont permis la création d'un référentiel de pratiques professionnelles pénitentiaires en milieu fermé, sur la base duquel plusieurs processus, au sein de quartiers, donnent aujourd'hui lieu à une démarche de labellisation. Cette question est aujourd'hui bien connue. Je veux simplement insister sur le fait que la labellisation, par exemple du quartier arrivant, est venue étayer de manière très concrète la déontologie pénitentiaire dans le but de la préservation de l'intégrité et de la dignité de la personne détenue. Au quartier arrivant, avant même d'être consacrés par la loi pénitentiaire, ce sont 17 engagements pratiques que l'Administration s'est astreinte à respecter sur l'ensemble des établissements du territoire. La durée minimale de séjour au quartier arrivant, le droit de téléphoner, de bénéficier d'une douche et d'un repas chaud dès après l'écrou, de kits d'hygiène et de couchage, d'un état des lieux de la cellule d'accueil, d'un examen médical et d'entretiens pluridisciplinaires constituent autant de garanties concrètes à l'évitement du choc carcéral et œuvrent à la préservation de la personne incarcérée. Le rapport du CGLPL sur les processus d'accueil dans les lieux privatifs de liberté le relève d'ailleurs à juste raison, en comparaison avec d'autres lieux d'enfermement[3].

Immédiatement inspiré des règles européennes de la probation, le RPO aujourd'hui déployé dans les SPIP concourt lui aussi à étayer très concrètement l'approche déontologique et professionnelle des personnels d'insertion et de probation dans leur prise en charge, notamment, des personnes détenues. Si ces notions existaient certes déjà dans les théories du travail social, la création d'une alliance de travail, la prise en compte du capital humain et l'association de la personne détenue à la construction de son parcours d'exécution de la peine, la démarche d'évaluation ou plus encore la recherche de l'adhésion du détenu sont, évidemment, autant d'éléments qui participent de la responsabilisation et donc de la dignité du condamné.

---

[3] CGLPL. Rapport thématique – « L'arrivée dans les lieux privatifs de liberté » - 19 janvier 2022. L'arrivée dans les lieux de privation de liberté | Site du Contrôleur Général des Lieux de Privation de Liberté (cglpl.fr)

On l'aperçoit : c'est bien davantage dans l'examen des pratiques et postures professionnelles que dans la collation des textes que peut réellement apparaître la connexion la plus effective entre la déontologie des personnels pénitentiaires et l'objectif de sauvegarde de la dignité des personnes détenues.

J'en viens donc à la seconde partie.

II. Les choses (réellement) : Connexion effective de la déontologie pénitentiaire et de la dignité de la personne détenue

On vient de le voir, l'examen plus concret des pratiques plutôt que des principes révèle un lien plus tangible entre déontologie et dignité. Mais là aussi, comme à l'observation des étoiles, il faut savoir distinguer une lueur rendue moins perceptible par quelque pollution lumineuse ou au contraire quelque noirceur.

Le lien, essentiel et fragile entre déontologie pénitentiaire et dignité du détenu est à l'identique. Aussi fondamental soit-il, il faut bien admettre qu'il peut vaciller, aussi bien en regard de contraintes externes que de risques internes. Ces deux fragilités génèrent à la fois un risque de déconnexion politique (A) au détriment de la dignité du détenu, mais aussi le ferment d'une connexion pratique (B) qui repose sur l'adaptation et la résistance des personnels et détenus à ce contexte.

A. Contraintes externes et Déconnexion politique

Disons-le simplement : l'environnement carcéral n'est pas favorable à la dignité – ni des détenus ni des personnels. Les conditions de détention que connaît la France, malgré des efforts tenaces et continus, encourent souvent de légitimes critiques et justifient la vigilance de tous. Même s'ils sont bien connus, il paraît important d'identifier les éléments de contexte externe ou interne qui, juridiquement ou factuellement, entravent ou mettent en péril une sauvegarde déontologique de la dignité des personnes détenues.

1. Contexte externe

Au titre du contexte externe, on ne peut manquer de mentionner 3 éléments, du plus ancien au plus récent.

La surpopulation carcérale et le surpeuplement qu'il engendre à l'échelle des établissements constituent évidemment l'obstacle majeur à la primauté de la dignité en détention. Ces phénomènes accroissent la violence, accélèrent la vétusté immobilière, amoindrissent les activités, réduisent les métiers de surveillance au plus strict essentiel, et le plus souvent dans une seule dynamique sécuritaire. Le surveillant pénitentiaire est, notamment en maison d'arrêt, condamné à une course de chaque instant, où la gestion des urgences s'empilant, son attention à l'autre ne peut que décroître. Bien sûr l'encellulement individuel contribue immédiatement au maintien de l'intimité et donc de la dignité du détenu, mais parallèlement, la détention doit être un lieu de socialisation où, précisément, doit pouvoir s'exercer une relation étayée éthiquement entre le surveillant et le surveillé.

L'application de la loi du 23 mars 2019 et l'implication des juridictions dans la lutte contre le prononcé des courtes peines d'incarcération doivent, en second lieu, être questionnées. Certes, très paradoxalement, la crise sanitaire a profondément ralenti la mise en œuvre régulière du bloc peines, en même temps qu'elle a permis la sortie de plus de 12000 personnes détenues pour préserver les établissements d'une explosion sanitaire. Mais aujourd'hui, force est de constater qu'il aura fallu moins d'un an pour que la surpopulation retrouve son étiage funeste.

Enfin, au titre des éléments externes de contexte, **l'article 803-8 du Code de procédure pénale** (qui a déjà et sera encore évoqué) ne semble pas satisfaire à l'objectif juridique et politique qu'on peut, éventuellement, lui prêter... Sa mise en œuvre, plus que timorée, pour des raisons assez évidentes (manque de solutions alternatives à disposition de l'Administration, volonté d'évitement du transfert pour les détenus) laisse à penser que 803-8 ne sera réservé qu'à des situations résiduelles et d'une exceptionnelle gravité.

2. Contexte interne

Le contexte interne renferme lui aussi de nombreux obstacles, ou freins, à un exercice déontologique propice à la dignité des personnes détenues.

Là aussi, on ira vite. **La violence en détention**, associée à la **psychiatrisation massive de la population pénale,** convoque en principe un surcroît de déontologie, mais, dans la réalité, la mettent évidemment à l'épreuve. Ajoutés au surpeuplement, là encore en maison d'arrêt, ces phénomènes ne peuvent que mettre à mal les modèles de gestion éthique ou de sécurité dynamique que prône l'institution pénitentiaire.

Les référentiels, les étayages de bonnes pratiques, le renforcement de l'encadrement, les comités déontologiques progressivement installés dans les établissements pénitentiaires en application de la loi de 2016 garantissent évidemment un surcroît de vigilance et d'attention aux problématiques de violence en détention. Le climat insufflé par la surpopulation, l'évolution du profil de la population pénale, l'aguerrissement des personnels de surveillance qui prend bien davantage de temps que ne l'autorise leur formation par ailleurs raccourcie.... Tout rappelle la précarité des équilibres en détention et la gageure quotidienne de l'objectif de sa gestion éthique et apaisée.

Il convient de retenir que la déontologie professionnelle – tout autant d'ailleurs que la dignité – émerge dans le temps long et non dans l'urgence. La déontologie n'est pas affaire de réflexe, ni même seulement de procédures, mais bien d'aguerrissement et de discernement qui supposent recul et prise de distance avec l'évènement. **Le paradoxe ultime de la prison**

est qu'elle convoque plus qu'ailleurs et obère plus que partout le recours à la déontologie contre la tentation de la violence dans un contexte permanent d'urgence.

B. Connexion pratique : compensation de la violence carcérale et résistance des personnels

Alors, j'en viens finalement au dernier point de cet exposé, peut-être le plus important, qui, après moult contextes, externes ou internes, va se focaliser sur l'essentiel : **la relation duelle entre le détenu et le surveillant**. Car c'est bien dans cette relation que se niche, loin des textes et des grands principes, la réalité du lien que peuvent nouer l'éthique du second et la dignité du premier.

Je le rappellerai d'un mot, cette relation est aujourd'hui fortement orientée et encadrée par l'Institution. Les procédures et dispositifs de contrôles se font plus précis, la formation – dans le temps qui lui est consenti – démultiplie les outils et alertes déontologiques. La mission de contrôle interne de l'Administration pénitentiaire déploie une culture de prévention du risque en établissement et a engagé le déploiement de référents interrégionaux et locaux de déontologie. Des formations continues spécifiques, dédiées à la prévention du risque corruptif ou des violences en détention, viennent étayer les professionnels et contribuent à leur protection. La mise en œuvre d'un vaste plan de prévention des violences au sein duquel la valorisation du surveillant, acteur essentiel d'une détention sécurisée et apaisée, est la priorité absolue portée par l'actuel directeur de l'Administration pénitentiaire.

Mais par-delà ces dispositifs très proactifs, l'essentiel, si j'ose dire, demeure dans la relation singulière que le surveillant noue avec le détenu, au sein et malgré l'environnement.

On peut dire de ce point de vue que cette relation, pour être éthique et digne, doit être composée de nécessaires attentions et renoncements de la part du surveillant (a). On peut aussi factuellement observer qu'elle est composée d'inévitables aménagements et compensations que Michel Foucault dénommait autrefois des « illégalismes » (b).

1. Points d'attention et renoncements du surveillant

Par-delà ses obligations positives de neutralité, d'exemplarité, de probité, qu'il lui faut incarner dans un environnement complexe, l'éthique professionnelle du surveillant est un équilibre précaire. Elle suppose que, dans sa relation au détenu, il prenne sans cesse garde de résister :

Résister à la routine qui, de manière peut-être surprenante, peut rapidement s'installer. Faite de coutumes et de rites professionnels propres à chaque lieu de détention, elle peut rapidement éloigner l'agent du respect des procédures et plus encore de la conscience des risques qu'il encourt et fait courir à la structure.

Résister au fatalisme : la prison est faite de destins qui se répètent, de profils qui se suivent, d'échecs, de retour à la case départ... autant d'évènements qui peuvent conduire au renoncement et donc au laisser-faire.

Résister à la violence, des gestes, mais aussi des procédures de sécurité pratiquées avec négligence ou désinvolture et qui peuvent, par effet retour, générer des violences chez les personnes détenues. Le maintien du dialogue, jusque et y compris dans les situations les plus complexes, relève d'un savoir-faire pénitentiaire indéniable. Garantir et contrôler ce savoir-faire est un engagement éthique favorable à la reconnaissance de la dignité de la personne détenue comme critère de sécurité de la détention.

Résister enfin au silence, à l'absence de rendu-compte qui, dans une institution fermée où se jouent des solidarités positives et négatives, peut donner le sentiment qu'il vaut mieux fermer les yeux que prendre le risque d'encourir la pression de ceux qui s'autorisent des déviances.

Tout cela est, je le dis avec force et humilité, plus facile à proférer à la chaire d'un colloque qu'à assurer dans le quotidien malmené d'un surveillant qui (je me permets de le rappeler) n'était, lui, pas applaudi tous les soirs à 20h pendant le 1er confinement.

2. Compensations/adaptations/ illégalismes et transactions

Le confinement, ou plutôt les confinements successifs, précisément, ont plus qu'en d'autres moments mis au jour le dernier trait du lien déontologie professionnelle-dignité du détenu que je voudrais ici souligner. Celui des adaptations et aménagements qui, à certains égards, peuvent être considérés comme des écarts avec la rigueur déontologique, mais, dans le même temps, peuvent être identifiés comme placés au soutien de la dignité des personnes incarcérées.

À l'écart des textes, tel que l'avait déjà souligné Jean-Marie Delarue dans son rapport de contrôle des Baumettes en 2012[4], surveillants et détenus consentent des aménagements à la règle, des tolérances de coexistence qui pour l'essentiel compensent la difficulté matérielle et morale qu'imposent les conditions de détention. Rappelons que, plus récemment, la population pénale a consenti des privations fortes durant la pandémie pour sauvegarder la sécurité sanitaire. Dans la Prison d'Ajaccio, en Corse, ce sont les détenus qui ont convaincu leurs familles de ne plus les visiter ! Cette conciliation d'intérêts, souvent paralégale, est sans doute un autre sujet et c'est pourtant au cœur de notre problématique. Le temps manquant, je n'en prendrai qu'un seul exemple : Le tutoiement.

Le tutoiement peut faire partie de ces contournements de la règle déontologique sans que l'on puisse juger de manière

---

4. Voir la recommandation en urgence du CGLPL du 6 décembre 2012. Recommandations en urgence sur le CP des Baumettes à Marseille | Site du Contrôleur Général des Lieux de Privation de Liberté (cglpl.fr)

univoque de son rapport à la dignité du détenu. Deux choses sont certaines : il est interdit mais continue de prospérer dans les prisons françaises. En France métropolitaine, il pourra tout aussi bien traduire une bienveillance qu'une domination ; une relation franche et saine, sans cordialité, qu'une proximité dont il faudra s'inquiéter. À chaque situation, le discernement commandera de le proscrire comme la règle le prévoit ou de le tolérer en regard des objectifs d'apaisement qu'il peut poursuivre.

En Polynésie, pour revenir et m'arrêter sous ce ciel, tel que mes élèves tahitiens me l'avaient expliqué lors de leur formation à l'ENAP, le tutoiement est culturel et non pas déontologique. J'avoue que cette explication m'avait séduit et rappelé que notre prison républicaine pouvait justifier des adaptations locales pour porter les valeurs de la République (dont la déontologie des professionnels et la dignité des usagers font évidemment partie).

Prison républicaine : Aux côtés de la **liberté** que contribue à protéger la prison et de **l'égalité** qu'elle doit défendre en son sein, Le « Tutoiement tahitien » est évidemment une marque de fraternité qui est l'une des finalités majeures de nos missions... Las ! Le maintien de la sécurité et de la dignité, de la paix en somme au sein des détentions est, donc définitivement, un équilibre aussi fragile et imperceptible que l'est l'observation des Pléiades, depuis le ciel de Paris ou de Papeete. Mais il m'apparaît certain qu'aussi difficilement perceptible, ce lien entre la déontologie du surveillant et la dignité du détenu est l'une des clés essentielles de la sécurité des détentions et de la réussite des missions de l'Institution pénitentiaire.

Sans doute cette dernière assertion est-elle plus vraie ici que partout ailleurs, car ici, plus qu'ailleurs, il doit bien y avoir une heure, un temps où (ex)détenus et surveillants regardent le ciel et les étoiles, en même temps. Les mêmes étoiles....

Les secrets professionnels en détention

Bruno PY
Professeur, Université de Lorraine
Institut François Gény

Le secret professionnel une notion, une infraction. Le mot « secret », nom masculin, issu du latin *secretum*, pensée ou fait qui ne doit pas être révélé, a désigné dès l'origine un ensemble de connaissances réservées à quelques-uns[1]. Il ne doit pas être confondu avec le mystère – incompréhensible – ou le tabou – intouchable.[2] Tout secret est, par nature, un obstacle à la libre circulation de l'information et donc à la curiosité. Réfréner les appétits de révélation, résister aux envies d'autrui de tout savoir devient ambigu et il n'est pas rare d'entendre que secret rime avec suspect... Le 21e siècle étant qualifié de siècle de la communication et de la transparence, il n'est pas surprenant que toute référence au secret soit critiquée, combattue, vilipendée [3]. Pourtant, un État de Droit, soucieux des libertés individuelles, suppose que chacun puisse être préservé de toute intrusion abusive dans l'intimité de sa vie privée. C'est

---

[1] A. Rey, *Dictionnaire historique de la langue française*, Le Robert 2000, vol. 3, p. 3434.

[2] S. Tisseron, *Les secrets de famille*, PUF Que-sais-je 2e éd°2017.

[3] G. Carcassonne, « Le trouble de la transparence », *in* Transparence et secret, *Pouvoirs* 1997, p. 17 ; J.-P. Le Golf, *La Barbarie douce*, La Découverte 1999.

pourquoi le droit pénal français, afin de permettre aux citoyens de se sentir à l'abri de la révélation par autrui d'informations confidentielles, connaît plusieurs incriminations destinées à sanctionner des accès illicites à la sphère privée de l'intimité de la personne[4]. À partir de 1810, et sans interruption depuis, le Code pénal prohibe la violation du secret professionnel.[5] La notion de secret professionnel désigne à la fois des faits qui ne doivent pas être révélés et le voile que le professionnel doit conserver pour que les informations qu'il détient ne soient pas connues des tiers[6].

Ne pas confondre respect du secret professionnel et mise au secret. Le monde carcéral connaît la notion de mise au secret qui est une interdiction de communiquer pour des raisons liées à l'instruction préparatoire.[7] On sait depuis longtemps que la privation de communication peut être à la fois

---

[4] Ainsi le code pénal punit-il par exemple les atteintes à la vie privée (c. pén., art. 226-1), la violation de domicile (c. pén., art. 226-4), l'atteinte au secret des correspondances (c. pén., art. 226-15), mais aussi l'extorsion de secret (c. pén., art. 312-1) et le chantage à la révélation d'un secret (c. pén., art. 312-10).

[5] Cent ans de secret professionnel, *RDS* n°100, mars 2021, pp.230-250.

[6] M.-A. Frison-Roche, « Secrets professionnels », *Autrement* 1999, p. 18-19.

[7] C. Proc. Pén. Article 145-4 Modifié par Loi n°2000-516 du 15 juin 2000. Lorsque la personne mise en examen est placée en détention provisoire, le juge d'instruction peut prescrire à son encontre l'interdiction de communiquer pour une période de dix jours. Cette mesure peut être renouvelée, mais pour une nouvelle période de dix jours seulement. En aucun cas, l'interdiction de communiquer ne s'applique à l'avocat de la personne mise en examen.

Sous réserve des dispositions qui précèdent, toute personne placée en détention provisoire peut, avec l'autorisation du juge d'instruction, recevoir des visites sur son lieu de détention.

A l'expiration d'un délai d'un mois à compter du placement en détention provisoire, le juge d'instruction ne peut refuser de délivrer un permis de visite à un membre de la famille de la personne détenue que par une décision écrite et spécialement motivée au regard des nécessités de l'instruction. (...)

une mesure de sécurité et une souffrance provoquée. « Il n'est pas de tortures comparables à celles que j'endurai au palais Madame : mal nourri, mal couché, sans feu au cœur de l'hiver, sans lumière la nuit, sans livres, j'étais en outre mis au secret le plus absolu ; mais la douleur physique n'était rien en comparaison de la douleur morale. »[8] La mise au secret prévue par le Code de procédure pénale est légale et temporaire contrairement à certaines pratiques fautives. « La question dite des détentions secrètes. Force est de constater que, le contrôle général a pu avoir connaissance de situations dans lesquelles la famille est tenue dans l'ignorance du lieu où une personne est retenue ou détenue, faute d'une information fournie dans un temps rapide de la privation de liberté. »[9]

La pluralité des secrets dans et hors la prison. La prison est un carrefour de deux secrets professionnels principaux (avocat, médecin) et de trois secrets professionnels secondaires (AP, aumônier, enquête). Pour en décrire les acteurs, les rouages et les limites, nous nous proposons d'étudier la dimension statique des secrets dans la prison (1°) avant de voir la dimension dynamique des secrets de la prison (2°).

I. Les secrets dans la prison : aspects statiques

Dans la détention il est essentiel de définir les acteurs assujettis au secret (A), les lieux soumis au secret (B) ainsi que les outils de préservation du secret (C).

A. Des acteurs

Tout fonctionnaire est tenu au secret professionnel. Bien que cela ne soit pas toujours bien connu des agents publics, le statut général de la fonction publique découlant de la

---

[8] F. Buloz, « Le château Saint-Ange, souvenirs de jeunesse d'un prisonnier politique », *La Revue des Deux Mondes* Tome 16, 1858.

[9] Le Contrôleur général des lieux de privation de liberté – Secret(s) et confidentialité dans les lieux de privation de liberté, Rapport d'activité 2010, p.102.

loi de 1983 impose à tout fonctionnaire le respect du secret professionnel par renvoi au Code pénal. [10] Le personnel pénitentiaire est donc tenu au secret professionnel du fait de son statut. [11] « Le personnel de l'administration pénitentiaire est astreint au devoir de réserve et au respect de la discrétion et du secret professionnels, dans les conditions prévues par les lois et règlements. ». [12]

Le rappel du Code pénitentiaire. L'ordonnance du 30 mars 2022[13] rappelle ce que la loi pénitentiaire du 24 novembre 2009 avait explicitement mentionné dans son article 45 : « L'administration pénitentiaire respecte le droit au secret

---

[10] Loi n°83-634 du 13 juillet 1983 portant droits et obligations des fonctionnaires (Dite loi Le Pors)

Article 26. Les fonctionnaires sont tenus au secret professionnel dans le cadre des règles instituées dans le code pénal.

Les fonctionnaires doivent faire preuve de discrétion professionnelle pour tous les faits, informations ou documents dont ils ont connaissance dans l'exercice ou à l'occasion de l'exercice de leurs fonctions. En dehors des cas expressément prévus par la réglementation en vigueur, notamment en matière de liberté d'accès aux documents administratifs, les fonctionnaires ne peuvent être déliés de cette obligation de discrétion professionnelle que par décision expresse de l'autorité dont ils dépendent.

[11] J.-P. Duroché, P. Pédron, Statut des personnels pénitentiaires, *Droit pénitentiaire* (2019), pages 131 à 132.

[12] Décret n° 2010-1711 du 30 décembre 2010 portant code de déontologie du service public pénitentiaire, art.10.

[13] Ordonnance n° 2022-478 du 30 mars 2022 portant partie législative du Code pénitentiaire. Ordonnance, prise en application de la loi du 22 décembre 2021 pour la confiance dans l'institution judiciaire, accompagnée d'un décret instituant la partie réglementaire du Code pénitentiaire. Le code est entré en vigueur le 1er mai 2022. Décret n° 2022-479 du 30 mars 2022 portant partie réglementaire du Code pénitentiaire.

médical des personnes détenues ainsi que le secret de la consultation ». [14] Il est toutefois précisé : « dans le respect des 3e et 4e alinéas de l'article L. 6141-5 Code santé publ. »[15] Ce dernier texte envisage l'hypothèse de la connaissance d'un risque

---

[14] Art. 5 loi pénitentiaire 24/11/2009. Devenu art. L.322-3 Secret médical et de la consultation Article L322-3 L'administration pénitentiaire respecte le droit au secret médical des personnes détenues ainsi que le secret de la consultation, dans les conditions prévues par les dispositions de l'article L. 6141-5 du code de la santé publique. Article L322-4 Chaque personne détenue a droit au respect de sa vie privée et du secret des informations la concernant, dans les conditions prévues par les dispositions des articles L. 1110-4 du code de la santé publique relatives au secret médical et R. 4127-4 du code de la santé publique relatives au secret professionnel des médecins.

Article L322-5 Un dossier médical électronique unique est constitué pour chaque personne détenue

[15] Article L6141-5 en vigueur depuis le 26 février 2010 Modifié par Ordonnance n°2010-177 du 23 février 2010

Un ou plusieurs établissements publics de santé peuvent être spécifiquement destinés à l'accueil des personnes incarcérées ou des personnes faisant l'objet d'une rétention de sûreté. Les dispositions des titres Ier, III et du présent titre sont adaptées par voie réglementaire aux conditions particulières de fonctionnement de ces établissements. Les dispositions du titre II ne leur sont pas applicables.

Le ministre de la justice affecte à ces établissements des personnels de direction et de surveillance ainsi que des personnels administratifs, sociaux, éducatifs et techniques, qui relèvent de l'administration pénitentiaire et demeurent soumis à leur statut particulier.

Dès lors qu'il existe un risque sérieux pour la sécurité des personnes au sein des établissements mentionnés au premier alinéa du présent article, les personnels soignants intervenant au sein de ces établissements et ayant connaissance de ce risque sont tenus de le signaler dans les plus brefs délais au directeur de l'établissement en lui transmettant, dans le respect des dispositions relatives au secret médical, les informations utiles à la mise en œuvre de mesures de protection.

Les mêmes obligations sont applicables aux personnels soignants intervenant au sein des établissements pénitentiaires.

sérieux pour la sécurité des personnes au sein des établissements et prévoit alors une information du directeur. Comment concilier sécurité et secret des professionnels de santé ? (Cf. infra 2°)

Le secret des professionnels de santé : Secret médical ou secret professionnel ? Les deux qualificatifs sont couramment utilisés alternativement pour définir le secret du professionnel de santé : secret médical et/ou secret professionnel ? Les textes, la jurisprudence et la doctrine oscillent entre le choix d'évoquer le terme de secret professionnel et le terme de secret médical. Nous affirmons qu'il faut écarter l'expression de secret « médical » pour lui préférer l'expression de secret « professionnel ».[16] Les trois erreurs ou confusions nées de l'adjectif « médical ». [17] Si l'on admet que le secret que protège l'article 226-13 du Code pénal en interdisant toute révélation sous peine d'emprisonnement concerne tous les

---

Les compétences de l'agence régionale de santé mentionnées aux articles L. 6114-1, L. 6143-3, L. 6143-3-1, L. 6143-4 et L. 6145-1 à L. 6145-5 du présent code et à l'article L. 162-22-13 du code de la sécurité sociale sont, en ce qui concerne ces établissements, exercées conjointement par le ministre de la justice et le ministre chargé de la santé.

[16] B. Py, « Réquisitoire contre l'expression de secret médical : plaidoyer pour l'expression de secret professionnel », *Revue droit & santé* Hors-série n°50, juillet 2013, pp.161-166.

[17] Lorsqu'ils emploient l'expression de secret « médical », les médecins commettent trois erreurs. La première est de croire qu'ils sont soumis à un secret propre aux médecins. La deuxième consiste à penser que le secret est limité aux données médicales. La troisième repose sur l'idée qu'il n'y aurait pas de secret d'un médecin à l'égard d'un autre médecin. Ce qui peut être résumé par une allusion aux officiants celtes. Le secret des druides, portant sur le culte, n'est communicable que de bouche de druide à oreille de druide… Cette conception est fausse et surtout, juridiquement dangereuse. Ces trois erreurs peuvent conduire un médecin à commettre le délit de révélation de secret, de l'article 226-13 du Code pénal, punissable d'un an d'emprisonnement et 15000 euros d'amende. B. PY, « Le secret professionnel avant et après la loi du 4 mars 2002 », in B.PY (dir.), *20 ans de la loi du 4 mars 2002, quid novi ?*, LEH 2022, p.177.

professionnels de santé, au-delà des seuls médecins, et qu'il recouvre toutes les informations intimes, au-delà des seules données de santé, alors l'expression de secret professionnel des professionnels de santé s'impose ou encore celle de secret professionnel sanitaire.

La séparation des fonctions pénitentiaires, expertales, policières et sanitaires. La prison étant un lieu de juxtaposition de missions complémentaires, le Code pénitentiaire insiste sur la séparation des fonctions qui doit permettre d'éviter la confusion des genres. « Ne peuvent être demandés aux médecins et aux personnels soignants intervenant en milieu pénitentiaire ni un acte dénué de lien avec les soins ou avec la préservation de la santé des personnes détenues, ni une expertise médicale. » [18] Chacun sa fonction, chacun son secret professionnel.

B. Des lieux

Les lieux de soin, petits îlots d'hôpital dans la prison. Historiquement, des espaces dédiés aux soins ont été conçus en détention pour assurer la sécurité et l'efficacité de la garde des détenus. [19] Depuis la loi de 1994 qui confie aux hôpitaux la mission sanitaire en détention[20], les locaux destinés aux soins sont gérés par l'établissement de santé qui prend alors à

---

[18] Article 48 loi pénitentiaire. Exclusivité des actes de soin Devenu Article L322-2 Code pénitentiaire.

[19] « Il serait bon que vous fissiez établir une infirmerie dans la maison de détention de votre département, si déjà il ne s'y en trouve pas ; vous feriez ensuite disposer, dans les prisons qui en seraient susceptibles, un local particulier, où les prisonniers seraient traités, en cas de maladie, sans qu'on eût à redouter leur fuite ». V. Circulaire du 27 juin 1807 sur la nécessité d'établir une infirmerie dans chaque prison, adressée aux préfets par le Ministre de l'Intérieur, M. de Champagny.

[20] Loi n° 94-43 du 18 janvier 1994 relative à la santé publique et à la protection sociale. E. Farges, « Penser la réforme pénitentiaire avec Michel Foucault. Apports et limites à une sociologie politique de la loi du 18 janvier 1994 », *Raisons politiques* 2007/1 (no 25), pages 101 à 125.

sa charge le mobilier, l'installation, la maintenance et l'entretien des équipements médicaux et non médicaux des unités sanitaires ; mais aussi, les équipements en postes téléphoniques, informatiques et les liaisons informatiques avec l'établissement de santé en dehors des murs de l'établissement pénitentiaire. [21] L'unité sanitaire en détention est donc une sorte d'enclave où le soin peut se dérouler à l'abris des yeux et des oreilles du personnel pénitentiaire.[22] Les conditions matérielles dépendent évidemment des bâtiments et espaces disponibles lesquels varient d'un établissement à l'autre. [23]

Les autres acteurs et leurs secrets respectifs. Le monde carcéral voit coexister, outre le secret des personnels pénitentiaires et le secret des professionnels de santé, le secret des avocats [24], celui des aumôniers et celui des enquêteurs. Or, le fait que ces intervenants viennent de l'extérieur pose la question des espaces dédiés à l'exercice de leurs missions à l'intérieur des établissements pénitentiaires. Le libre exercice de certaines fonctions nécessite des espaces de confidentialité. La confidentialité, pour reprendre une notion développée par la Cour européenne des droits de l'homme, c'est la possibilité

---

[21] Ministère de la santé, Guide méthodologique relatif à la prise en charge sanitaire des détenus, https://solidarites-sante.gouv.fr/prevention-en-sante/sante-des-populations/personnes-detenues-personnes-placees-sous-main-de-justice/article/prise-en-charge-sanitaire

[22] A. Bonne-Harbil, *Droit et santé en détention*, LEH 2018.

[23] Pour Alexandre Bouquet, secrétaire national du SNDP et directeur du centre de rétention d'Ecrouves, en Lorraine, le véritable enjeu est ailleurs : « On adapte la confidentialité à la réalité pénitentiaire actuelle. On devrait plutôt faire l'inverse et régler la surpopulation carcérale. » Lucie Soullier, « Vie privée : l'impossible secret du prisonnier, Le contrôleur général des lieux de privation de liberté demande davantage de confidentialité pour les données personnelles des détenus. Car certains secrets pèsent lourd lorsqu'ils sont découverts ». *Le Monde* 11 juillet 2013.

[24] D. Landry, « Le secret professionnel de l'avocat : 50 ans après », *Lexbase* 2 février 2022 ; H. Diaz, « Secret professionnel : lorsque le fond remonte à la surface », *Dalloz actu.*, 9 février 2022.

de s'entretenir « hors de portée d'ouïe d'un tiers ». Ainsi dans un arrêt de grande chambre (12 mai 2005, Ocalan c/ Turquie), la Cour a-t-elle affirmé le principe de l'entretien du détenu avec ses défenseurs hors de portée d'ouïe d'un tiers. [25]

Le parloir avocat. La question du secret professionnel des avocats dans l'univers carcéral se pose essentiellement au sujet des parloirs avocats et de la possibilité ou non pour les autorités judiciaires voire pénitentiaires d'écouter les échanges entre un détenu et son avocat. À la différence du parloir familial qui est sous contrôle visuel et auditif de l'AP et peut faire l'objet d'enregistrement[26], le parloir avocat est censé être confidentiel. « Les personnes prévenues s'entretiennent avec leur avocat dans un parloir spécial garantissant la confidentialité de l'échange. Elles correspondent avec lui, de manière confidentielle, par téléphone et par courrier. »[27] Ce qui se dit, ce qui se

---

[25] Le Contrôleur général des lieux de privation de liberté – Secret(s) et confidentialité dans les lieux de privation de liberté, Rapport d'activité 2010, p.103.

[26] « Dans un arrêt du 1er mars 2006, la chambre criminelle de la Cour de cassation a jugé conforme à l'article 8 de la Convention européenne des droits de l'homme la mise en place d'un dispositif de sonorisation dans un parloir de prison, au motif que l'interception des conversations entre un détenu et ses visiteurs au parloir avait eu lieu dans les conditions et formes prévues aux articles 706-96 et suivants du code de procédure pénale, et que cette sonorisation, ordonnée par un juge d'instruction, pour une durée limitée, était justifiée par la nécessité de rechercher la manifestation de la vérité, relativement à des infractions portant gravement atteinte à l'ordre public. » Rép. Min., QP, Ass.nat. 30/09/2008, J.O., p.8459.

[27] Code pénitentiaire, Article R313-12, Création Décret n°2022-479 du 30 mars 2022. L'article R.313-10 prévoit la confidentialité pour les relations avec les officiers publics ou ministériels et les auxiliaires de justice et l'article R.313-11 avec un le mandataire agréé.

fait dans le parloir est secret même si le lieu n'est pas destiné à devenir une alcôve...[28]

L'entretien, le courrier, les échanges avec l'aumônier. Le cadre juridique de la fonction d'aumônier dans un état laïc est établi par décret. [29] La mission d'assistance spirituelle suppose l'établissement de confiance qui nécessitent la garantie de la confidentialité. [30] La cellule en revanche n'est pas à l'abri de micros ou de caméras. [31] En pratique, il faudrait donc prévoir des espaces spécifiques aux entretiens avec l'aumônier.

Les interrogatoires et le secret de l'enquête ou de l'instruction. Lorsque des interrogatoires ou des auditions sont organisées en détention dans le cadre d'enquêtes ou d'instructions souvent étrangères au titre de détention il y a lieu de garantir le respect du secret de l'article 11 du Code de procédure pénale. [32] Les textes pénitentiaires prévoient

---

[28] M. Gr., « Une avocate jugée pour une fellation sur son client », *20mn* 24/09/2008 ; « Relaxe d'une avocate accusée d'exhibition », *Le Figaro* 28/10/2008 ; M. Piquemal, « L'amour au parloir », *Libération* 17 avril 2015 ; RLD, « Un détenu et son avocate surpris en plein ébat sexuel à la prison de la Santé », *20mn* 5/01/2022.

[29] Décret n° 2017-756 du 3 mai 2017 relatif aux aumôniers militaires, hospitaliers et pénitentiaires et à leur formation civile et civique.

[30] J.-L. Reymondier, J. Cachot, « La prison et ses aumôniers », *Études* 2009/9 (Tome 411), pages 189 à 200 ; « Qu'est-ce qu'un aumônier de prison ? », *La croix* 18/10/2012 ;

[31] S. Fucini, « Sonorisations en maison d'arrêt : absence de caractère déloyal », *Dalloz actu* 3 avril 2015.

[32] Art. C. proc. pén. Sauf dans le cas où la loi en dispose autrement et sans préjudice des droits de la défense, la procédure au cours de l'enquête et de l'instruction est secrète.

Toute personne qui concourt à cette procédure est tenue au secret professionnel dans les conditions et sous les peines prévues à l'article 434-7-2 du code pénal. (...).

explicitement cette hypothèse.[33] On notera que les peines encourues sont plus sévères que la simple violation du secret professionnel. Violer un secret fait encourir 1 an d'emprisonnement (C. pén., art. 226-13) révéler une information dessein d'entraver le déroulement des investigations ou la manifestation de la vérité dans une procédure criminelle fait encourir 7 ans d'emprisonnement (C. pén., art.434-7-2). [34]

---

[33] Article D313-13 Création Décret n°2022-479 du 30 mars 2022. Conformément aux dispositions de l'article D. 594-3 du code de procédure pénale, les entretiens en lien direct avec un interrogatoire ou une audience et qui interviennent dans les locaux des établissements pénitentiaires entre une personne détenue et son avocat se tiennent dans des conditions qui en garantissent la confidentialité.

[34] C. pén., Article 434-7-2 Modifié par LOI n°2021-1729 du 22 décembre 2021 - Sans préjudice des droits de la défense reconnus à la personne suspectée ou poursuivie ou des droits des victimes, le fait pour toute personne qui, en raison de ses fonctions, a connaissance, en application du code de procédure pénale, d'informations issues d'une enquête ou d'une instruction en cours concernant un crime ou un délit de révéler sciemment ces informations à des tiers est puni de trois ans d'emprisonnement et de 45 000 euros d'amende.

Sans préjudice des droits de la défense reconnus à la personne suspectée ou poursuivie ou des droits des victimes, lorsque la révélation par une personne mentionnée au premier alinéa est faite à des personnes qu'elle sait susceptibles d'être impliquées comme auteurs, coauteurs, complices ou receleurs dans la commission de ces infractions, et que cette révélation est réalisée dans le dessein d'entraver le déroulement des investigations ou la manifestation de la vérité, les peines sont portées à cinq ans d'emprisonnement et à 75 000 euros d'amende.

Dans le cas prévu au deuxième alinéa du présent article, lorsque l'enquête ou l'instruction concerne un crime ou un délit puni de dix ans d'emprisonnement relevant de l'article 706-73 du code de procédure pénale, les peines sont portées à sept ans d'emprisonnement et à 100 000 euros d'amende.

C. Des outils

Les courriers. C'est par voie de circulaire que le double circuit des courriers entrants et sortants est organisé.[35] Le premier circuit est contrôlé, surveillé voire censuré. [36] En revanche, et par dérogation, les échanges avec les correspondants dont la fonction est couverte par le secret professionnel échappent à ce principe de contrôle.[37] « Ne peuvent être ni contrôlées ni retenues les correspondances échangées entre les personnes détenues et : 1° Leur défenseur ; 2° Les autorités administratives et judiciaires françaises et internationales, dont la liste est fixée par les dispositions de l'article D. 345-10 ; 3° Les aumôniers agréés auprès de l'établissement pénitentiaire. » [38] Les courriers médicaux échappent évidemment aussi à tout contrôle de l'AP. « Ce principe de l'indépendance professionnelle des personnels de santé à l'égard des autorités pénitentiaires et judiciaires est une garantie de la confiance sur laquelle est fondée la relation entre les patients détenus et les personnels de santé. Cette confiance repose aussi sur le respect du secret professionnel ». [39]

---

[35] Circulaire du 9 juin 2011 d'application des articles 4, 39 et 40 de la loi n°2009-1439 du 24 novembre 2009 pénitentiaire, relatifs à la correspondance téléphonique et à la correspondance écrite des personnes détenues

[36] Code pénitentiaire Article L345-3 Ordonnance n°2022-478 du 30 mars 2022 Le courrier adressé ou reçu par les personnes détenues peut être contrôlé et retenu par l'administration pénitentiaire lorsque cette correspondance paraît compromettre gravement leur réinsertion ou le maintien du bon ordre et la sécurité. En outre, le courrier adressé ou reçu par les personnes prévenues est communiqué à l'autorité judiciaire selon les modalités qu'elle détermine.

Lorsque l'administration pénitentiaire décide de retenir le courrier d'une personne détenue, elle lui notifie sa décision.

[37] https://oip.org/fiche-droits/le-droit-a-la-correspondance/

[38] Code pénitentiaire Article L.343-4.

[39] A. Bonne Harbil, *Droit et santé en détention*, LEH 2018 n°95, p.115.

Les dossiers médicaux. Le suivi médical des détenus est assuré grâce à un dossier numérique. « Un dossier médical électronique unique est constitué pour chaque personne détenue. » [40] Lorsqu'il existe encore des documents papiers, la confidentialité est maintenue classiquement par des rangements sécurisés. « Les dossiers médicaux des personnes retenues sont toujours, dans les constats effectués par les contrôleurs, conservés dans des armoires fermées à clé en l'absence de personnel soignant. »[41] Le secret des écrits est protégé au même titre que le secret des paroles.[42]

Les dossiers SPIP. Réciproquement, les personnels pénitentiaires détiennent des informations qui sont couvertes par le secret professionnel. « Au sein du service pénitentiaire d'insertion et de probation, il est tenu un dossier pour chaque personne faisant l'objet d'une mesure prévue par les dispositions des articles D. 113-36, D. 113-41 et D. 542-1. Ce dossier comprend les pièces d'ordre judiciaire nécessaires au suivi de la mesure, les éléments relatifs au contrôle des obligations ou conditions imposées ainsi que la copie des rapports adressés au magistrat mandant. Les documents couverts par le secret professionnel ne peuvent être consultés que par un membre du service pénitentiaire d'insertion et de probation. » [43] Un professionnel de santé qui serait curieux du parcours pénal d'un détenu et souhaiterait accéder à ces dossiers devrait évidemment se voir opposer le secret professionnel. Reste la question de l'opposabilité aux autorités judiciaires ; le Code

---

[40] Code pénitentiaire Article L.322-5.

[41] Le Contrôleur général des lieux de privation de liberté – Secret(s) et confidentialité dans les lieux de privation de liberté, Rapport d'activité 2010, p.111.

[42] « De toutes les atteintes à l'intimité, la violation du secret professionnel du médecin est sans aucun doute celle qui heurte le plus profondément le malade car elle est vécue comme une véritable trahison ». P. Mistretta, *Droit pénal médical*, LGDJ, 2019, n°502, p.325.

[43] Code pénitentiaire Article D113-34.

pénitentiaire est ici ambigu en limitant le secret aux renseignements recueillis par voie de confidence. « Les personnels du service pénitentiaire d'insertion et de probation sont tenus au secret professionnel. Dans le cadre de l'exécution des mesures prévues par les dispositions des articles D. 113-36, D. 113-41 et D. 542-1, les personnels du service pénitentiaire d'insertion et de probation ne peuvent opposer le secret professionnel aux autorités judiciaires, sauf pour les renseignements recueillis par voie de confidences auprès des personnes prises en charge. » [44] Est-ce qu'un texte réglementaire peut restreindre le champ du secret prévu par la loi ? Cela pose la question des secrets de la prison.

II. Les secrets de la prison : aspects dynamiques

Contrairement à beaucoup d'idées reçues, la vie en prison n'est pas synonyme d'immobilité. La détention est un lieu de circulations, de mouvements, de flux. Sur le plan du secret professionnel, la prison connaît des hypothèses de secret partagé (A), des cas d'échanges d'informations (B) et même des signalements (C).

A. Des partages

Le secret partagé version 2002. La loi du 4 mars 2002 relative aux droits des malades, a pour la première fois défini la notion de secret partagé en matière médicale.[45] « *Deux ou plusieurs professionnels de santé peuvent toutefois, sauf opposition de la personne dûment avertie, échanger des informations relatives à une même personne prise en charge, afin d'assurer la continuité des soins ou de déterminer la meilleure prise en charge sanitaire possible. Lorsque la personne est prise en charge par une équipe de soins dans un établissement de santé, les informations la concernant sont réputées confiées par le malade à l'ensemble de l'équipe* » (C. santé publ. art. L1110-4, al3). La

[44] Code pénitentiaire Article D113-45

[45] B. Py, « Le secret professionnel, est-il un droit du patient ? », *RDSS* mars avril 2022, pp.225-234.

loi intégrait donc les acquis jurisprudentiels en consacrant un secret à dimension collective entre les membres d'une équipe médicale. [46]

Le secret partagé étendu 2016-2018. La Loi Kouchner du 4 mars 2002 n'autorisait l'échange d'informations couvertes par le secret qu'entre professionnels de santé.[47] Les professionnels du secteur social et médico-social étaient ainsi nécessairement exclus des échanges, ce qui n'était pas toujours conforme à l'intérêt de l'usager.[48] La loi du 27 janvier 2016 a étendu cette possibilité de partage aux travailleurs sociaux, voire au personnel pénitentiaire. [49] Désormais, le principe est le suivant : « *Un professionnel peut échanger avec un ou plusieurs professionnels identifiés des informations relatives à une même personne prise en charge, à condition qu'ils participent tous à sa prise en charge et que ces informations soient strictement nécessaires à la coordination ou à la continuité des soins, à la prévention ou à son suivi médico-*

---

[46] « Jusqu'où admet-on qu'une information relative à la santé de la personne soit révélée pour la soigner ? Entre quels acteurs et dans quelle finalité ce partage de données est-il licite ? Quel est le rôle du patient dans cette transmission d'informations le concernant ? La personne a-t-elle la même maîtrise des informations la concernant qu'il s'agisse d'un échange oral, écrit ou d'un partage de données électroniques ? L'émergence de l'outil informatique, multipliant les possibilités de partage de données de santé, remet en cause un équilibre fondé sur des mécanismes traditionnels de protection de l'intimité de la personne. Le traitement de données de santé partagées doit alors s'analyser au regard des règles du secret partagé, des règles de la législation « Informatique et Libertés », mais également au jour d'un foisonnement vertigineux de normes relatives à la mise en œuvre de dossiers spécifiques comme le Dossier médical personnel, le Dossier pharmaceutique ou l'Historique des remboursements. » C. Zorn, *Données de santé et secret partagé*, PUN Edulor, 2010.

[47] C. santé publ., art. L. 1110-4, version en vigueur jusqu'au 27 janvier 2016.

[48] C. Breton, *Secret professionnel et action médico-sociale*, thèse Droit Nancy 2014.

[49] E Verny, « La notion de secret professionnel », Dossier, Le partage du secret professionnel dans le secteur social et médico-social, *RDSS*, 3/2015, p.395.

social et social »[50]. Le secret partagé s'ouvre ainsi aux professionnels du secteur social et médico-social, ainsi qu'à la prévention, dans la double limite d'une prise en charge commune et de la stricte nécessité des échanges dans l'intérêt de la personne.[51] Concernant la place de la volonté du patient, la loi distingue le consentement implicite au partage au sein de l'équipe de soin et le nécessaire consentement explicite hors équipe de soin. [52] L'extension de la communauté des potentiels co-partageants peut faire craindre une dilution mortelle de la protection de la vie privée du patient. [53] La crainte s'accroît encore à la constatation des dérogations toujours plus nombreuses au secret professionnel au nom d'un autre impératif que la santé du patient, celui de la sécurité.

Le secret et l'intérêt du patient-détenu. « *Le Conseil d'État rappelle d'ailleurs, à partir du considérant 5, que si le secret médical doit impérativement être respecté, celui-ci ne doit pas conduire à placer le détenu dans une situation contraire à ses intérêts. C'est par conséquent l'équipe soignante seule qui devra, en amont de toute rencontre avec l'administration pénitentiaire, décider de la manière dont elle souhaite communiquer des informations respectueuses du secret. Ce partage*

[50] C. santé publ., art. L.1110-4-II.

[51] Une Ordonnance n°2018-20 du 17 janvier 2018 a étendu les possibilités de partage au professionnel de santé, exerçant au sein du service de santé des armées ou dans le cadre d'une contribution au soutien sanitaire des forces armées prévue à l'article L. 6147-10, ou un professionnel du secteur médico-social ou social relevant du ministre de la Défense. C. santé publ., art. L.1110-4-III bis.

[52] F. Vialla et M. Mazucotelli. « Le secret partagé », *Revue Droit & Santé* 2016 n° Hors-série, LEH, pp.110-114, 2016. *D. n° 2016-1349 du 10 octobre 2016 relatif au consentement préalable au partage d'informations entre professionnels ne faisant pas partie de la même équipe de soins : JORF n° 0238 du 12 octobre 2016, texte n° 32.*

[53] A. Macron, « Loi de modernisation de notre système de santé et partage d'informations de données de santé : consécration du secret partagé tous azimuts », *RDS*, n° 74, 2016, p. 919-922 ; E. Bucki, G. Casanovas, S. Langard, « Les règles d'échange et de partage d'informations : aux limites de la démarche empirique », *RDS*, n° 79, 2017, p. 658-663.

d'information est parfois nécessaire lorsqu'il s'agit d'adapter le régime de détention à l'état de santé ou au handicap du patient (art. 22 et 46 de la loi de 2009). Cela devra systématiquement se faire avec l'accord exprès du détenu. En dehors du signalement de certaines maladies contagieuses qui imposeraient des mesures sanitaires particulières (et même une formation des surveillants), la commission peut être amenée à discuter de la situation des patients devant bénéficier d'appareils médicaux, d'auxiliaires de vie. La question de stockage de médicaments en cellules est aussi problématique, car les logiques soignantes et surveillantes ne sont pas toujours compatibles. »[54] C'est surtout le problème du signalement de certains patients qui est le plus sensible. Comment attirer l'attention des personnels de surveillance sur un risque de passage à l'acte (autoagressif ou hétéroagressif) sans lever le secret médical ou stigmatiser le patient ? Il est certes possible de signaler qu'un patient-détenu mérite une surveillance ou une attention particulière, mais l'organisation de ce suivi suppose de parler un langage commun. L'administration pénitentiaire doit certes accepter que le secret médical puisse lui être opposé, mais dans le même temps il faut que le personnel soignant accepte de partager des informations, dans l'intérêt du patient et du soin.[55]

B. Des échanges

Des échanges concernant le patient. Autant le partage supposait qu'il soit effectué dans l'intérêt du patient-détenu, autant les échanges sont des transferts qui sont licites indépendamment de son intérêt, voire à son détriment. La constatation de fautes pouvant constituer le fondement d'une procédure disciplinaire en est l'illustration. Imaginons le cas d'un détenu toxicomane, ou porteur d'une pathologie transmissible, ou encore sous traitement pour une maladie

---

[54] E. Péchillon, « Recherche du juste équilibre en échange d'informations entre professionnels et protection du secret médical, Arrêt rendu par Conseil d'État, 22-10-2014 », *AJ Pénal* 2014 p. 595

[55] A. Bonne Harbil, *Droit et santé en détention*, LEH 2018 n°95, p.115.

chronique. Dans l'hypothèse d'un comportement justifiant un rapport d'observation pouvant le conduire devant la commission de discipline, il est probable que des informations pourtant couvertes par le secret professionnel vont être échangées entre les différents participants à la commission. C'est pourquoi il est expressément rappelé à ceux-ci qu'ils sont tenus au respect du secret professionnel. « Chaque membre de la commission de discipline doit exercer ses fonctions avec intégrité, dignité et impartialité et respecter le secret des délibérations. » [56]

Des échanges dans l'intérêt du service. La culture de l'échange dans l'intérêt du service a malheureusement débordé de la simple hypothèse ponctuelle de mise en commun de quelques informations partielles pour conduire à une certaine systématisation de la mutualisation de dossiers entiers. On s'étonnera de l'étendue et de la pérennité des échanges au sujet des personnes retenues dans un centre socio-médico-judiciaire de sûreté. Le dossier de suivi est monstrueusement dense de tout le passé pénal du retenu et comprend jusqu'aux « attestations de suivi délivrées périodiquement par les médecins ou psychologues qui participent à la prise en charge de la

---

[56] Code pénitentiaire Article R234-4.

personne retenue. »[57] Le secret étant le garant de la confiance, divulguer à tout vent le secret c'est pulvériser la confiance.[58]

---

[57] Code pénitentiaire Article R541-7 Chacune des personnes retenues dans le centre socio-médico-judiciaire de sûreté fait l'objet d'un dossier individuel, destiné à rendre compte de son évolution et du déroulement de la mesure, tenu par le greffe dans lequel figurent, à l'exclusion de tout document couvert par le secret médical :

1° La décision de placement en rétention de sûreté ;

2° La copie du dossier individuel de la personne retenue établi pendant l'exécution de sa peine et du dossier de suivi des mesures de sûreté dont elle a pu faire l'objet ;

3° Les décisions judiciaires et administratives prises pendant la durée de sa rétention et de ses éventuelles détentions antérieures ;

4° Les évaluations et les expertises dont cette personne fait l'objet pendant la durée de sa rétention ;

5° Les attestations de suivi délivrées périodiquement par les médecins ou psychologues qui participent à la prise en charge de la personne retenue ;

6° Tout document utile à la connaissance de la personnalité et au suivi de l'évolution de la personne retenue.

[58] « Le secret professionnel a uniquement pour base un intérêt social. Sans doute sa violation peut créer un préjudice aux particuliers, mais cette raison ne suffirait pas pour en justifier l'incrimination. La loi la punit parce que l'intérêt général l'exige. Le bon fonctionnement de la société veut que le malade trouve un médecin, le plaideur, un défenseur, le catholique, un confesseur, mais ni le médecin, ni l'avocat, ni le prêtre ne pourraient accomplir leur mission si les confidences qui leur sont faites n'étaient assurées d'un secret inviolable. Il importe donc à l'ordre social que ces confidents nécessaires soient astreints à la discrétion et que le silence leur soit imposé, sans condition ni réserve, car personne n'oserait plus s'adresser à eux, si on pouvait craindre la divulgation du secret confié. Ainsi l'article 378 [actuel 226.13] a moins pour but de protéger la confidence d'un particulier que de garantir un devoir professionnel indispensable à tous. Ce secret est donc absolu et d'ordre public. » É. Garçon, Code pénal annoté, Librairie de la Société de recueil général des lois et arrêts, vol.1, 1ère éd° 1901, commentaire de l'article 378 du code pénal

C. Des signalements

Les signalements autorisés. Le signalement est le fait pour une personne tenue au secret professionnel d'être exceptionnellement autorisée par la loi à trahir son secret.[59] Le Code pénal prévoit explicitement des dérogations facultatives au secret dans l'article 226-14 : « L'article 226-13 n'est pas applicable dans les cas où la loi impose ou autorise la révélation du secret. (...) ». Ils concernent principalement les situations de « maltraitance » au sens d'infraction portant atteinte à l'intégrité physique et/ou sexuelle des mineurs, et les violences intrafamiliales. Deux cas correspondent toutefois à des faits pouvant s'appliquer des détenus ; d'une part, l'article 226-14-1° permet le signalement en cas d'infraction contre un majeur vulnérable [60] d'autre part l'article 226-14-4° envisage le

---

[59] Ne pas confondre signalement et certificat, Conseil d'État 19 mai 2021, *RDS* n°105, janvier 2022.

[60] Article 226-14 Modifié par LOI n° 2021-1539 du 30 nov. 2021 L'article 226-13 n'est pas applicable dans les cas où la loi impose ou autorise la révélation du secret. En outre, il n'est pas applicable :

1° A celui qui informe les autorités judiciaires, médicales ou administratives de privations ou de sévices, y compris lorsqu'il s'agit d'atteintes ou mutilations sexuelles, dont il a eu connaissance et qui ont été infligées à un mineur ou à une personne qui n'est pas en mesure de se protéger en raison de son âge ou de son incapacité physique ou psychique ;

2° Au médecin ou à tout autre professionnel de santé qui, avec l'accord de la victime, porte à la connaissance du procureur de la République ou de la cellule de recueil, de traitement et d'évaluation des informations préoccupantes relatives aux mineurs en danger ou qui risquent de l'être, mentionnée au deuxième alinéa de l'article L. 226-3 du code de l'action sociale et des familles, les sévices ou privations qu'il a constatés, sur le plan physique ou psychique, dans l'exercice de sa profession et qui lui permettent de présumer que des violences physiques, sexuelles ou psychiques de toute nature ont été commises. Lorsque la victime est un mineur ou une personne qui n'est pas en mesure de se protéger en raison de son âge ou de son incapacité physique ou psychique, son accord n'est pas nécessaire ;

signalement du caractère dangereux pour elles-mêmes ou pour autrui des personnes qui les consultent et dont ils savent qu'elles détiennent une arme ou qu'elles ont manifesté leur intention d'en acquérir une. On peut imaginer que la connaissance par un professionnel tenu au secret, d'un projet d'agression ou d'évasion, justifierait un signalement. Encore ne s'agit-il que d'une faculté de signaler, sans obligation. [61]

Le signalement obligatoire. Il existe une situation dans laquelle notre législation annihile la liberté de conscience du professionnel, il s'agit du secours à personne en péril. Il constitue le seul cas dans lequel un professionnel peut être condamné pour n'avoir pas signalé qu'il connaissait professionnellement une personne dont la santé était très sérieusement compromise. C'est l'hypothèse de non-assistance à personne en péril (c. pén., art. 223-6, al. 2). Il faut écarter rapidement l'argument classique, mais non pertinent

---

3° Au médecin ou à tout autre professionnel de santé qui porte à la connaissance du procureur de la République une information relative à des violences exercées au sein du couple relevant de l'article 132-80 du présent code, lorsqu'il estime en conscience que ces violences mettent la vie de la victime majeure en danger immédiat et que celle-ci n'est pas en mesure de se protéger en raison de la contrainte morale résultant de l'emprise exercée par l'auteur des violences. Le médecin ou le professionnel de santé doit s'efforcer d'obtenir l'accord de la victime majeure ; en cas d'impossibilité d'obtenir cet accord, il doit l'informer du signalement fait au procureur de la République ;

4° Aux professionnels de la santé ou de l'action sociale qui informent le préfet et, à Paris, le préfet de police du caractère dangereux pour elles-mêmes ou pour autrui des personnes qui les consultent et dont ils savent qu'elles détiennent une arme ou qu'elles ont manifesté leur intention d'en acquérir une. (...)

Le signalement aux autorités compétentes effectué dans les conditions prévues au présent article ne peut engager la responsabilité civile, pénale ou disciplinaire de son auteur, sauf s'il est établi qu'il n'a pas agi de bonne foi.

[61] B. Py, « Quand le C.E. perd une occasion de délimiter la notion de signalement », CE 30 mai 2022, *RDS* n°109, Sept.2022, pp.621-624.

de la non-assistance à personne en danger, car les juristes distinguent le danger, risque certain, mais aléatoire quant à sa survenue et son intensité, et le péril, risque de mort ou de lésion irréversibles à très brève échéance. Dans l'hypothèse d'un péril, au sens de l'article 223-6 du Code pénal, il y a obligation de porter secours. En revanche, lorsqu'il y a danger, le droit français ne connait pas de délit de non-assistance. Si le seul moyen efficace de protection consiste à transgresser le secret professionnel, l'obligation de porter secours prime. L'exemple le plus frappant est celui du détenu suicidaire entré en phase de passage à l'acte. L'urgence vitale est un péril qui justifie l'appel au secours de toute personne pouvant être utile, abstraction faite du secret professionnel. Le secours prime sur le secret.

Conclusion : Le secret, plus il a de gardiens, moins il est gardé. « Un médecin, un notaire, un prêtre qui trahissent le secret de leurs clients commettent un abus de confiance. Des bavards, en de pareilles professions, deviennent presque criminels. » Charles Dollfus, De la nature humaine, Germer-Baillière,1868.

Le suivi Outre-mer des recommandations du CGLPL

Capucine JACQUIN-RAVOT
Contrôleur, CGLPL

Le second sujet d'intervention proposé au Contrôle général des lieux de privation de liberté (CGLPL) portait sur le suivi des recommandations formulées lors des visites des établissements d'Outre-Mer. Avant d'entrer dans le cœur du sujet, il convient de préciser ce que désignent ces « recommandations du CGLPL », car, si le terme semble évident, elles recouvrent plusieurs réalités, avec pour chacune d'elles, des régimes – et des suivis – particuliers.

La loi n° 2007-1545 du 30 octobre 2007 instituant un Contrôleur général des lieux de privation de liberté autorise ce dernier à adresser au Gouvernement divers types d'observations, avis et recommandations. Ainsi :

- il « formule des **recommandations** relatives aux faits ou aux situations en cause » et peut les rendre publiques, lorsqu'il procède à des vérifications consécutives à des saisines (art. 6-1) ;

- il « fait connaître aux ministres intéressés ses observations concernant en particulier l'état, l'organisation ou le fonctionnement du lieu visité, ainsi que la condition des personnes privées de liberté » à l'issue de chaque visite d'établissement (art. 9 al. 1) ;

- il « communique sans délai aux autorités compétentes ses observations » s'il constate une violation grave des droits fondamentaux d'une personne privée de liberté (art. 9, al. 2) ; c'est ce qu'on appelle les « **recommandations en urgence** ».

- Il « émet des avis, formule des **recommandations** aux autorités publiques et propose au Gouvernement toute modification des dispositions législatives et réglementaires applicables » dans son domaine de compétences et rend publics ces avis, recommandations ou propositions (art. 10).

- Il « remet chaque année un rapport d'activité au Président de la République et au Parlement. Ce rapport est rendu public » (article 11). Le rapport d'activité peut être le lieu de formulation de **recommandations générales** sur des sujets qui reviennent depuis une ou plusieurs années. À titre d'exemple, si le CGLPL a émis des recommandations ponctuelles relatives à la crise sanitaire dans certains rapports de visite, le rapport annuel d'activité a été l'occasion de formuler une recommandation générale à ce sujet.

Aussi le CGLPL formule-t-il des recommandations dans différents types de documents qui ont chacun leur temporalité et leur suivi. Mais que se passe-t-il une fois que la recommandation a été formulée, adressée aux différents ministères et publiée ? Comment sait-on si les autorités en charge des lieux d'enfermement la prennent en considération et font évoluer leurs pratiques ? Le choix a été fait de s'intéresser plus précisément à trois modalités de suivi des recommandations, afin d'en étudier les apports et leurs écueils.

I. Le suivi des recommandations par une nouvelle visite dans l'établissement concerné

Le moyen le plus efficace pour déterminer si un établissement a pris en compte des recommandations formulées à l'encontre des autorités est de réaliser une nouvelle visite du lieu. Certains établissements ont à ce titre été visités jusqu'à quatre fois par le CGLPL. En ce sens, chaque rapport de deuxième, troisième ou quatrième visite débute par un rappel de l'ensemble des recommandations formulées lors de la visite précédente. Lors de la nouvelle visite du lieu, les contrôleurs s'attachent alors à faire le constat de nouveautés au sein du lieu visité, tout en ayant un œil attentif aux signes d'évolution ou de stagnation de la situation en référence aux recommandations formulées dans le précédent rapport.

Toutefois, ce suivi est particulièrement limité par l'éloignement géographique des établissements d'Outre-Mer. Là où, en moyenne, le CGLPL retourne dans les établissements cinq ans après une visite, les lieux de privation de liberté ultramarins ne sont revisités qu'à échéance d'une dizaine d'années. C'est ainsi que les établissements polynésiens n'ont pas été visités depuis 2012 et que le centre de détention de Papeari n'avait jamais été contrôlé par le CGLPL avant mai 2022.

Les contre-visites sont donc insuffisantes pour assurer un suivi effectif dans le contexte ultramarin.

II. Le suivi des recommandations par un échange annuel épistolaire avec les ministères de tutelle

S'agissant des établissements dans lesquels les personnes privées de liberté séjournent longuement, à savoir tous les lieux à l'exception des geôles de garde à vue et de tribunaux, le suivi des recommandations est organisé selon une procédure spécifique qui a évolué au fil des mandats des Contrôleurs généraux. Dans le cadre du mandat de Jean-Marie Delarue, les recommandations particulières à chaque établissement n'étaient suivies, sauf exception, que sous la forme de nouvelles visites. La quasi-totalité des observations émises à l'occasion des visites d'établissements était par la suite reprise dans des recommandations de portée générale formulées dans les avis et les rapports annuels. Cette reprise effaçait donc l'origine des constats et des recommandations en les généralisant à tous les établissements. Les recommandations formulées lors de la visite du centre pénitentiaire de Faa'a Nuutania en 2012 ont notamment fait l'objet de ce suivi indirect en étant reprises dans des recommandations générales, pour lesquelles un suivi, également général, a été assuré auprès des ministères quelques années plus tard. Il n'est donc pas possible de savoir précisément si la situation au sein de cet établissement a localement évolué.

Dans le cadre du mandat d'Adeline Hazan, les modalités de suivi ont changé. À échéance de trois ans après une visite, la liste de toutes les recommandations qui avaient été formulées dans le rapport est désormais envoyée au ministère concerné pour qu'il indique les suites qui y ont été données ou les raisons pour lesquelles aucune suite n'y a été apportée. Les recommandations et les réponses des ministres sont ensuite intégrées au rapport annuel d'activité qui suit cet échange, accompagnées d'éventuelles observations de la Contrôleure générale. À titre d'exemple, des recommandations ont été formulées dans le rapport de visite du centre pénitentiaire de Rémire-Montjoly en 2018. Trois ans plus tard, il a été demandé au ministère de la Justice de faire état des mesures prises depuis la visite pour prendre en compte ces recommandations et faire évoluer la situation. Les recommandations en question, ainsi que les observations recueillies auprès des ministères ont toutes été publiées dans le rapport annuel d'activités 2021.

Ce nouveau système, s'il permet d'assurer un suivi à distance de l'évolution des situations au sein des établissements, est lui aussi imparfait. En effet, si certaines questions sont assurément de ce niveau en ce qu'elles requièrent l'octroi de financements ou des décisions politiques d'ampleur, d'autres recommandations, relatives au quotidien en détention, mériteraient un suivi plus local, *via* les directions d'établissement.

Or, ce type de suivi n'est assuré qu'au niveau ministériel. Surtout, seules les recommandations précisément formulées dans le rapport de visite font l'objet de ce type de suivi. Il n'est par conséquent pas possible de connaître l'évolution de situations qui n'avaient pas donné lieu à des recommandations trois ans plus tôt. Le CGLPL s'informe en effet de ce qui a été corrigé ou non, mais n'est pas informé de ce qui aurait pu évoluer négativement au sein d'un établissement au cours des trois années écoulées entre la visite et le suivi des recommandations.

III. Le suivi des recommandations grâce aux saisines et enquêtes

Entre les missions, le Contrôle général est attentif aux nouvelles qui proviennent des différents lieux de privation de liberté, par le biais de courriers des personnes qui y sont enfermées, de leurs avocats, de leur famille voire du personnel. Si chaque saisine n'est évidemment pas timbrée du sceau de la complète véracité et si le volume du courrier n'est pas indépendant des pressions qui peuvent exister pour en dissuader l'envoi, cette voie permet d'obtenir des informations diverses et toujours utiles pour le Contrôle en matière de suivi des recommandations. Un suivi des situations est donc continuellement assuré, notamment par le biais d'un logiciel permettant d'enregistrer chaque saisine, de la qualifier au regard de son lieu et de son sujet et, *in fine*, de pouvoir faire des recherches concernant un établissement en particulier. Il s'agit là d'un outil essentiel pour capitaliser les saisines, en faire une ressource plus que de simples témoignages qui s'accumuleraient une fois traités.

Contrairement au suivi des recommandations par la voie épistolaire et ministérielle précédemment développé, le traitement des saisines permet d'assurer un suivi plus régulier et plus large de la situation au sein d'un établissement. Le fait que des saisines parviennent continuellement au CGLPL, en étant relatives à tous les sujets et non seulement aux points noirs des visites précédentes, permet de porter à la connaissance de l'institution des dysfonctionnements qui n'étaient pas apparus lors de la précédente visite. À titre d'exemple, concernant le centre pénitentiaire de Faa'a Nuutania, le rapport de visite de 2012 avait identifié la restauration comme l'un des points forts de l'établissement. Aucune recommandation n'avait donc été formulée dans le rapport. Or, par le biais des saisines, le CGLPL a plusieurs fois été alerté depuis cette visite de la dégradation de la qualité et de la quantité de la nourriture servie aux personnes détenues.

Le traitement des saisines est particulièrement utile pour le suivi des recommandations lorsque des vérifications sont diligentées par le CGLPL auprès des autorités responsables du lieu d'enfermement concerné. En effet, à la suite de la réception d'une saisine faisant état de la violation ou d'un risque de violation de la dignité et des droits fondamentaux des personnes privées de liberté, le CGLPL peut interroger par courrier le directeur de l'établissement, la direction interrégionale des services pénitentiaires ou l'administration centrale. Cette décision de procéder à une vérification se fonde sur la gravité ou le caractère généralisé du signalement en lui-même, mais également sur d'autres facteurs, tels que la mention de cette difficulté dans le dernier rapport de visite du lieu concerné, le nombre important de saisines reçues sur ce lieu ou sur le même sujet ou encore les travaux thématiques du CGLPL en cours. La situation individuelle sert alors de support à l'enquête en tant qu'elle se révèle susceptible d'illustrer un dysfonctionnement, général ou structurel, au sein d'un lieu.

Prenons à nouveau l'exemple de la Polynésie pour illustrer ce type de suivi. Depuis la visite de 2012, le CGLPL a reçu plusieurs signalements faisant état du caractère indigne des conditions de détention et d'insalubrité persistante au centre pénitentiaire de Faa'a Nuutania. Un courrier a ainsi alerté le CGLPL sur le dysfonctionnement du système d'évacuation des eaux usées, entrainant de forts désagréments olfactifs et sanitaires. D'autres courriers ont dénoncé un bâtiment d'âge, inadapté au climat local et infesté par la vermine. Il a notamment été décrit que « *les rats pullulent, même en plein jour, la vermine aussi : cafards, punaises, fourmis* ». Le CGLPL a également été informé de cours de promenade exposées en plein soleil, sans banc, chaise et ombre. Ces points, qui avaient tous fait l'objet de constats lors de la visite de 2012, ont ainsi donné lieu à des courriers d'enquête auprès de l'administration pénitentiaire. La plupart ont obtenu une réponse ayant permis d'établir une atteinte ou un risque d'atteinte aux droits fondamentaux. Des recommandations ont donc été formulées.

Si cette procédure de vérification auprès des autorités constitue un outil de suivi des recommandations formulées par le CGLPL lors de la dernière visite d'un lieu, ce suivi n'est effectif que dans la mesure où les autorités pénitentiaires apportent une réponse aux courriers qui leur sont adressés dans des délais raisonnables. Or, en atteignant parfois deux ans, ces délais sont trop longs dans le cadre des échanges avec la MOM.

Par ailleurs, cet outil de suivi subit des écueils spécifiques aux situations ultramarines. En premier lieu, le CGLPL a pu constater lors de ses visites d'établissements ultramarins que la majorité des personnes qui y sont privées de liberté ne connaissait pas le CGLPL et ne lui adressait donc pas de courrier, sans doute en raison de l'insularité des établissements. En effet, la connaissance du CGLPL se fait généralement par le bouche-à-oreille. Lorsque des détenus changent d'établissements au sein de l'hexagone, ils importent dans leur nouvel établissement la connaissance qu'ils peuvent avoir du droit, des procédures et de différentes autorités, dont le CGLPL. Or, ce schéma est généralement inopérant Outre-Mer, les détenus étant affectés dans un unique établissement pour toute la durée de leur détention. À ce titre, les quelques saisines émanant des établissements ultramarins proviennent généralement de détenus originaires de l'hexagone qui ont été affectés dans un établissement ultramarin en raison de l'infraction qu'ils auraient commise Outre-Mer.

IV. Le suivi des recommandations par les interventions devant les juridictions administratives et judiciaires

En parallèle des différentes modalités de suivi prévues par la loi du 30 octobre 2007 émerge une nouvelle forme de suivi par le biais des recours formés devant les juridictions administratives et judiciaires.

L'exemple polynésien peut constituer une dernière fois un exemple parlant de ce type de suivi. Dans le cadre de la décision du 2 mars 2021[1] , le Conseil d'État a statué en référé sur les conditions indignes de détention subies par un détenu du centre pénitentiaire de Faa'a Nuutania. La haute juridiction administrative s'est notamment prononcée sur la nécessité d'installer un banc dans la cour de promenade, de revoir la prestation de lutte contre les rats pour la rendre plus efficace et d'assurer un curage hebdomadaire des canalisations, afin de mettre fin aux remontées des eaux usées, parfois avec déjections humaines, au sein des cours de promenade. Sans aller plus en détail, d'autres mesures de restriction sanitaire ont été déclarées disproportionnées et d'autres encore, demandées par le détenu, n'ont pas été ordonnées par le Conseil d'État. Le CGLPL est intervenu à l'instance et a produit aussi bien les constats effectués lors de la visite du centre pénitentiaire de 2012, que les difficultés rapportées par les personnes privées de liberté dans le cadre de leurs signalements depuis 2012. En parallèle, l'administration pénitentiaire a également fourni des éléments faisant état des conditions matérielles actuelles au sein de cet établissement. L'on se rend ainsi compte que ce référé a permis indirectement d'assurer un suivi des recommandations formulées par le CGLPL lors de la visite de

---

[1] CE, 8 avril 2021, n°449514.

2012, tant par le biais des difficultés rapportées par le requérant, que par les éléments fournis en réponse par l'administration pénitentiaire. Ainsi le CGLPL a-t-il pu savoir qu'une partie de ses recommandations n'avaient pas été suivies d'effet. Dès lors qu'ils confrontent les points de vue du demandeur et de l'administration pénitentiaire, tous les types de recours servent donc la cause du suivi par le CGLPL, qu'ils soient formés devant une juridiction nationale ou européenne, judiciaire ou administrative. Ce suivi indirect est d'autant mieux assuré si l'une des parties ou la juridiction s'appuie sur des constats du CGLPL. Il pourrait par ailleurs tendre à s'intensifier devant les juridictions judiciaires avec l'instauration du recours-dignité dans le cadre de l'entrée en vigueur de la loi du 8 avril 2021[2].

Au regard de l'ensemble des éléments proposés dans cette intervention, l'on peut constater que le suivi des recommandations formulées par le CGLPL se fait de multiples manières, toutes imparfaites. Ce n'est qu'en les utilisant toutes que le suivi trouve son effectivité en ce qu'il opère auprès de l'ensemble des personnes concernées par l'enfermement : le chef d'établissement lors de nouvelles visites d'un lieu, le ministre concerné dans le cadre du suivi épistolaire à échéance de trois ans, les personnes privées de liberté par le biais du traitement des saisines, et les différentes juridictions qui mobilisent l'expertise du CGLPL. Comme dans un puzzle, chaque pièce prise séparément ne signifie pas grand-chose. Toute la difficulté est de savoir les assembler pour que le tout prenne sens.

---

[2]Loi n° 2021-403 du 8 avril 2021 tendant à garantir le droit au respect de la dignité en détention.

4ème PARTIE : QUELLE POLITIQUE PÉNITENTIAIRE POUR GARANTIR L'ÉGALE DIGNITÉ DES PERSONNES DÉTENUES

L'administration pénitentiaire face aux défis du respect de la dignité des personnes détenues

Damien PELLEN
Directeur du Centre pénitentiaire de Faa'a

Le respect de la dignité humaine en détention a évolué suite aux différentes décisions du Conseil d'État et de la Cour européenne des droits de l'homme (CEDH). Si dans un premier temps, le Conseil d'État refusait de s'immiscer dans le fonctionnement des établissements pénitentiaires, il s'est engagé peu à peu dans une évaluation du respect de la dignité humaine à l'instar de la CEDH. Cette dernière établit quant à elle différents critères pour évaluer le respect de la dignité humaine en détention en application de l'article 3 de la Convention européenne des droits de l'homme et a évolué dans les critères d'évaluation mettant l'administration pénitentiaire face à des défis de plus en plus importants.

L'adaptation de celle-ci aux exigences européennes et du Conseil d'État démontre sa capacité de changement tant au niveau des programmes immobiliers que des prises en charge. Cette adaptation est des plus significatives en Polynésie et les défis à relever sont multiples au sein de ce territoire, mais peuvent être étudiés sous deux angles : celui des défis « bâtimentaires » et celui des défis de prise en charge.

I. Des défis « bâtimentaires »

L'histoire des établissements pénitentiaires polynésiens s'étend sur de nombreuses années et n'est pas cantonnée à la reprise des missions pénitentiaires par l'État actée en 1994.

Si de nombreuses condamnations de l'État par la Cour européenne des droits de l'homme et les juridictions administratives ont été prononcées pour traitement inhumain et dégradant au sein de l'établissement de Faa'a, il est utile de rappeler que les exigences jurisprudentielles se sont précisées sans que l'évolution des bâtiments ait été aussi rapide qu'elles.

Ainsi, le Centre pénitentiaire de Faa'a édifié en 1970 remplaçait l'établissement installé alors dans le quartier de Tipaerui (à l'entrée de Papeete). Ce nouvel établissement répondait aux normes modernes d'une prison. Il convient de préciser pour notre auditoire que le centre pénitentiaire (CP) de Faa'a est une réduction d'une tripale de Fleury-Mérogis (établissement emblématique de France). Cette architecture comprend 4 bâtiments en étoile dont 3 dédiés à l'hébergement des détenus. Si une tripale de Fleury-Mérogis peut accueillir environ 600 personnes détenues, le CP de Faa'a ne peut en accueillir que 118 tant l'emprise foncière était réduite. Les spécificités du terrain sont un réel frein à tout projet immobilier d'envergure. Enfin, les matériaux utilisés à l'époque ont été quasiment les mêmes que ceux utilisés en métropole et parfois inadaptés aux conditions météorologiques locales.

Nous tenterons ainsi une comparaison avec les constructions de maisons. Une maison construite dans les années 70 apparaît en 2022 complètement désuète, défraichie. Tout acquéreur d'une maison des années 70 ne conserverait que la dalle et les murs et procèderait à une restructuration intégrale des bâtiments. Il est logique qu'en 2022 les établissements construits dans les années 70 soient considérés comme obsolètes et pouvant être contraires au respect de la dignité humaine.

Néanmoins, il convient de rappeler que le CP de Faa'a a été à certaines périodes en avance sur ses homologues métropolitains. Par exemple, chaque cellule à Faa'a est dotée d'une douche alors même que certains établissements construits dans les années 90 (plan 13 000) n'ont que des douches collectives.

Par ailleurs, le territoire polynésien vit un grand écart architectural pénitentiaire de plus de 40 ans puisque le centre pénitentiaire de Faa'a ouvert en 1972 cohabite sur Tahiti avec l'un des derniers établissements pénitentiaires construits en métropole et outre-mer : le centre de détention de Tatutu-Papeari ouvert en 2017. Les écarts de conditions de détention entre ces deux établissements sont édifiants.

Si l'administration pénitentiaire a bien souvent souhaité une réelle évolution des conditions de détention à Faa'a, elle a été confrontée à ce que chacun constate en Polynésie : un coût de la construction (avant la crise Covid) supérieur d'au moins 30% au coût métropolitain. Dès lors, le coût de rénovation d'une cellule à Faa'a apparaît exorbitant en comparaison des standards métropolitains.

Il est néanmoins important de souligner que l'administration a évolué quant à l'octroi de ses crédits en Outre-Mer en prenant en compte les surcoûts « territoriaux » dans le cadre des opérations immobilières et de maintenance.

Dans ce cadre, plusieurs opérations ont été entreprises. Les conditions carcérales des femmes se sont nettement améliorées puisqu'elles ont intégré un nouveau quartier au sein duquel chaque cellule est dotée d'une douche. Ce quartier verra prochainement l'édification de parloirs.

Une révision des contrats de lutte contre les nuisibles a été entreprise pour tenter de limiter leur propagation. À ce titre, je souhaite rappeler que les jets de détritus depuis les cellules sont des phénomènes accélérant la présence des nuisibles et ne sont pas le fait de l'administration pénitentiaire. Cette dernière se voit donc contrainte de mettre en place des protocoles d'hygiène du seul fait d'actions individuelles contraires à la vie en collectivité. Les différents rapports s'émouvant de la présence de nuisibles et accusant l'administration de ne rien faire sont réducteurs et ne s'interrogent pas sur les comportements irrespectueux à l'origine de ses nuisances.

Toujours concernant les améliorations des conditions de détention, la remise en état de la station de traitement des eaux usées a été terminée en 2022. Les dernières analyses démontrent que les eaux rejetées par l'établissement sont exemptes de toute bactérie et pollution.

Au total depuis 3 ans, l'administration pénitentiaire a alloué 1,7 million d'euros (202 844 000 millions de francs pacifiques) pour améliorer les conditions de détention à Faa'a.

Enfin, s'il est abordé depuis plusieurs années un plan de rénovation totale de l'établissement, celui-ci n'a pu aboutir pour le moment pour plusieurs raisons : la première est le coût budgétaire d'une telle opération, et la seconde, les difficultés de faisabilité en présence des personnes détenues au sein de la structure. Il faudrait « geler » les entrées en détention pendant la durée des travaux. Cette solution ne paraît pas viable sur plusieurs mois et les possibilités d'écrouer les prévenus sur un autre établissement n'existent pas en Polynésie.

Au-delà des défis bâtimentaires auxquels l'administration pénitentiaire répond progressivement, il convient d'envisager également le respect de la dignité humaine au regard des prises en charge mises en place.

II. Des défis dans la politique de prise en charge

Le Centre pénitentiaire de Faa'a accueille environ 60% à 70% de prévenus.

L'absence de réel espace de formation professionnelle au sein de l'établissement est une difficulté majeure, n'offrant quasiment aucune possibilité aux personnes détenues, notamment prévenues de suivre des parcours qualifiants ou préqualifiants en interne.

L'établissement s'est adapté à ce constat en développant une offre de découverte des métiers en tension (sur le territoire) orientée vers les personnes détenues pour des courtes peines.

Ainsi, en lien avec le Centre de Formation Professionnelle pour Adulte (CFPA)s, ont été initiées des formations pâtisserie et boulangerie d'une semaine se déroulant dans les locaux du CFPA. L'objectif était de permettre aux personnes détenues de découvrir les fondamentaux de ces thématiques et de pouvoir s'orienter vers des formations extérieures qualifiantes. Les cours dispensés sont également valorisables auprès d'employeurs recherchant des personnes ayant des connaissances de base dans ces disciplines. Ces deux formations ont réuni des publics mixtes.

Par ailleurs, une formation bouturage / marcottage a eu lieu à destination des détenus travaillant au *fa'a'apu* de l'établissement. D'une durée d'un mois, cette formation s'est soldée par un examen délivrant des certifications partielles. Ces dernières sont prises en compte par le CFPA pour intégrer des parcours de formations professionnelles extérieurs.

Au quartier femmes, une formation bouquetière a été mise en place et ouvre pour certaines des perspectives d'employabilité à l'extérieur. Il en est de même pour la formation couture qui a débuté en novembre 2021 et se poursuit avec deux modules depuis septembre 2022, l'un pour les débutantes et l'autre plus qualifiant. Ce dernier est réservé aux personnes ayant suivi le premier module. Ces deux disciplines ont été développées au regard des possibilités d'emploi à l'extérieur.

L'ensemble des coûts de formation est pris en charge par l'établissement.

Un partenariat entre l'établissement, l'unité locale d'enseignement et l'Université de la Polynésie française a été initié pour ouvrir des cursus de capacité en droit et de DAEU (Diplôme d'Accès aux Études Universitaires). Une adaptation technologique a été nécessaire puisqu'il n'existe pas de connexion internet en détention. L'utilisation d'une Doodle box permet de répliquer les cours diffusés sur intranet sur les ordinateurs utilisés en salle de cours du centre pénitentiaire. Compte tenu des coûts, l'établissement a financé la moitié des frais universitaires. Une fois libérées, les personnes détenues ont la possibilité de suivre les cours au sein de l'UPF.

En lien avec le Service Pénitentiaire d'Insertion et de Probation de la Polynésie, il a été mis en place des groupes de paroles sur la citoyenneté ; ces groupes sont destinés aux personnes prévenues. Compte tenu de la présomption d'innocence, il n'est pas question d'aborder le passage à l'acte. Différentes thématiques sont proposées aux personnes détenues (trouver sa place dans la société, le respect de la règle, l'altérité…) Ces groupes sont animés par un conseiller d'insertion et de probation et un officier ou un personnel de surveillance volontaire.

Le rôle des personnels pénitentiaires reste le défi majeur de notre administration pour qu'elle puisse développer des participations actives aux différents programmes de prise en charge. Le rapport entre personnes détenues et personnels de surveillance reste un rapport d'autorité, mais également de souplesse dans la gestion quotidienne.

Faire évoluer le regard du citoyen sur les personnes détenues oblige notre institution à s'ouvrir sur la société civile et s'y faire accepter en tant qu'entité parfaitement intégrée à un territoire.

Au-delà de ces défis, l'établissement de Faa'a reste pointé du doigt lorsqu'il est condamné pour non-respect de la dignité humaine. Pourtant, à l'image du pharmacien qui n'est pas le médecin prescripteur, l'administration pénitentiaire n'est pas responsable des ordonnances et décisions plaçant les personnes en détention. Elle se limite à appliquer les décisions plaçant sous écrou les personnes.

Deux pistes devraient alors être évoquées pour pouvoir limiter les condamnations de l'État prononcées sur le seul critère de la surpopulation carcérale. D'une part, est-il envisageable de mettre en place un réel numerus clausus en maison d'arrêt ? D'autre part, n'est-il pas temps que le législateur revoit son Code pénal afin d'élaborer une nouvelle échelle des peines, d'abolir certaines infractions et de contraventionnaliser certains délits ?

Les établissements à réinsertion active : respect de la dignité renforcée ou inégalité indigne ?

Muriel GIACOPELLI
Professeur, Université Aix-Marseille
Laboratoire de Droit Privé et de Sciences Criminelles, UR 4690
Directrice du Master 2 Droit de l'exécution des peines

Introduction

La réinsertion des personnes condamnées à une peine privative de liberté n'est plus « un mythe, mais bien une réalité »[1], nonobstant la question encore discutée en doctrine de l'existence « d'un droit à la réinsertion des personnes détenues[2] ». Comment, en effet, la peine privative de liberté aurait-elle un sens, sans un droit à l'espoir, que la CEDH a, au demeurant, conventionnellement reconnu[3] ? Cette exigence n'est cependant pas nouvelle, l'Histoire en révèle par ailleurs de nombreuses traces[4].

---

1 V. « La réinsertion des délinquants : Mythe ou réalité ? », 50e anniversaire de la réforme AMOR, Université d'Été, Aix-en-Provence, 18-21 sept. 1995, PUAM, 1996.

2 « Le droit à la réinsertion des personnes détenues », Dir. J. Schmitz, Institut Universitaire Varenne, Coll. Colloques et Essais, 2017.

3 Cour EDH, 12 févr. 2008, Kafkaris c. Chypre n° 21906/04, §98.

4 V. déjà les sept maximes de la bonne conduite pénitentiaire affirmée par l'Église lors du Congrès de Bruxelles au milieu du XIXème siècle.

Il aura fallu néanmoins attendre la loi du 22 juin 1987 relative au service public pénitentiaire, pour voir apparaître ce terme dans l'article 1er de la loi, au titre des missions dévolues à l'administration pénitentiaire, laquelle doit « *favoriser la réinsertion sociale des personnes qui lui sont confiées par l'autorité judiciaire* ». C'est ensuite au tour du Conseil Constitutionnel de considérer dans sa décision du 20 janvier 1994[5], que « *l'exécution des peines privatives de liberté en matière correctionnelle et criminelle a été conçue, non seulement pour protéger la société et assurer la punition du condamné, mais aussi favoriser l'amendement de celui-ci et préparer son éventuelle réinsertion* ». La loi pénitentiaire du 24 novembre 2009 en a renouvelé les termes dans son article 2, tandis que les principes relatifs à l'exécution de la peine privative de liberté visés sous les dispositions de l'article 1er de la loi, aujourd'hui abrogé, ont été transférés sous les dispositions unifiées de l'article 707 du C. pr. pén. « *Le régime d'exécution des peines privatives et restrictives de liberté vise à préparer l'insertion ou la réinsertion de la personne condamnée afin de lui permettre d'agir en personne responsable, respectueuse des règles et des intérêts de la société et d'éviter la commission de nouvelles infractions. Ce régime est adapté au fur et à mesure de l'exécution de la peine, en fonction de l'évolution de la personnalité et de la situation matérielle, familiale et sociale de la personne condamnée, qui font l'objet d'évaluations régulières* ». L'insertion ou la réinsertion des personnes qui sont confiées à l'administration pénitentiaire intègre les principes directeurs de l'action du SPP visés sous les dispositions de l'article L.1 du titre préliminaire du Code pénitentiaire. Tandis que l'exigence de sauvegarde de la dignité des personnes détenues ayant intégré les dispositions de l'article 707 du CPP depuis la loi du 8 avril 2021 relative

---

5 C. const. 20 janv. 1994, D.C n° 93-334, relative à la peine incompressible.

à la création d'un nouveau recours préventif judiciaire est réaffirmée par le Code pénitentiaire[6].

Aussi, la fonction d'insérer et/ ou de réinsérer chemine-t-elle depuis la loi pénitentiaire sous l'influence des règles pénitentiaires européennes (RPE), avec l'exigence de responsabilisation du détenu. Cette dernière est, tout à la fois, le résultat espéré permettant au détenu de (re)trouver sa place au sein de la société et la manière d'y parvenir pour faire de lui l'acteur de sa peine[7]. Cette nouvelle notion se superpose à celle polysémique de la réinsertion[8] qui se pense désormais « *active* ». Le qualificatif se présente alors comme tautologique avec la définition que donne le Petit Robert de la réinsertion, qui, partant de l'illustration de la personne détenue[9], renvoie justement à une action : « celle de donner les moyens de se (ré)adapter à la vie sociale ».

Le concept de « réinsertion active » fait sa première apparition dans un discours prononcé le 18 janvier 2010 par le Garde des Sceaux de l'époque, Michèle Alliot Marie, lors de la présentation des nouvelles orientations de politique pénitentiaire liées à la construction de 5000 places supplémentaires[10]. Ce curieux assemblage fait des murs de la prison et de la manière d'en sortir ne doit cependant pas surprendre, tant l'architecture structure la « spatialité » de la

---

[6] Ord. n° 2022-478 du 30 mars 2022 portant partie législative du Code pénitentiaire, JORF 5 avr. 2022, texte n° 8.

[7] I. Denamiel, *La responsabilisation du détenu dans la vie carcérale*, bibl. de droit, L'Harmattan, 2006.

[8] V. en ce sens : J. Schmitz, « Les contradictions de la loi pénitentiaire », in *Le droit à la réinsertion des personnes détenues*, LGDJ, Institut Varennes, 2017, pp. 13-32.

[9] Dictionnaire le Petit Robert.

[10] *JCP G* 2010, Actualités 84.

prison[11] mise au service d'un discours de politique pénale[12]. Les réformes contemporaines ont renouvelé la place de l'individualisation judiciaire et pénitentiaire afin de donner du sens à la peine privative de liberté. La diversification des régimes pénitentiaires dans le droit fil du parcours d'exécution des peines en tant que support de l'individualisation pénitentiaire[13], va donc de pair avec la spécialisation des établissements. Aussi, de nouveaux établissements pénitentiaires ont-ils vu le jour avec pour idée de mieux incarcérer pour favoriser les conditions optimales d'un retour à la vie libre. Telle était bien la volonté exprimée dès 2010 à travers la proposition de construire des établissements à « réinsertion active » (ERA) censés reproduire le plus possible les conditions de vie à l'extérieur, notamment par une liberté de circulation ou d'accès aux ateliers sans accompagnement.

Cependant, au 1er décembre 2021, les chiffres du ministère de la Justice[14] affichaient un taux encore élevé de 69 992 personnes écrouées détenues, pour 60 775 places opérationnelles, soit 180 personnes de plus en un mois et une augmentation sur l'année de 11,1%. Au 1er avril 2022, les établissements comptaient 71 053 détenus. La situation de surpopulation carcérale n'a toujours pas été endiguée dans les huit établissements pointés par l'arrêt rendu par la CEDH JMB c/ France. Pour toute réponse au caractère structurel de la surpopulation carcérale, le législateur du 8 avril 2021 a

---

11 Au sens où l'a théorisée M. Lusseault. De la lutte des classes à la lutte des places, Paris, Grasset, « Mondes vécus », 2014, p. 20.

12 F. Habouzit, « construire la peine dans les murs, Architecture et spatialité des nouvelles prisons, in. I. Fouchard, J-M Larralde, B. Levy et A. Simon (Dir.), *Les sens de la privation de liberté*, Mare et Martin, 2019, p. 123.

13 J-P Céré, « Du projet d'exécution des peines au parcours d'exécution des peines », in E. Bonis-Garçon (dir.), *Pour une refonte du droit des peines*, LexisNexis, 2016, p. 209.

14 http://www.justice.gouv.fr/art_pix/Mesure_mensuelle_01122021.pdf

créé un nouveau recours judiciaire préventif à seule fin procédurale, à l'efficacité douteuse tant le législateur a multiplié les étapes qui sont autant de verrous à la libération de la personne incarcérée[15], prévenue ou condamnée, et faisant du transfèrement « l'alpha et l'oméga[16] » du dispositif.

Chaque réforme a cherché à apporter son lot de solutions, le plus souvent parcellaires, telle la récente loi du 22 décembre 2021 de confiance en l'institution judiciaire, dont les faibles dispositions consistant dans la limitation de la détention provisoire et l'encouragement du bracelet électronique, la systématisation de la libération sous contrainte à trois mois de fin de peine, ne sont pas à la hauteur des enjeux[17]. Le législateur a, par ailleurs, tenu un pari très incertain quant à l'impact du nouveau régime des réductions de peine par la suppression des crédits de réduction de peine et son possible effet « rebond » sur le taux de population carcérale[18]. Il n'est alors pas inutile de rappeler au législateur, conformément aux préconisations faites par le Comité européen pour les problèmes criminels (CDPC) dans le « Livre blanc sur le surpeuplement carcéral » publié en 2016[19], qu'il importe de s'intéresser aux autres mesures nécessaires pour

---

[15] V. en ce sens : C. Margaine, « Conditions de détention et office des juges : dignité versus effectivité », in J-P Céré et L. Grégoire (dir.), *Dix ans d'application de la loi pénitentiaire, Bilan et perspectives*, Bibl. de droit pénitentiaire, L'Harmattan 2021, p. 37.

[16] Citant : E. Senna, « Indignité des conditions de détention fin de la saison 1 : le recours préventif légalisé », *Gaz pal.* 2 nov. 2021, n°38, p. 11.

[17] E. Bonis, « loi du 22 déc. 2021 : (Re)donner confiance en l'exécution des peines ? », *Dr pén.* n°2, févr. 2022, étude 5.

[18] M. Giacopelli, « Pour la confiance dans l'institution judiciaire en droit de l'exécution des peines, beaucoup de bruit… », *JCP G*, 2022, 88 ; « Les principaux volets de la loi confiance dans l'institution judiciaire en droit de l'exécution des peines », *Procédures* N°2, 2022, Dossier 5, p.18.

[19] Comité européen pour les problèmes criminels, Livre blanc sur le surpeuplement carcéral, Conseil de l'Europe, 30 juin 2016, https://rm.coe.int/16806f993b.

promouvoir la dignité en détention, en ce que, comme le rappelait le CGLPL au frontispice des recommandations minimales[20], « toute mesure d'enfermement offre la perspective d'une fin, qui doit être préparée »[21]. Il s'agit bien d'anticiper le retour du condamné dans la société en vue de sa réinsertion, en créant des conditions de détention carcérales favorables à ce retour[22].

Le législateur semble partir du postulat selon lequel, les établissements à réinsertion active seraient un remède aux conditions indignes de détention (I). Le lien entre le renforcement de la dignité et la nouvelle catégorie des établissements à réinsertion active paraît, de prime abord, avéré. Mais il faut se méfier des apparences qui sont souvent trompeuses. Car le questionnement du concept, objet de notre communication, révèle que les établissements à réinsertion active sont également source d'inégalités entre personnes détenues et de leurs conditions de détention (II).

I. Les établissements à réinsertion active : un « remède » aux conditions de détention indignes ?

Si le concept d'établissements à réinsertion active est apparu en 2010, le moins que l'on puisse dire est que cette nouvelle catégorie d'établissements a connu une consécration tardive malgré une préoccupation déjà ancienne de l'administration pénitentiaire. Leur création poursuit un

---

[20] Recommandations minimales pour le respect de la dignité et des droits fondamentaux, JO 4 juin 2021, texte n°88.

[21] V. le commentaire des Règles 243 à 257 des Recommandations Minimales (CGLPL), C. Lievaux, in M. Giacopelli et E. Gallardo (dir.), *L'élaboration d'un droit de la privation de liberté*, LGDJ 2020, pp. 447 à 467.

[22] V. en ce sens : C. Tzutzuiano, « Comment favoriser le retour en société ? », in *Dix ans d'application de la loi pénitentiaire*, *op. cit.* pp. 254 à 287.

double objectif : d'une part, permettre le délestage des maisons d'arrêt sur-occupées (A) et d'autre part mieux incarcérer les personnes confiées à l'administration pénitentiaire (B).

A. Les établissements à réinsertion active : une voie de délestage ?

Tout porte à penser que réduire la surpopulation carcérale contribue à garantir de meilleures conditions de détention. Le législateur s'y est attelé depuis plusieurs années en travaillant cumulativement plusieurs axes tels que la limitation des entrées en prison, la diversification de l'arsenal des alternatives à l'incarcération, l'augmentation des possibilités de sortie par la promotion des aménagements de peine ou la probation. Chaque réforme pénale a eu pour traduction concrète un plan pénitentiaire destiné à augmenter la capacité d'accueil des établissements pénitentiaires par des programmes de construction, de rénovation et de modernisation immobilières. L'activité immobilière qui n'est cependant qu'un des leviers des interventions possibles a été politiquement surinvestie. Pour autant, la corrélation n'a pas été rapportée entre la construction de nouvelles places de prison et la diminution de la densité carcérale[23], laquelle se concentre dans les maisons d'arrêt.

C'est un poncif d'affirmer que le surpeuplement carcéral ne concerne que les maisons d'arrêt en raison de l'absence de *numerus clausus* qui leur est applicable – à la différence des établissements pour peines – et de la progression du nombre de personnes placées en détention provisoire[24]. Les règles

---

23 V. en ce sens : L. Leturmy, « La (prétendue) réforme pénitentiaire », in S. Pellé *Quelles mutations pour la justice pénale du XXIème siècle ?* Dalloz 2020, thèmes et Commentaires, p. 263 et ss.

24 Les droits fondamentaux à l'épreuve de la prison, CGLPL, Dalloz 2018, Rapports thématiques.

traditionnelles d'affectation des détenus, fixées par les dispositions de l'article 714 du C. pr. pén. plusieurs fois modifiées, renvoyant aux articles L. 211-1 et L. 211-2 du Code pénitentiaire entré en vigueur le 1er mai 2022, applicables aux prévenus, ont été corrigées pour lutter contre le surpeuplement et limiter les incarcérations de courtes durées. Outre l'affectation des personnes prévenues dans certains quartiers spécifiques des établissements pour peines, l'article L. 211-2 du Code pénitentiaire dispose qu'à titre exceptionnel, eu égard à leur personnalité ou leur comportement, et si nécessaire à la prévention des évasions, les personnes prévenues peuvent être détenues dans des établissements pour peines notamment lorsqu'elles ont interjeté appel ou formé un pourvoi en cassation contre leur condamnation, lorsque cet établissement offre des conditions de détention plus satisfaisantes eu égard à la capacité d'accueil de la maison d'arrêt.

De telles dispositions créées par la loi du 23 mars 2019 et consolidées dans le Code pénitentiaire, ont bien pour objectif, tel qu'affirmé dans l'exposé des motifs de la LPJ, de lutter contre le systématisme du tout carcéral en s'attaquant notamment aux courtes peines d'emprisonnement ferme qui cristallisent les paradoxes de notre système répressif. Or, force est de constater qu'elles représentent plus de 50% des peines en cours d'exécution[25]. Favoriser la réinsertion dans un contexte de surpopulation carcérale lorsque l'on sait que 25% des détenus ne maîtrisent pas les savoirs de base et que plus de 80% d'entre eux ont au moins un trouble psychiatrique associé à des situations de dépendance n'est donc pas la moindre des ambitions pour le législateur.

Pour y répondre, le garde des Sceaux Nicole Belloubet avait porté un programme immobilier dont l'inspiration a été

---

[25] V. C. Cochet, « Le jour d'après-Réflexions libres sur les courtes peines d'emprisonnement », *AJ pénal*, 2020, p. 331.

puisée dans le rapport déposé auprès de la commission des lois ayant pour titre « Repenser la prison pour mieux incarcérer[26] ». Celui-ci, poursuivant la politique de différenciation des régimes en maison d'arrêt initiée par la loi pénitentiaire, proposait l'adoption d'un régime simplifié du nouveau parcours d'exécution des peines par la création de centres pénitentiaires de détention dédiés aux courtes peines et aux fins de peines[27] , que la LPJ transformera en structure d'accompagnement vers la sortie (SAS). Force est de constater qu'il a existé autant de structures que de programmes, interrogeant en conséquence la nouveauté du concept porté par la LPJ, puis consacré dans le Code pénitentiaire.

Dès 1992, l'on observe la création des quartiers intermédiaires sortants (QIS) à la prison de Fresnes, puis celle des centres pour peines aménagées (CPA) en 2002[28] associée aux quartiers nouveau concept (QNC), avec pour seule légitimation de pallier le manque de places dans les centres de semi-liberté. La loi n° 2012-409 du 27 mars 2012 de programmation relative à l'exécution des peines a donné naissance quant à elle aux quartiers courtes peines (QCP) avant de s'effacer derrière les quartiers de préparation à la sortie[29] (QPS) portés par JJ Urvoas, alors garde des Sceaux dans son rapport intitulé en « finir avec la surpopulation carcérale[30]». Il s'agissait déjà de permettre « *l'exécution des courtes peines traditionnellement*

---

26 Groupe de travail de l'Ass. Nat., Repenser la prison pour mieux réinsérer, Rapp. N° 808, mars 2018.

27 Ibidem, p. 71.

28 D. n°2002-663 du 30 avr. 2002 (JO 2 mai 2002)

29 M. Parkouda, « Courtes peines et prévention de la récidive : un nouveau lieu de préparation à la sortie », *Colloque le surpeuplement carcéral en Europe : un phénomène maîtrisable, mais indifféremment maîtrisé, quelles sont les pistes retenues par le Livre blanc ?* dir. M. Giacopelli et E. Senna, *Lexbase Pénal* n°702 du 15 juin 2017, N8738BWK.

30 J-J Urvoas, Rapport au parlement sur l'encellulement individuel, « En finir avec la surpopulation carcérale », 20 sept 2016.

effectuées en maison d'arrêt, au sein d'un environnement plus favorable à l'aménagement des peines, tout en améliorant l'offre d'encellulement individuel au sein des maisons d'arrêt ». Dans le cadre du programme 15000, il a été prévu de construire 17 nouvelles SAS et de requalifier 7 structures existantes (reconversion QPA, quartiers nouveau concept et quartiers courtes peines) soit 2 500 places. Leur implantation est priorisée dans des régions connaissant la surpopulation carcérale la plus élevée ainsi que leur rattachement à une maison d'arrêt ou un quartier maison d'arrêt. L'article R. 112-16 du Code pénitentiaire précise que les centres pénitentiaires peuvent « aussi » comporter des quartiers dénommés « Structures d'accompagnement à la sortie ». Au-delà de la volonté affichée de ne pas faire cohabiter au sein des maisons d'arrêt des détenus aux profils très différents, il s'agit donc bien de répondre à l'encombrement des maisons d'arrêt par une politique de « délestage », supposée permettre l'amélioration des conditions de détention pour un retour progressif à la vie libre[31] et une meilleure incarcération.

B. Les établissements à réinsertion active : incarcérer mieux

C'est dans un contexte général de conditions de détention fortement dégradées, dont le paroxysme de l'indignité consiste à poser des matelas au sol, de multiplication des mouvements allongeant les temps d'attente et les tensions entre personnels et personnes détenues, des efforts qualitatifs en termes de réinsertion partiellement vains, de la montée de la violence et la gestion de la discipline, que la mise en place de régimes différenciés a permis d'améliorer sensiblement la situation pour des détenus volontaires s'engageant à un respect mutuel d'autrui et à diverses obligations

---

[31] DAP, 28 mai 2020, Structure d'accompagnement vers la sortie : « *l'ouverture des SAS doit donc notamment permettre de désencombrer ces établissements fortement surpeuplés (au contraire des établissements pour peine)* ».

pour préparer leur sortie[32]. Au-delà de la fonction expiatoire et neutralisatrice de la prison, le propos dominant est de redonner du sens à la peine privative de liberté, jusqu'à innerver le fonctionnement des établissements pénitentiaires, afin de faire du temps carcéral autre chose qu'un temps vide[33]. Cette préoccupation transparaît sous la plume du législateur pénitentiaire qui a innové en imposant au chef d'établissement une obligation d'activité. Cette dernière a été enrichie sur le terrain par l'expérimentation des « modules respect » inspirés du modèle espagnol pour lutter contre les violences et apaiser la détention[34].

L'ambition du module respect dépasse largement les sept objectifs proclamés du programme qui se focalisent sur le climat de l'établissement – *diminuer les violences ; apaiser le climat en détention ; définir les nouvelles règles de respect des personnes et de la vie en détention ; redonner du sens aux métiers pénitentiaires ; intégrer le surveillant dans une équipe technique de détention ; modifier le comportement des personnes détenues ; rendre la personne détenue responsable* – en recherchant l'*empowerment* des individus par la création d'un environnement propice à la confiance, généré par le respect de quatre grands principes : la vie collective, la participation active, volontaire et responsable des détenus sur la base du volontariat après signature d'un contrat d'engagement ; la liberté de déplacement dans l'ensemble du bâtiment, l'évaluation par les personnels de surveillance via un système de bons et de mauvais points donnant lieu à récompense ou le cas échéant à exclusion[35]. Le CGLPL a

32 A. Jégo, « Les conséquences de la surpopulation carcérale en détention », *AJ pénal* 2018, p. 344.

33 G. Chantraine, « Par-delà les murs. Expériences et trajectoires en maison d'arrêt », *PUF/ le Monde*, 2004.

34 C. Faget, J. Faget, « les modules de respect, un nouvel ordre carcéral ? » Ministère de la Justice, Travaux et documents n° 87.

35 L. Hernandez et P. Mbanzoulou, *Les modules de respect : une métamorphose de la prison ?* CIRAP, 2020.

souligné les bons résultats du module respect particulièrement en maison d'arrêt, même si par ailleurs l'aspect infantilisant du dispositif a pu faire l'objet de critiques marginales[36]. Les modules respect ont donc donné l'occasion de poursuivre la réflexion sur les régimes applicables en détention et les catégories d'établissements conçues comme des structures intermédiaires entre le milieu fermé et le milieu ouvert, dits à réinsertion active.

Ces nouvelles structures privatives de liberté et spécialisées doivent donc mettre en œuvre les conditions optimales de la remise en liberté soit par le travail, élément structurant du retour dans la société, soit en évitant pour la personne condamnée toute rupture de prise en charge. Mieux incarcérer par l'utilisation de la force intégrative de la société, tel est l'enjeu poursuivi par les établissements à réinsertion active. Celui-ci est d'importance pour garantir l'effectivité du respect des conditions dans lesquelles les personnes sont détenues.

Bien que le concept de réinsertion active n'ait pas fait l'objet de théorisation ni de définition, certains critères servent au repérage des établissements à réinsertion active. En premier lieu, les structures de petites tailles (60 à 180 places) sont préférées aux grands établissements qui ont un effet néfaste sur la qualité des interactions entre les personnes détenues et les personnels. En deuxième lieu, le niveau de sécurité y est allégé pour permettre une « sécurité dynamique » plus proche du modèle normatif. En troisième lieu, l'organisation de la détention repose sur un régime assurant l'individualisation des parcours à travers des programmes de prise en charge individualisés et collectifs adaptés aux besoins tels qu'ils ont été repérés. Ils sont associés à la mise en place de plateformes d'accès aux divers dispositifs de droit

---

36 *Ibidem.*

commun afin de favoriser la réinsertion des personnes détenues et les préparer à la sortie[37]. En ce sens, la loi du 22 décembre 2021, qui a consacré la flexibilité du travail en prison par la contractualisation de l'emploi pénitentiaire par emprunt aux principaux aspects du droit du travail – entretien préalable au recrutement, période d'essai, causes de suspension ou de rupture – et portée par l'ATIGIP[38], est l'illustration de la mise en relation du parc pénitentiaire avec la politique pénale. Les actions s'inscrivent dans un processus de *désistance* visant à atteindre les objectifs de responsabilisation et d'autonomisation de l'expérience carcérale par une prise en charge pluridisciplinaire permettant la sortie de la délinquance. C'est la traduction qu'en fait le Code pénitentiaire dans l'article D. 112-20 alinéa 1er au terme duquel : « *les centres de semi-liberté et quartiers de semi-liberté ainsi que les SAS comportent un régime essentiellement orienté vers la réinsertion sociale et la préparation à la sortie des personnes condamnées* ».

Tout porte à croire que ce type d'établissement améliore les conditions de détention des personnes détenues : moins de détenus, une liberté de circulation, un régime de détention apaisé, un programme ciblé pour un accompagnement vers la sortie (…). Tout cela est vrai et a pu être vérifié lors de l'ouverture du CD de Papeari en 2017, qui a inauguré les régimes différenciés en Polynésie française et a été présenté comme « l'une des prisons les plus modernes de France[39] » voire « une bouffée d'oxygène[40] ». L'ouverture de

---

[37] L. Hernandez, « un programme de préparation à la sortie en maison d'arrêt », Dossiers thématiques, CIRAP, 2018.

[38] M. Giacopelli, « Loi pour la confiance dans l'institution judiciaire en droit de l'exécution des peines. Beaucoup de bruit… », *JCP G* 2022, Aperçus rapides 88.

[39] Tahiti infos, 15 mars 2017.

[40] « Quelle prise en charge pour les populations autochtones du pacifique sous mains de justice », *Cahiers d'études pénitentiaires et criminologiques*, n°54, spec. p. 14.

Tatutu n'a cependant pas permis une régulation de la population carcérale puisque la prison de Faa'a Nuutania connaissait encore au 1er juillet 2021 un taux d'occupation préoccupant (120,8% au QMA et 164,1% au QCD)[41]. Il est en outre regrettable de constater le peu d'empressement du gouvernement à se conformer aux décisions de justice visant à l'amélioration des conditions de détention[42].

L'une des difficultés de ces établissements semi-ouverts est leur représentation, comme contre-culture par rapport à l'ordre traditionnel pénitentiaire, décrit comme un univers totalitaire[43]. Ils questionnent par conséquent l'articulation entre deux ordres normatifs, l'un horizontal et l'autre vertical, en étant potentiellement source d'inégalités entre les personnes détenues dans leurs conditions de détention.

II. Les établissements à réinsertion active : sources d'inégalités dans les conditions de détention

L'accès contingenté aux établissements à réinsertion active a, *de facto*, pour conséquences de privilégier une minorité de personnes détenues au détriment de la grande majorité des personnes détenues qui demeurent encore largement soumises à des conditions de détention indignes (A). Les établissements à réinsertion active sont une politique de l'entre-deux qui témoigne des hésitations du législateur sur les missions dévolues à l'AP oscillant entre garde et réinsertion,

---

[41] OIP, Communication conformément à l'article 9-2 des règles du Comité des ministres pour la surveillance de l'exécution des arrêts et des termes des règlements amiables, J.M.B et autres c/ France (N° 9671/15 et 31autres) soumise le 27 juillet 2021,

[42] V. CE 11 fév. 2022, N° 452354 à propos de la prison de Nouméa et le non-respect de mesures ordonnées deux ans plus tôt en référé.

[43] Goffman, *Asiles*, éd. De minuit, 1960.

dont le dépassement viendra peut-être de la généralisation des « prisons ouvertes » (B).

A. Un accès contingenté

« Un pas dedans… un pas dehors » telle est la devise des établissements à réinsertion active dont l'ensemble des moyens mis en œuvre assurent l'absence de rupture sociale consistant à faire le lien entre le dedans et le dehors. Aussi la liste des activités proposées au sein de la première SAS, ouverte à Marseille, est-elle particulièrement diversifiée : atelier jardin, atelier Slam, Possibility visant à connaître les Codes de communication d'un groupe, Boxe pieds poing, Educa-boxe, Toast masters consistant à acquérir des méthodes d'apprentissage afin de réussir à prendre la parole en public, atelier graphe, Lieux fictifs-formation audiovisuelle, Code de la route, droit à l'hygiène, escalade, Mixi voile, Surf rider. Le projet SAS à Poitiers repose quant à lui sur un projet médical somatique de prise en charge pluridisciplinaire s'inscrivant dans le cadre de la nécessité d'améliorer la continuité des soins entre la période d'incarcération et le retour à la vie libre[44]. Le programme de prise en charge en SAS est donc idéalement établi avec chaque condamné et combine interventions individuelles et collectives. Aux termes du Code pénitentiaire, ces structures doivent permettre « une préparation vers la sortie de la personne détenue par la mise en œuvre de programmes de prise en charge permettant un accompagnement global, renforcé et individualisé »[45]. L'implantation de ces structures se fait de préférence en ville afin d'offrir les meilleures perspectives de réinsertion et le maintien des liens familiaux par une meilleure desserte en transports.

---

[44]https://ch-laborit.fr/services-de-soins/adultes/psychiatrie-legale/sas/#:~:text=Structure%20d'Accompagnement%20%C3%A0%20la,'objet%20d'une%20%C3%A9valuation

[45] C. pénit., art. D. 112-21.

Oui, mais…. Ces nouveaux régimes tournés vers une réinsertion active ont pour présupposé une évaluation préalable des personnes détenues admises à suivre les programmes individualisés. Celle-ci repose sur les théories dites RBR à l'aide d'une grille actuarielle prenant en compte les besoins des délinquants en matière d'alcoolisme, de toxicomanie, de gestion de violence (…) des compétences et des difficultés. Outre le risque de biais dans la sélection, les conditions d'accès y sont restrictives. Ces catégories d'établissements ont en effet vocation à accueillir les personnes condamnées dont le reliquat de peine est inférieur à deux ans[46] avec un profil devant cumuler certaines caractéristiques : présenter un faible risque d'évasion, être capable de s'adapter à la vie en collectivité, nécessiter un accompagnement soutenu vers la sortie – pas nécessairement de projet de sortie, ni de ressources suffisantes et selon les cas ayant des troubles psychiatriques –. L'accès aux établissements à réinsertion active y est donc contingenté, à tel point que l'ouverture de la SAS à Marseille ne s'est pas accompagnée d'une optimisation des places disponibles, ne permettant pas, contrairement aux objectifs affichés par le législateur, de soulager la maison d'arrêt des Baumettes. Or, la majorité de ces établissements ou quartiers restent sous occupés avec une moyenne de 65% de taux d'occupation. Le Code pénitentiaire a tenté de répondre à cette problématique en ouvrant les SAS aux personnes condamnées à la semi-liberté, afin notamment de faire face à la pénurie de places dans les centres de semi-liberté. Partant, ils sont intégrés dans le calcul des statistiques communiquées chaque mois par la DAP, contribuant à biaiser le calcul des taux d'occupation réels des établissements pénitentiaires et plus spécifiquement les taux d'occupation réels des quartiers

---

[46] C. pénit. Art. D. 112-20 al. 3.

hommes dans les maisons d'arrêt[47]. Au 1er janvier 2022, dix quartiers connaissaient des taux d'occupation supérieurs à 200%[48] !

L'hyper-individualisation par la diversification des régimes de détention en fonction des profils creuse ainsi l'écart entre une politique du sur-mesure et une industrialisation de la prise en charge – *micro Vs macro* – laissant la masse des personnes détenues dans des conditions indignes. Hormis les établissements à réinsertion active, la taille des établissements pourra atteindre les 600 places théoriques induisant des conditions de vie difficilement supportables. L'accès à l'ensemble des dispositifs permettant de favoriser le capital social nécessairement contraint génère ressentiment et frustration se retournant contre la société dans l'échec à atteindre la finalité de prévention de la récidive. Dans une tribune publiée le 7 février dernier dans le Monde, Dominique Simonnot exhortait à venir visiter les prisons : « *venez découvrir les colonnes de cafards qui cavalent en rangs serrés et les rats qui grignotent dans la Cour ! Voyez ces trois hommes dans 4,30 m2 d'espace vital qui montent la télé à fond quand l'un d'eux va aux toilettes* »[49].

Cette critique de disparités dans les conditions de détention avait pu être observée à propos du fonctionnement des modules respect vécu par les personnes détenues comme source d'inégalités. Il a pu être dit à leur égard que « les bâtiments *non respecto* (en CD) ont été laissés à l'abandon (…), un détenu parlant même d'un « concentré de désavantages, de désolation où les détenus sont condamnés au pire d'eux-

---

[47] OIP, les vrais chiffres de la surpopulation carcérale en maison d'arrêt, https://oip.org/communique/les-vrais-chiffres-de-la-surpopulation-en-maison-darret/

[48] Bordeaux-Gradignan, Tulle, Limoges, La Roche-sur-Yon, Lorient, Foix, Carcassonne, Nîmes, Perpignan et Tarbes

[49] D. Simonnot, « Tribune », *Le Monde* le 7 févr.. 2022.

mêmes »[50]. Le CGLPL a souligné qu'ils s'analysaient davantage en des régimes, aux effets mélioratifs en MA fonctionnant en régime portes fermées, mais ne générant pas nécessairement un meilleur exercice des droits fondamentaux en centre de détention, lesquels orientés vers la réinsertion appliquent déjà un régime portes ouvertes ou différencié[51].

Pour dépasser cette dichotomie pénitentiaire, ne faut-il pas poursuivre la voie ouverte ?

B. Et demain, les prisons ouvertes ? : pour un nouvel ordre carcéral

La gestion de la crise sanitaire a permis de prendre conscience que la surpopulation carcérale n'est pas un mal nécessaire et qu'il est possible d'aller plus loin[52]. Ce qui a été réussi en deux mois oblige à poursuivre le travail de réflexion sur la place de la prison dans la Société, dans un système à bout d'essoufflement. Les « dysfonctionnements et manquements de la politique pénitentiaire » sont pointés du doigt par les parlementaires[53], jusqu'à questionner le principe de l'encellulement individuel voté en 1875, qui est devenu pure illusion à travers les moratoires successifs. Plutôt que de se résoudre à l'abandonner, il faut affronter avec courage les difficultés engendrées par la surpopulation carcérale en posant les bases légales d'un *Numerus clausus* tout en

---

[50] C. Faget et J. Faget, « Les modules respect, un nouvel ordre carcéral ? », op. cit. spec. p. 56.

[51] CGLPL, avis du 12 déc. 2017, op. cit.

[52] O. Caquineau, « De la régulation carcérale à la prévention de la récidive : pour une action déterminée au profit de l'œuvre de justice », l'Hétairie.

[53] Rapport au nom de la commission d'enquête visant à identifier les dysfonctionnements et manquements de la politique pénitentiaire française, AN N° 4906, 12 janv. 2022.

poursuivant la diversification des établissements pour franchir la dernière marche séparant les établissements à réinsertion active des prisons ouvertes.

Il s'agit au demeurant moins de « prisons ouvertes » que d'une catégorie autonome d'établissements ouverts tournés vers la réinsertion (EOR) [54]. Le lancement du projet INSERRE (Innover par des structures expérimentales de responsabilisation et de réinsertion par l'emploi) prévoyant la construction d'ici 2024, d'une prison expérimentale de 180 places chargée d'accueillir des condamnés et de construire des partenariats avec les entreprises locales et des collectivités pour une prise en charge vers le travail et la formation, nous paraît répondre à l'objectif de faire tomber les murs de la prison, non dans une perspective abolitionniste, mais symbolique[55].

Pourquoi la France ne connaît-elle que deux établissements atypiques, celui de Casabianda et le CD de Mauzac, quand certains pays comme le Danemark[56] ont généralisé les prisons ouvertes ? Le modèle est-il transposable en droit interne ? Probablement pas, tant que la peine privative de liberté, malgré tous les efforts du législateur pour lutter contre le systématisme carcéral, restera la peine étalon. Probablement pas, tant que l'individualisation pénitentiaire

---

[54] L. Lemasson, « Prisons ouvertes : mythes et réalités », *Institut pour la Justice* n°44, p. 7, sept. 2017.

[55] Conforme à la première définition qu'a donné le Congrès pénal et pénitentiaire international de La Haye en 1950 de ce type de structures désignant un « *établissement pénitentiaire dans lequel les mesures préventives contre l'évasion ne résident pas dans des obstacles matériels tels que murs, serrures, barreaux ou gardes supplémentaires* ».

[56] M. Boeton, « La prison de Horserod, Un modèle à suivre ? », *La croix*, 6 fev. 2018.

autorisera l'indexation des régimes de détention sur les catégories de population pénale[57] confrontant sur une ligne de crête la confiance et la responsabilisation au déploiement des quartiers d'évaluation de la radicalisation (QER) et les unités pour détenus violents (UDV).

C'est ainsi que l'établissement de Casabianda est occupé traditionnellement et majoritairement par des infracteurs sexuels. Les activités agricoles sont historiquement associées à son fonctionnement. Si sa réussite pénologique n'est plus à démontrer[58], le manque d'évaluation du dispositif ne permet pas avec certitude d'affirmer son efficacité en termes de prévention de récidive puisque la population sélectionnée y présente le moins de facteurs de risques, notamment en termes d'évasion. C'est dire que l'approche française des établissements ouverts demeure étroitement liée à une logique institutionnelle sécuritaire basée sur l'évaluation et le bon comportement du détenu, lequel doit mériter la confiance. Tout autre est la conception danoise où la confiance est accordée dès l'incarcération à chaque condamné à une courte peine, autorisé sans autre condition que celle objective du seuil de pénalité à rejoindre les unités ouvertes de détention. Le système fonctionne également à raison du rôle complémentaire joué par l'établissement fermé de rattachement dans lequel le condamné retournera en cas de manquements graves aux règles de l'établissement ouvert.

Les prisons ouvertes qui « sont bien plus qu'un oxymore ou une utopie » sont-elles une solution » comme l'affirmait Y. Braun-Pivet Présidente de la commission des lois ayant rapporté sur les prisons ouvertes[59] ? L'avenir nous le dira.

---

57 F. Habouzit, *Les usages des modalités d'exécution de la peine privative de liberté*, Thèse dir. P. Beauvais, Nanterre, 1er oct. 2021.

58 En ce sens : Rapport Gontard sur les prisons ouvertes, 2010.

59 Y. Braun-Pivet, Présidente de la commission des lois in Rapport sur les prisons ouvertes, Observatoire de la justice pénale, Sept. 2021.

Les prisons ouvertes représentent un instrument d'individualisation pénitentiaire de plus dont l'utilisation a été sous-exploitée par le législateur français. Elles pourraient ainsi accueillir les personnes condamnées en fin de peine, comme c'est actuellement le cas des SAS, voire être le régime de détention de référence pour les courtes peines. Il ne faut cependant pas surestimer les capacités de ces établissements à accueillir l'ensemble des profils pénitentiaires. Séparer l'outil de l'idéologie, telle est la voie à emprunter pour pérenniser ce type d'établissements en France.

La dignité des détenus dans la politique pénitentiaire mise en œuvre en Guyane

Joana FALXA
Maître de Conférences, Université de Pau et des Pays de l'Adour
Membre du Centre de Recherche sur la Justice Pénale et Pénitentiaire (IFTJ – CRJ2P)

Introduction

La dignité des personnes détenues peut être envisagée sous de multiples facettes, et elle ne se résume pas nécessairement à la seule question des conditions matérielles de détention[1]. Il est néanmoins vrai que c'est au prisme de ces conditions matérielles que le juge et de nombreuses autorités de contrôle appréhendent le sujet. C'est d'ailleurs sur ce point en particulier que la situation de l'établissement de Rémire-Montjoly, en Guyane, s'est fait connaître.

La Guyane est une collectivité ultra-marine dotée de nombreuses caractéristiques originales : seul territoire ultra-marin continental, disposant toutefois d'une façade atlantique de 380 km, seul territoire non indépendant sur le continent sud-

[1] V. cet ouvrage, les contributions de la première partie, et sur la notion de dignité, V. cet ouvrage E. Gindre, « Propos conclusifs : Quelle dignité des personnes détenues dans les Outre-mer ? ».

américain, seul territoire français ayant des frontières terrestres communes avec des États non membres de l'Union européenne hors du continent européen…

Veinée de fleuves, cette « *terre d'eaux abondantes* »[2] présente une topographie qui rend l'accès à l'intérieur des terres difficile. D'une superficie équivalente à celle du Portugal, recouverte à 90% de forêt amazonienne et caractérisée par la richesse de ses sols, peuplée de groupes ethniques très divers (Amérindiens, noirs marrons, émigrés brésiliens, surinamiens, guyaniens, haïtiens, réfugiés hmongs (évacués des vallées du Viet Nam et du Laos dans les années 1970 et installés dans des communes isolées), blancs métropolitains, etc.), c'est un territoire riche en couleurs et en cultures, qui souffre d'une très mauvaise presse et d'une grande méconnaissance de la part de l'Hexagone (peut-être plus encore que les autres Outre-mer). Située sur le plateau des Guyanes, frontalière de deux États indépendants, le géant brésilien d'une part, et le méconnu Surinam de l'autre, la Guyane est un territoire sur lequel les échanges et migrations sont nombreux.

Confrontée à d'importants défis en termes de violence et de trafics de toutes sortes[3], de traitement de la délinquance et de suivi des condamnés, cette collectivité territoriale d'outre-mer subit de plein fouet les effets d'un retard de développement accumulé et d'infrastructures sous-dimensionnées. La situation pénitentiaire guyanaise est le reflet de cette réalité sociale, aux prises avec des difficultés systémiques et concomitantes qui ne laissent que très peu de marge de manœuvre aux autorités pénitentiaires et judiciaires.

---

[2] Cette expression renvoie à l'étymologie du mot *Guyane* (*Guyana*) en arawak, langue amérindienne.

[3] S'en font ainsi l'écho les récentes Assises de la Sécurité, tenues sous l'égide de la Collectivité Territoriale de Guyane, le 30 septembre 2022, à Cayenne.

Les standards posés en matière de conditions de détention conformes à la dignité humaine par la Cour européenne des droits de l'homme s'appuient sur des critères objectifs : en premier lieu, la superficie disponible par personne détenue dans une cellule (critère premier, mais pas suffisant à lui seul) avec la fixation de seuils (moins de 3m2, entre 3 et 4 m2, au-delà de 4m2) ; en second lieu, le reste des conditions matérielles de détention, tel que le défaut d'accès à la cour de promenade ou à l'air et à la lumière naturels, une mauvaise aération, une température insuffisante ou trop élevée dans les locaux, la présence de nuisibles, une absence d'intimité aux toilettes ou de mauvaises conditions sanitaires et hygiéniques, l'absence d'activités suffisantes hors de la cellule, etc.[4] C'est donc au regard de ces critères qu'est scruté l'état des établissements pénitentiaires français.

Lorsque le regard se porte sur la Guyane, la politique pénitentiaire menée, interrogée sous l'angle de la dignité des personnes détenues, apparaît comme une pirogue en perdition, ballotée sur les eaux impétueuses du fleuve Maroni. Un bateau ivre, poussé de constat alarmant en condamnation, comme de rapide en rapide (ou « de saut en saut » comme on dit là-bas), risquant de s´échouer sur les multiples écueils identifiés au cours de ces journées, et contre lesquels les efforts du piroguier peuvent sembler dérisoires. Les constats d'atteintes à la dignité des conditions de détention des personnes détenues sont légion et mettent en évidence ces écueils (I). Les efforts fournis ne suffisent pas à faire oublier la longue route restant à parcourir pour parvenir à résorber les difficultés constatées (II).

---

[4] CEDH (GC), *Mursîc c/ Croatie*, 20 oct. 2016, n° 7334/13, *AJ pénal* 2017. 48, obs. A.G. Robert ; *RTDH* 2017. 989, note F. Tulkens ; *D.* 2015. 866, obs. J. Falxa ; *D.* 2015. 1122, obs. J.-P. Céré.

I. Une pirogue en perdition : des conditions de détention contraires à la dignité humaine

En tant que colonie pénitentiaire historique (comme la Nouvelle-Calédonie d'ailleurs), l'histoire des bagnes a fortement imprégné la construction territoriale et sociale guyanaise à partir du XIXème siècle. Néanmoins, loin des raccourcis simplistes, ni l'imagerie collective associée à la déportation et à la relégation ni le cadre juridique de ces époques pourtant pas si lointaines ne s'appliquent au milieu pénitentiaire guyanais actuel. La question de la dignité des personnes détenues reste cependant assujettie aux difficultés inhérentes aux spécificités territoriales guyanaises (A), ce qui transparaît dans le constat unanime de l'indignité des conditions de détention (B).

A. Des difficultés inhérentes aux spécificités territoriales

Établissement pénitentiaire. La Guyane ne compte qu'un seul établissement pénitentiaire, le centre pénitentiaire de Rémire-Montjoly. Ouvert en 1998, il est situé à proximité de Cayenne, chef-lieu de la Guyane, Rémire-Montjoly étant par ailleurs l'une des communes les plus riches de Guyane, hébergeant de magnifiques quartiers de villas en front de mer, mais côtoyant aussi, par endroit, la plus profonde misère. Le centre pénitentiaire souffre quant à lui de malfaçons et d'un certain nombre d'inadaptations au climat et à l'environnement guyanais. À ces défauts s'ajoutent les dégradations volontaires commises par les détenus, et un entretien parfois défaillant des bâtiments. Ceux-ci ont donc très mal vieilli.

La capacité d'accueil était, au 1er mars 2022, de 616 places opérationnelles, l'établissement étant composé d'un quartier « maison d'arrêt hommes », un quartier « centre de détention hommes », un quartier « femmes » (regroupant maison d'arrêt, centre de détention et nurserie), un quartier « arrivants », un quartier « mineurs » et un quartier « semi-liberté » de 26 places[5].

Occupation. À cette même date, la population de l'établissement était composée de 716 hommes et 66 femmes, pour un total de 782 détenus[6], et parmi ceux-ci, environ 30 à 35% de prévenus. Le taux d'occupation moyen de l'établissement est de près de 127%, avec néanmoins des disparités importantes (le taux d'occupation en quartier « maison d'arrêt » est par exemple de plus de 150% avec 450 détenus, alors qu'en centre de détention, il dépasse légèrement les 100%, avec 332 détenus).

En situation de surpopulation chronique malgré une baisse relative des effectifs en 2020, il n'existe pas d'alternative sur le territoire et tout transfert suppose donc un éloignement de plusieurs milliers de kilomètres, vers les Antilles ou l'Hexagone. La construction d'une maison d'arrêt de 500 places est toutefois annoncée à l'horizon 2027 à Saint-Laurent du Maroni.

Profil pénal. S'agissant du profil pénal des personnes détenues, on y trouve, pour l'essentiel, de nombreux auteurs d'atteintes aux personnes (sexuelles ou non), de violences conjugales (en lien avec le renforcement de la politique de poursuites en la matière), de vols et cambriolages (souvent commis, pour les cas les moins graves, par des toxicomanes), de trafic de cocaïne (passeurs), et dans une moindre mesure des personnes condamnées pour des infractions en lien avec l'orpaillage et la délinquance associée[7].

---

[5] Chiffres issus des *Statistiques des établissements des personnes écrouées en France*, Ministère de la Justice, Direction de l'Administration pénitentiaire, Bureau de la donnée, 1er mars 2022 [en ligne], not. tableau 23 et tableau 39.

[6] Au 1er octobre 2022, le nombre total de détenus s'élève à 822.

[7] Les données sociologiques chiffrées citées sont, pour la plupart, issues des Rapports d'activité 2019, 2020 et 2021 du service de l'application des peines du Tribunal judiciaire de Cayenne.

Il faut relever que la population est composée à très haute proportion de détenus étrangers : 50% environ des détenus sont de nationalité étrangère selon les derniers chiffres obtenus, qui datent de 2020. Leurs origines sont très diverses, car si l'essentiel des détenus étrangers vient du Brésil et du Suriname, il s'en trouve également du Guyana, d'Haïti, voire d'autres pays d'Amérique du Sud. Parmi ces étrangers, les services de l'application des peines distinguent deux profils principaux : d'un côté, les étrangers qui n'ont pas d'attache véritable sur le territoire guyanais et qui sont en général en situation irrégulière ; ceux-là n'ont pas vocation à demeurer sur le territoire, mais leur situation entraîne un ensemble de difficultés pour les éventuels aménagements de fin de peine et leur éloignement. Il en va ainsi en particulier des « libérations conditionnelles éloignement » pour les condamnés à des longues peines, pour lesquels la procédure d'instruction particulière de l'article 730-2 du Code de procédure pénale s'applique, et nécessite donc un transfert vers le centre national d'évaluation, situé au centre pénitentiaire de Réau pour les détenus d'outre-mer. En outre, en cas d'application de la procédure de « libération conditionnelle éloignement », l'effectivité de la mesure demeure très limitée en raison des facilités de franchissement des frontières et de retour sur le territoire français pour les personnes éloignées. De l'autre côté, face à cette première catégorie d'étrangers sans lien véritable avec la Guyane, se trouvent les étrangers avec de fortes attaches sur le territoire, souvent avec titre de séjour ou pouvant en bénéficier, une famille et un établissement relativement ancien en Guyane ; ceux-là sont plutôt destinés à rester, et à entrer dans un parcours de réinsertion en passant notamment par un aménagement de peine.

Psychiatrie. Par ailleurs, la problématique de l'insuffisance des structures d'accueil en psychiatrie classique, qui n'est pas spécifique à la Guyane, mais qui s'y pose avec une acuité particulière, conduit également au maintien en détention de personnes atteintes d'importants troubles psychiques, parfois dangereuses, sans aucune perspective de prise en charge adaptée.

Violences. Enfin, notons le climat de violences qui règne de longue date au centre pénitentiaire Rémire-Montjoly, d'une part entre les détenus, avec notamment les phénomènes de gangs mentionnés par les diverses autorités ayant mené des observations sur place[8], liés en partie au contexte de la criminalité organisée brésilienne. On constate d'ailleurs le développement de « mini-gangs » dans les quartiers de plusieurs municipalités chez les mineurs, avec des violences graves, des attaques à l'arme blanche ou l'utilisation d'armes à feu, etc., faisant écho au contexte de violence en détention. Les violences s'exercent aussi, d'autre part, à l'encontre des surveillants, victimes d'agressions armées. Elles sont enfin, parfois, commises par les surveillants eux-mêmes[9].

Ces premières difficultés évoquées, les constats sont unanimes pour dénoncer l'indignité des conditions de détention au centre pénitentiaire de Rémire-Montjoly.

B. L'unanimité du constat de l'indignité des conditions de détention

Si, à la différence de plusieurs établissements d'outre-mer, parmi lesquels les établissements antillais de Ducos en Martinique et de Baie-Mahault en Guadeloupe, le centre

---

[8] V. ainsi Contrôleur général des lieux de privation de liberté (CGLPL), *Rapport de visite*, 1er au 12 octobre 2018, 2ème visite au Centre pénitentiaire de Rémire-Montjoly (Guyane), p. 134 not. Ce constat est également partagé par le service de l'application des peines, qui le relève dans ses différents rapports d'activités : Rapport d'activité du service de l'application des peines, Tribunal judiciaire de Cayenne, 2020, p. 30 ; 2021, p. 25.

[9] V. *infra*, CNCH, *La question pénitentiaire dans les Outre-mer*, avis, 18 mai 2017, p. 17.

pénitentiaire de Rémire-Montjoly n'a à ce jour fait l'objet d'aucune condamnation par la Cour européenne des droits de l'homme, il serait un peu aventureux de s'en satisfaire, car les constats de l'indignité des conditions matérielles de détention le concernant ne manquent pas.

Autorités indépendantes de contrôle. Les autorités indépendantes de contrôle, d'une part, ont de longue date mis en évidence les carences dont souffre l'établissement de Rémire-Montjoly. Ainsi, les conclusions du Comité européen pour la prévention de la torture et des traitements inhumains ou dégradants (CPT) publiées à la suite de sa visite en Guyane en 2008 révèlent déjà une situation de grave surpopulation carcérale, un manque d'occupations pour les détenus, des conditions d'hygiène et de salubrité indignes et un accès aux soins extrêmement limité[10]. La Commission Nationale Consultative des Droits de l'Homme (CNCDH) à son tour, dans un avis de 2017 relatif à la question pénitentiaire dans les outre-mer, relève le climat de violence et de tensions au sein de l'établissement entre détenus, mais pointe aussi du doigt des affaires de violences commises par les personnels sur certains détenus, situation dont la dénonciation par la direction de l'établissement à partir de juin 2015 avait entraîné de violents mouvements sociaux des personnels et des mutineries au sein de l'établissement[11]. Des mesures ont ensuite été mises en place pour réduire le niveau de violence, par le recours à des programmes de lutte contre la violence et à des techniques de médiation. Le Contrôleur des lieux de privation de liberté enfin (CGLPL), a émis des recommandations en urgence publiées le 17 décembre 2018, et reprises dans le rapport de visite publié par la suite. Ces recommandations mettent en évidence l'état de surpopulation chronique de l'établissement, les conditions d'hébergement indignes avec des cellules collectives

---

[10] CPT, *Rapport relatif à la visite effectuée par le CPT dans le département de la Guyane* (25 novembre – 1er décembre 2008), 2009, p. 7-18.

[11] CNCH, *La question pénitentiaire dans les Outre-mer*, *op. cit.*, p. 17 s.

surencombrées, insalubres, sales[12]. À titre d'exemple, à l'époque, les seules douches véritablement accessibles étaient les douches de la cour de promenade, collectives et à la vue de tous. Les seules douches intérieures (collectives) étaient quant à elles dans un état de délabrement et d'insalubrité extrêmes. À cela s'ajoute la persistance de violences au sein de l'établissement, après une accalmie ayant succédé aux événements de 2015, avec la mise en place de procédures de médiation et de « détenus facilitateurs »[13].

Jurisprudence administrative. Devant les juridictions administratives, d'autre part, les détenus n'ont pas tardé à se saisir des diverses voies de recours prévues[14], pour dénoncer des conditions de détention contraires à la dignité humaine et faire valoir leur droit à réparation : ainsi, la Cour administrative d'appel de Bordeaux avait, dès 2011, reconnu le préjudice subi par une personne détenue au centre pénitentiaire de Rémire-Montjoly en Guyane en raison des conditions de sa détention et lui avait octroyé une indemnisation de 3000 euros[15]. Par la suite, d'autres décisions sont intervenues, démontrant la persistance de la situation. Ainsi, récemment encore, le Conseil d'État a été amené à statuer en référé, après une première décision du juge des référés du tribunal administratif de Cayenne condamnant l'État à prendre des mesures d'urgence pour améliorer les conditions matérielles de détention à Rémire-Montjoly. Le Conseil d'État a rendu sa décision le 4 avril 2019[16], et confirmé en partie la décision de première instance : il y ordonne en effet à l'administration pénitentiaire

---

12 CGLPL, *Rapport de visite*, 1er au 12 octobre 2018, *op. cit.*, p. 2-5, et p. 36 s.

13 CNCH, *La question pénitentiaire dans les Outre-mer*, *op. cit.*, p. 17 s. ; CGLPL, *Rapport de visite*, 1er au 12 octobre 2018, *op. cit.*, not. p. 5, p. 42 s. ou p. 81.

14 V. cet ouvrage, J.P. Pastorel, « L'obligation de l'administration pénitentiaire de respecter la dignité des détenus devant le juge administratif ».

15 CAA Bordeaux, 18 oct. 2011, n° 11BX00159, *AJDA*, 2012. 63.

16 CE, ord. 4 avril 2019, n° 428747, *AJ Pénal*, 2019. 343, obs. C. Otero.

d'assurer un accès régulier aux douches, l'aménagement d'un local pour les fouilles intégrales et l'installation de cloisons de séparation des toilettes en cellule. Le surplus des mesures ordonnées par le TA est annulé (dératisation, amélioration des cours de promenade, réparation du dispositif d'interphone), car soit celles-ci avaient déjà été mises en œuvre, soit les travaux nécessaires avaient été engagés[17].

Surpopulation persistante. Malgré le passage des ans, la situation mise en évidence dès le début des années 2010 ne s'est guère améliorée. Ainsi, en mars 2022, le centre pénitentiaire de Rémire-Montjoly demeure l'un des établissements les plus surpeuplés d'outre-mer, derrière celui de Baie-Mahault en Guadeloupe, avec un taux d'occupation de plus de 152% en quartier « maison d'arrêt », et dépassant légèrement les 100% en quartier « centre de détention ». Les conditions de détention restent quant à elles très largement en deçà des standards posés par les jurisprudences européenne et interne en la matière.

Indignité concrète. Ainsi que cela a été souligné à de multiples reprises lors de ces journées, la dignité est une notion difficilement préhensible, volatile. S'en tenir à des questions *quasi* comptables de taux d'occupation et de conditions matérielles peut sembler réducteur au vu des nombreux enjeux de la dignité en détention. Néanmoins, ainsi ramenée à des réalités concrètes et matérielles, la dignité peut être envisagée comme une boussole, indiquant la voie à suivre pour parvenir à une amélioration durable de l'hébergement et de la prise en charge pénitentiaire des personnes détenues.

---

[17] Notons que dans ce deuxième cas de figure, les travaux engagés ne sont pas encore terminés à la date de la décision, et l'indignité des conditions de détention n'a donc pas encore cessé, ce qui laissait déjà entrevoir les difficultés à admettre l'existence d'un droit de recours effectif au sens de la jurisprudence de la Cour européenne des droits de l'homme en droit interne.

Pour la Guyane, la rive semble lointaine, et l'embarcation – cette pirogue en perdition –, malgré les efforts indéniables des acteurs engagés, peine à trouver son chemin.

II. Un voyage en eaux tumultueuses : une situation difficile à résorber

Le constat étant établi, il revient à présent à l'administration pénitentiaire – et donc au ministère de la Justice – de trouver des solutions à cette situation. Les remèdes proposés sont toutefois incertains (A) et les efforts déjà fournis nécessitent d'être consolidés (B).

A. Des remèdes incertains

Une information difficile d'accès. Il faut d'emblée souligner la difficulté à accéder, pour le chercheur lambda, aux données relatives à la politique pénitentiaire menée en Guyane, faute d'obtenir la communication d'éléments sur ces points par les autorités concernées. La reconstitution de quelques éléments à partir des bribes d'informations recueillies et au vu des informations éparses obtenues çà et là[18] nous permet d'en donner un aperçu. Les remèdes à la situation relevée sont incertains, à deux titres au moins : d'abord, ils sont incertains dans leur existence même, faute d'éléments de vérification, et ensuite, ils sont incertains quant à leur effectivité.

Une existence incertaine. S'agissant, d'une part, des mesures engagées à la suite des injonctions émises par le juge administratif en vue de l'amélioration des conditions de détention, il est extrêmement difficile d'obtenir des informations concernant leur mise à exécution.

Le référé-liberté a été considéré comme un recours ne présentant pas l'effectivité requise par la Cour européenne des

---

[18] V. à ce sujet *supra* la première note de remerciements de l'auteur.

droits de l'homme pour la cessation des conditions de détention contraires à la dignité humaine[19]. Au-delà de cet aspect, se pose également la question de l'effectivité des mesures ordonnées par le juge administratif des référés et de l'étendue de leur exécution par l'administration pénitentiaire. Le Conseil d'État a déjà eu l'occasion de préciser qu'il ne relève pas de l'office du juge des référés de prononcer, « de son propre mouvement », les mesures destinées à assurer l'exécution des mesures d'urgence qu'il a lui-même fixées[20]. Mais le juge administratif du fond peut, lui, contrôler l'exécution des mesures ordonnées en référé sur le fondement des articles L. 911-4 et 911-5 du Code de justice administrative. Le requérant doit alors agir rapidement, sachant qu'un tel contrôle – nécessairement tardif – ne sera pas forcément pertinent pour des mesures supposément prises à brève échéance, comme l'a d'ailleurs laissé entendre le Conseil d'État[21]. Les alternatives ne semblent guère prometteuses : l'article L521-4 du Code de justice administrative permet de demander au juge des référés l'exécution des mesures ordonnées demeurées sans effet, notamment sous astreinte ; l'article L521-2 du Code de justice administrative prévoit quant à lui la possibilité d'une nouvelle

---

[19] CEDH, 30 janv. 2020, *J.M.B. et autres c. France*, n° 9671/15, *Dalloz actualité*, 6 févr. 2020, obs. E. Senna ; *AJDA* 2020. 263 ; *ibid.* 1064, note H. Avvenire ; *D.* 2020. 753, et obs., note J.-F. Renucci ; *ibid.* 1195, obs. J.-P. Céré, J. Falxa et M. Herzog-Evans ; *ibid.* 1643, obs. J. Pradel ; *ibid.* 2021. 432, chron. M. Afroukh et J.-P. Marguénaud ; *AJ pénal* 2020. 122, étude J.-P. Céré.

[20] V. not. CE, ord. 28 juill. 2017, n° 410677, Section française de l'observatoire international des prisons, concl. É. Crépy ; *AJDA* 2017. 1589, obs. M.-C. de Montecler ; ibid. 2540, note O. Le Bot ; *D.* 2018. 1175, obs. J.-P. Céré, M. Herzog-Evans et E. Péchillon ; *AJ pénal* 2017. 456, obs. J.-P. Céré ; *JCP Adm.* 2018 ; CE, ord. 19 octobre 2020, n° 439372 ; *D.* 2020. 2121, obs. M.-C. de Montecler ; *AJDA* 2021. 694, note J. Schmitz, et 2020. 1991 ; *AJ pénal* 2020. 593, obs. J.-P. Céré ; CE, ord. 2 mars 2021, n° 449514, *AJ pénal* 2021. 219, obs. J. Falxa.

[21] CE, ord. 19 octobre 2020, n° 439372, préc. ; CE, ord. 2 mars 2021, n° 449514, préc.

demande de référé-liberté, sur le fondement de l'inexécution des mesures préalablement ordonnées. Dans les deux cas, la difficulté consiste toutefois dans la démonstration de l'inexécution des mesures ordonnées : en effet, l'administration pénitentiaire se refuse le plus souvent à communiquer les éléments sollicités par les requérants, et le juge administratif exclut de mettre à la charge de l'administration toute obligation d'information de la partie requérante[22]. Cette position suppose de faire reposer l'assurance de l'effectivité des mesures ordonnées par le juge sur la seule réactivité de la partie requérante[23]. Dès lors, et faute de véritable contrôle juridictionnel effectif de l'exécution des mesures ordonnées, il est à craindre que nombre de ces mesures ne demeurent lettre morte, ou qu'elles ne soient exécutées que de manière partielle ou tardive, comme c'est bien souvent le cas.

Une exécution incertaine. Si les requérants rencontrent déjà des difficultés pour obtenir des informations sur les mesures ordonnées par le juge administratif qu'ils ont eux-mêmes obtenues par la voie contentieuse, cela devient extrêmement difficile pour toute autre personne s'y intéressant de se faire une idée des avancées concrètes au sein des établissements pénitentiaires visés par des décisions du juge administratif. Concernant par exemple la mise en œuvre de la décision du Conseil d'État rendue le 4 avril 2019 concernant le centre pénitentiaire de Rémire-Montjoly[24], les éléments obtenus hors administration faisaient état, en mars 2022, de la réparation et de la remise en état des douches collectives intérieures, de l'installation de rideaux de douche pour séparer les toilettes du reste de la cellule (en attendant l'installation de cloisons durables, dont les plans étaient dessinés en juillet 2021 et dont l'appel d'offres devait être publié début 2022), et

[22] Sur ces questions, CE, ord. 29 novembre 2021, n° 458355.

[23] Il s'agit très souvent, il faut le dire, d'une association connue pour sa pugnacité procédurale, l'Observatoire international des prisons.

[24] CE, ord. 4 avril 2019, n° 428747, préc.

de la création de locaux de fouilles dédiés. Plus de trois ans après la décision du juge administratif, des avancées concrètes sont annoncées, mais restent précaires et bien légères face aux modifications structurelles que nécessite en réalité la mise en conformité de l'établissement avec les standards de la jurisprudence européenne des droits de l'homme. En outre, les réponses du ministère aux recommandations du CGLPL, publiées en juillet 2022 dans le Rapport d'activité annuel 2021 de ce dernier, ne semblent pas correspondre à la réalité des conditions de détention à Rémire-Montjoly mise en évidence par le député Jean-Victor Castor, lors de sa visite impromptue effectuée le 26 septembre 2022[25]. À titre d'exemple, le Ministère indique dans sa réponse au CGLPL que les cellules de six personnes ont été supprimées, sans apporter d'explication supplémentaire concernant les moyens de lutte contre la surpopulation pénitentiaire. Or durant la visite du député, les journalistes relèvent avoir visité une cellule de six personnes, occupée par sept détenus. De même, les indications selon lesquelles les douches extérieures auraient été sécurisées et nettoyées sont contredites par les photographies prises par les journalistes, qui ne présentent aucune différence notable avec les photographies figurant dans le dossier du CGLPL et prises lors de sa visite, près de 4 ans plus tôt. Les détenus rencontrés, notent les journalistes accompagnant le député, refusent d'ailleurs toujours de se rendre dans les douches extérieures par crainte des violences, exactement comme lors de la visite du CGLPL, et préfèrent recourir à un système de douche de fortune dans leur cellule, entre les toilettes et le lavabo. Aucune démarche concernant la construction de douches en cellules

---

25 [https://la1ere.francetvinfo.fr/guyane/visite-inopinee-du-depute-jean-victor-castor-au-centre-penitentiaire-de-remire-montjoly-1325368.html] [05/10/22].

ou la lutte contre les nuisibles n'est mentionnée par le Ministère, ni par le député[26].

Une effectivité incertaine. S'agissant enfin des mesures mises en œuvre en matière d'emploi, à l'heure actuelle, et comme dans de nombreux établissements d'outre-mer, seul le service général propose des emplois aux détenus. L'offre de formation professionnelle est par ailleurs extrêmement réduite : seule une quinzaine de personnes en ont bénéficié en 2020.

Cette situation n'est pas satisfaisante, l'absence de perspective de formation et d'emploi ayant une influence directe d'une part sur la poursuite de l'objectif de réinsertion, d'autre part sur les moyens de subsistance des détenus, et enfin sur le renforcement de l'estime de soi et la restitution d'une forme de dignité pour les personnes détenues[27].

Quelques lueurs d'amélioration apparaissent néanmoins, avec notamment le projet de mise en place de formations professionnelles rémunérées en partenariat avec la Collectivité Territoriale de Guyane[28].

---

26 V. au sujet de cette visite le compte-rendu sous forme de fil Twitter du journaliste Cory Le Guen : [https://twitter.com/CLG_0/status/1575065282913398785?s=20&t=F0LdG40Ifdx9cXSkhXQoLA], à retrouver en intégralité, photographies incluses, sur le lien suivant : [https://unrollthread.com/t/1575065282913398785/] [05/10/22].

27 Sur ces questions, v. not. A-M. Marchetti, "Le travail en détention : un révélateur de la condition carcérale" *Les cahiers de la Sécurité Intérieure*, n°31/1998 ; F. Guilbaud, *Le travail pénitentiaire. Une étude de sociologie du travail*, D. Linhart (Dir.), Rapport de recherche soutenu par le GIP « Mission de recherche Droit et justice », février 2006.

28 V. ainsi le Pacte territorial Guyane, qui prévoit trois axes de développement en matière de formation et d'insertion sur le territoire ultramarin (à destination des publics fragiles et moins qualifiés), dans le cadre de la territorialisation de la formation professionnelle :

Si des efforts sont bien fournis, reste à présent à les consolider.

B. Des efforts à consolider

Le dernier maillon de la chaîne. De nombreux efforts sont mis en œuvre par les différents acteurs impliqués, car la prison est au bout de la chaîne pénale, et ce sont donc tous les maillons de la chaîne qui doivent participer et poursuivre l'effort pour parvenir à améliorer les conditions de détention.

L'investissement de l'autorité judiciaire. C'est en premier lieu l'autorité judiciaire, qui investit progressivement ses compétences en matière d'aménagements de peine (*ab initio* et en cours d'exécution). Concernant les aménagements *ab initio*, ils demeurent extrêmement rares, car seuls deux aménagements *ab initio* sont dénombrés en 2019. Il n'existe pas de données pour 2020 et 2021. S'agissant des aménagements en fin de peine, là encore, si l'on observe une progression au cours des dernières années, le tableau des statistiques trimestrielles au 31 mars 2022 indique que le centre pénitentiaire de Rémire-Montjoly est le deuxième établissement de taille considérable ayant le moins recours aux aménagements (selon les données brutes), après celui du Port, à La Réunion[29]. Les explications sont diverses, et elles tiennent tant au sous-dimensionnement du service de l'application des peines en Guyane qu'aux difficultés de suivi de certains condamnés en

---

[https://guyane.deets.gouv.fr/sites/guyane.deets.gouv.fr/IMG/pdf/annexe_3_plan_d_actions_territorial.pdf].

[29] Les données des trimestres précédents et ultérieurs confirment cette position, avec un taux d'aménagement de peines aux alentours de 17-18% pour le centre pénitentiaire de Rémire-Montjoly : *Statistiques des établissements des personnes écrouées en France*, Ministère de la Justice, Direction de l'Administration pénitentiaire, Bureau de la donnée, document mensuel ou trimestriel (en fonction des périodes) [en ligne].

raison par exemple de spécificités et de contraintes géographiques. Il existe néanmoins une volonté marquée de développer le recours à ces aménagements[30].

Le recours aux aménagements des courtes peines. Il faut également mentionner le taux important d'aménagement des courtes peines (sur le fondement de l'article art. 723-15 du Code de procédure pénale), qui atteint plus de 75% en général sur les années 2019 à 2021. Des efforts ont été déployés pour privilégier le recours au placement sous surveillance électronique, devenu depuis quelque temps la détention à domicile sous surveillance électronique (DDSE), concernant en particulier les personnes condamnées pour transport de cocaïne, qui constituent un vivier important de surpopulation carcérale, notamment chez les femmes. Le service de l'application des peines considère d'ailleurs cette mesure comme plus efficace que la libération conditionnelle (parentale notamment) qui était auparavant favorisée, car la DDSE permet de contrôler les horaires de déplacement du condamné et fait reculer le sentiment d'impunité, du fait de la visibilité du dispositif pour l'entourage du condamné. Il existe cependant des limites à l'applicabilité de cette peine, liées par exemple à l'isolement ou à l'éloignement de certaines communes, sur le fleuve notamment.

S'agissant de la libération sous contrainte, le service de l'application des peines relève qu'elle est refusée par certains détenus en situation irrégulière qui ne souhaitent pas quitter le territoire. Pour les autres, ils sont souvent privés de cette mesure en raison de l'absence d'éléments leur permettant de justifier d'un hébergement.

Enfin, concernant les aménagements tels que le placement extérieur avec hébergement ou le placement en semi-liberté, les structures existantes ne sont pas nécessairement adaptées

---

30 Ainsi que l'a souligné d'ailleurs Mme la Directrice de la Mission Outre-Mer de l'administration pénitentiaire lors de son intervention.

à la réalité des condamnés. Ainsi, le centre de semi-liberté est configuré de telle manière qu'il ne permet pas l'accueil de davantage de personnes. En effet, les cellules y sont collectives, et les occupations sur place sont rares, voire inexistantes, condamnant les personnes placées à l'oisiveté dès leur retour au centre, à la fin de leurs heures de travail. Tous les acteurs concernés s'accordent à souligner la nécessité de renforcer l'accompagnement des personnes placées en centre de semi-liberté pour que ces mesures remplissent leurs véritables objectifs d'accompagnement à la fin de peine et retour en société.

Les améliorations matérielles. Les améliorations des conditions matérielles de détention semblaient en cours, au vu des rares éléments obtenus à ce sujet. L'administration pénitentiaire indiquait ainsi dans un courrier que « *des mesures ont été mises en place pour remédier à la situation carcérale de Remire-Montjoly, et la Mission Outre-Mer travaille encore à l'élaboration de nouvelles mesures visant à améliorer les conditions de détention des personnes placées sous main de justice. Il s'agit d'un travail de longue haleine en regard notamment de l'ancienneté du bâti* ». À défaut d'informations plus précises, il faut donc s'en remettre aux éléments communiqués par les requérants ayant dénoncé les conditions de détention à Rémire-Montjoly, aux informations issues du Rapport d'activité 2021 du CGLPL et aux quelques déclarations et images issues de la visite du député Jean-Victor Castor, le 26 septembre 2022. Or ces éléments contredisent clairement les annonces du Ministère sur un certain nombre de points, comme indiqué précédemment[31].

La construction d'un nouvel établissement. Concernant enfin la construction d'un nouvel établissement à Saint-Laurent-du-Maroni, il s'agit d'une mesure qui paraît certes indispensable à l'heure actuelle, mais qui ne résoudra pas l'ensemble des difficultés pénitentiaires en Guyane, chaque

---

31 V. *supra* §21.

nouvelle place de prison produisant une sorte d'appel d'air. Cela va toutefois permettre de répondre à des problématiques concrètes telles que la surpopulation, l'éloignement du seul établissement actuel des communes sur le fleuve Maroni, ou encore la possibilité de transferts, peut-être, tels que prévus par la voie de recours de l'article 803-8 du Code de procédure pénale[32].

Conclusion. Ainsi, la pirogue est loin d'être sortie des rapides. Elle a trouvé un cap, fixé par la boussole de la dignité. Formulons donc le souhait que la politique pénitentiaire en Guyane connaisse un jour un retour en des eaux plus calmes, éloignées des tumultes auxquels elle est confrontée depuis de longues années, pour atteindre enfin l'apaisement de la rive, et ainsi assurer des conditions de détention conformes à la dignité humaine.

---

[32] V. à ce sujet, cet ouvrage, la contribution de Jean-Paul CÉRÉ.

La dignité des détenus dans la politique pénitentiaire mise en œuvre en Nouvelle-Calédonie

Sabrina LAVRIC
Maître de Conférences, Université de la Nouvelle-Calédonie
Membre du Laboratoire de Recherche Juridique et Économique (LARJE – EA 3329)
Membre associée de l'Institut François Gény (EA 7301)

Évoquer la dignité des détenus dans les Outre-mer nécessite d'évoquer la Nouvelle-Calédonie, d'abord parce que la Calédonie est un territoire ultramarin voisin de la Polynésie (4600 km « seulement » séparent ces deux territoires, ce qui ne représente pas grand-chose à l'échelle du Pacifique Sud), surtout parce que les premières recommandations en urgence[1] du Contrôleur Général des Lieux de Privation de Liberté (CGLPL) concernaient le centre pénitentiaire de Nouméa, où les conditions de détention sont particulièrement difficiles et ont été dénoncées par de nombreuses autorités juridictionnelles ou non juridictionnelles, judiciaires et administratives.

Le contexte pénitentiaire actuel. Celui-ci s'enracine dans le passé de colonie pénitentiaire de la Nouvelle-Calédonie (1863-1931) et le « malheur » d'hier, du terme employé par

[1] Recommandations en urgence du CGLPL du 30 novembre 2011 ; http://www.cglpl.fr/wp-content/uploads/2011/12/Reco-JO_CP-Nouméa_def_20111201.pdf

les forçats pour qualifier leur condition carcérale[2], paraît bien se prolonger à travers les trop nombreuses atteintes à la dignité subies par les détenus d'aujourd'hui.

Pour l'heure, le territoire est doté d'un seul établissement pénitentiaire, qui se trouve à Nouméa, en province Sud (la Nouvelle-Calédonie étant composée de deux autres provinces – auxquelles la loi organique accorde compétence dans tous les secteurs non dévolus à l'État, au territoire et aux communes[3] et qui se trouvent au centre du dispositif institutionnel depuis la signature des accords de Matignon en 1988 : ainsi, la province Nord, qui couvre tout le nord de la Grande Terre, qui constitue l'île principale ; et la province des îles Loyauté, qui regroupe les îles de Maré, Lifou et Ouvéa). On précisera que la Grande Terre est très inégalement peuplée, Nouméa concentrant près de 70 % de sa population. Un autre établissement pénitentiaire vient tout juste de sortir de terre en province Nord, à Koné, et devrait être livré pour accueillir ses premiers détenus d'ici la fin de l'année 2022.

Le centre pénitentiaire de Nouméa. L'histoire de la prison se confondant, comme on l'a dit, avec celle du bagne, le centre pénitentiaire de Nouméa est implanté sur le site d'un ancien dépôt du bagne datant de 1864. Encore communément appelé « Camp-Est », il est localisé sur la presqu'île de Nouville qui fait face au centre-ville de Nouméa (à l'origine l'île Nou, qui permettait d'isoler les forçats, les « gens d'en face », sur leur île-prison)[4]. C'est l'une des structures pénitentiaires françaises les plus anciennes. Sa gestion a été transférée du territoire à l'État le 1er janvier 1990.

---

[2] v. L.-J. Barançon, *Le mémorial du bagne calédonien. Entre les chaînes et la terre*, Pirae, Au vent des îles, 2020, 2 vol., dont le premier volume (« Les chaînes ») contient un chapitre I intitulé « Malheur »

[3] Loi organique n° 99-209 du 19 mars 1999 relative à la Nouvelle-Calédonie

[4] Sur cette histoire du bagne calédonien, v. not. L.-J. Barançon, préc.

Le Camp-Est couvre 20 hectares, dont 4 sont consacrés à la détention, et il compte 238 cellules (ce qui représente sa capacité théorique), réparties entre un quartier maison d'arrêt hommes (MAH), un quartier maison d'arrêt femmes (MAF), un quartier pour mineurs (QM), un quartier de préparation à la sortie (QPS), un centre de détention ouvert (CDO), un centre de détention fermé (CDF) et un service général (SG). L'établissement est doté d'une capacité « opérationnelle » de 414 places et il accueille des détenus prévenus ou condamnés en provenance des trois provinces. Il connaît un taux d'occupation très élevé : en décembre 2021, le taux d'occupation total de l'établissement était de l'ordre de 130 %, avec deux quartiers nettement sur-occupés, le centre de détention (CD) et la maison d'arrêt hommes (MAH)[5]. Actuellement[6], avec près de 590 détenus, le taux total d'occupation avoisine les 143 %.

Les critiques. Avec un fort taux d'occupation, une promiscuité et une insalubrité aiguës, l'absence de certains équipements et des activités peu nombreuses, le Centre pénitentiaire de Nouméa a fait l'objet de vives critiques, de la part du CGLPL (qui a effectué deux visites, en 2011 et 2019, accompagnées chaque fois de recommandations en urgence), de la Commission nationale consultative des droits de l'homme[7], des juridictions judiciaires et administratives françaises, ainsi que de la Cour européenne des droits de l'homme avec l'arrêt

---

[5] Évoquant déjà des taux d'occupation de l'ordre de 200 % pour le centre de détention (et le quartier de semi-liberté) et de 300 % pour la maison d'arrêt, V. les recommandations du CGLPL de 2011 préc. confirmant que la surpopulation continue de toucher non seulement le quartier maison d'arrêt, mais également les quartiers centre de détention (133 % au 1er déc. 2021), v. le rapport d'activité 2021 du CGLPL, Dalloz, 2022, p. 15

[6] Chiffres en date du 22/04/2022 ; au 01/09/2022, le nombre de détenus a dépassé le seuil, jamais atteint auparavant, des 600 détenus (614), portant le taux d'occupation à 148 %

[7] Avis du 18 mai 2017 sur la question pénitentiaire dans les outre-mer, JORF 14 juin 2017

Yengo contre France, dans lequel la Cour de Strasbourg a conclu à la violation de l'article 3 de la Convention européenne des droits de l'homme interdisant la torture ainsi que les traitements inhumains et dégradants, s'agissant d'un détenu incarcéré dans une cellule de quinze mètres carrés accueillant six personnes dans des conditions d'hygiène particulièrement déplorables[8].

Après la première visite du Contrôleur en octobre 2011 qui avait conclu à « *une violation grave des droits fondamentaux d'un nombre important de personnes* »[9], un plan d'urgence, devant notamment permettre la réhabilitation des quartiers d'hébergement et la construction d'un centre pour peines aménagées, avait été décidé par le ministère de la Justice. Par la suite, et alors que le juge administratif des référés, sur le fondement de l'article R. 541-1 du Code de justice administrative, condamnait l'État à verser à trente détenus – dont M. Yengo – une somme à titre de provision[10] à valoir sur leur préjudice moral subi du fait de conditions de détention contraires à la loi pénitentiaire, au Code de procédure pénale et à l'article 3 de la Convention européenne[11], la Garde des Sceaux Mme Christiane Taubira mandatait, le 26 septembre 2012, Mme Mireille Imbert-Quaretta, conseiller d'État, pour « *procéder à une évaluation complète de la situation et avancer les propositions propres à remédier aux difficultés ou insuffisances constatées* ».

---

[8] CEDH 21 mai 2015, *Yengo c. France*, n° 50494/12, *D. actu.* 26 mai 2015, obs. M. Léna ; *D.* 2016. Pan. 1220, obs. J.-P. Céré ; *AJ pénal* 2015. 450, obs. E. Senna; *AJDA* 2015. 1289, tribune A. Jacquemet-Gauché et S. Gauché

[9] Rapport d'activité 2011 du CGLPL

[10] D'un montant de 138 000 francs pacifiques (1156 euros) s'agissant de M. Yengo, pour une période de détention allant du 21 août 2011 au 31 juillet 2021

[11] TANC, ord. réf., 31 juill. 2012

Dans son rapport remis en novembre 2012[12], la mission Imbert-Quaretta proposait l'abandon du projet de construction d'un nouvel établissement au profit d'une rénovation en moins de deux ans du centre pénitentiaire actuel et de l'implantation d'un centre de détention dans le Nord. Elle préconisait également une « *réorientation de la politique pénale* » pour faire baisser le taux d'incarcération (« *près de deux fois plus élevé (…) que sur l'ensemble du territoire français* », sans qu'apparaisse une « *corrélation avec le taux de criminalité* »). La mission relevait encore la surreprésentation des jeunes Kanaks (« *près de 90 % des personnes détenues* ») et elle invitait à « *renforcer la participation d'assesseurs mélanésiens* » au sein du tribunal correctionnel ainsi qu'à « *rechercher les modalités d'une "médiation pénale coutumière* ». En effet, la prison apparaît comme l'arbre qui cache la forêt : derrière cette question se cachent celles de la légitimité de la justice pénale française (s'agissant d'une compétence non déléguée) et de la pertinence (donc de l'efficacité) des peines qu'elle prononce. Le contexte de colonisation est encore très prégnant en Nouvelle-Calédonie et les ponts entre justice pénale étatique et droit coutumier kanak quasi inexistants[13]. La présence d'assesseurs coutumiers est prévue uniquement en matière civile, quand le litige concerne deux parties dont le statut personnel est le statut civil

---

[12] M. Imbert-Quaretta, Rapport sur les difficultés de prise en charge de la population pénale au centre pénitentiaire de Nouméa, novembre 2012

[13] Sur la question plus large des rapports entre droit pénal et droit coutumier, v. V. Malabat, « La prise en compte de la coutume kanake en droit pénal », in *La coutume kanake dans le pluralisme juridique calédonien*, dir. É. Cornut et P. Deumier, Publication du rapport de recherche « L'intégration de la coutume dans le corpus normatif contemporain en Nouvelle-Calédonie », Presses Universitaires de la Nouvelle-Calédonie, 2018, p. 217

coutumier kanak[14]. Ainsi le droit coutumier n'intègre le champ matériel du droit pénal que par le prisme de l'action civile en réparation du préjudice né de l'infraction[15], et uniquement lorsque l'une des parties en formule la demande[16]. La formation délictuelle du TPI intègre elle aussi des assesseurs, mais « civils »[17]. Quant à la médiation pénale coutumière prévue par l'Accord de Nouméa[18], elle n'est toujours pas effective, faute de dispositif spécifique (distinct du cadre posé par l'article 41-1 du Code de procédure pénale) mis en place[19] et alors que la

---

[14] Les assesseurs coutumiers sont entrés en fonction le 1er janvier 1983, et selon l'ordonnance n° 82-877 du 15 octobre 1982 qui les a institués, leur participation au fonctionnement de la justice « est justifiée par le caractère très complexe des coutumes mélanésiennes dont la plupart sont orales et qui, de ce fait, demeurent d'accès difficile aux magistrats professionnels affectés dans le territoire »

[15] Sur cette question, v. É. Cornut, « Un contentieux coutumier émergent : les intérêts civils », in *La coutume kanak dans le pluralisme juridique calédonien*, préc., p. 144

[16] Selon l'article 19 de la loi organique n° 2013-1027 du 15 novembre 2013 portant actualisation de la loi organique n° 99-209 du 19 mars 1999 relative à la Nouvelle-Calédonie, « *sauf demande contraire de l'une des parties, après s'être prononcée sur l'action publique concernant des faits de nature pénale commis par une personne de statut civil coutumier à l'encontre d'une personne de même statut civil coutumier, la juridiction pénale de droit commun, saisie d'une demande de dommages et intérêts, statue sur les intérêts civils dans les conditions prévues par la loi* » ; rappelant la nécessité d'une telle « demande contraire », v. Cass. Crim. 1er juin 2021, n° 20-83.485, *Dalloz actualité*, 8 juin 2021.

[17] Depuis la loi n° 89-378 du 13 juin 1989 ; v. COJ, art. L. 562-9 s. ; v. R. Lafargue, « La justice outre-mer : justice du lointain, justice de proximité », *Revue française d'administration publique* 2002/1, n° 101, p. 102

[18] « Le rôle des autorités coutumières dans la prévention sociale et la médiation pénale sera reconnu. Ce dernier rôle sera prévu dans les textes applicables en Nouvelle-Calédonie en matière de procédure pénale ».

[19] V. Étude concernant la mise en œuvre des Accords sur la Nouvelle-Calédonie signés à Matignon et Nouméa, DGOM, p. 15 ; disponible sur www.nouvelle-caledonie.gouv.fr

circulaire du 18 mars 2013 de politique pénale pour la Nouvelle-Calédonie préconisait son développement, en concertation avec le Sénat coutumier[20].

Le rapport de la mission Imbert-Quaretta dénonçait encore la perte automatique de couverture sociale pour les détenus et leurs ayants droit du fait de l'incarcération, la loi du 18 janvier 1994 sur la santé des détenus et leur protection sociale n'étant pas applicable en Nouvelle-Calédonie. La dignité *lato sensu* passant aussi par la santé, la désaffiliation automatique à la CAFAT (Caisse d'Allocations Familiales et d'Accidents du Travail) précarise nécessairement, tout en faisant reposer sur l'administration non seulement la responsabilité, mais également le coût des soins délivrés.

En octobre 2019, le CGLPL effectuait une nouvelle visite de l'établissement[21]. À cette occasion, il constatait quelques mesures correctives (amélioration du parcours arrivant, renforcement de la présence éducative auprès des mineurs, installation de douches dans certaines cellules, abandon des fouilles systématiques à l'issue des parloirs, exercice réel des droits de la défense devant la commission de discipline, accès au téléphone permis), mais aussi et surtout l'absence de mise en œuvre ou de prise en compte de la plupart des recommandations émises en 2011. Le rapport de 2019, particulièrement intéressant au regard de la situation inédite de l'établissement, visé par des recommandations en urgence coup sur coup[22], pointait ainsi des « *solutions incomplètes et de courte vue* » à la surpopulation (telle que l'installation de containers maritimes

---

[20] Circulaire du 18 mars 2013 de politique pénale pour la Nouvelle-Calédonie, NOR : JUSD1307380C, BOMJ : « *Si l'expérimentation de la médiation pénale en lien avec les autorités coutumières a effectivement été tentée en 2010, il apparaît opportun désormais de développer cette mesure, après concertation avec le Sénat coutumier* ».

[21] Rapport d'activité 2019 du CGLPL

[22] V. Recommandations en urgence relatives au centre pénitentiaire de Nouméa (Nouvelle-Calédonie), JO 18 déc. 2019

transformés en cellules doubles, sans isolation thermique ni phonique et sans système électrique sécurisé). Le Contrôleur s'y disait « *très préoccupé par la situation dégradée et dégradante de cet établissement* » et concluait en espérant que les recours ouverts devant le juge judiciaire pour conditions indignes de détention « *ouvrir[aie]nt désormais les yeux des pouvoirs publics* » afin de les inciter à améliorer durablement le respect des droits fondamentaux des personnes incarcérées à la prison de Nouméa … Ces vœux se sont-ils concrétisés ? Rien n'est moins sûr.

Concernant le recours judiciaire ouvert par la chambre criminelle[23] à la suite de l'arrêt *JMB et autres contre France*[24], la chambre de l'instruction de la Cour d'appel de Nouméa a audiencé onze requêtes alléguant des conditions indignes de détention et a rendu un seul arrêt de libération (et placement sous assignation à résidence avec surveillance électronique), le 8 octobre 2020[25]. Dans cet arrêt, la cour d'appel a conclu à l'existence d'un traitement dégradant au sens de l'article 3 de la Convention européenne au regard des « *conditions de promiscuité [qui] témoignent d'un manque d'espace individuel de vie (3,2 m² par personne) et de l'absence d'intimité en cellule et [qui] constituent une atteinte à la dignité de la personne d'autant plus préjudiciable que le détenu est âgé de 63 ans et souffre de pathologies chroniques* ». S'agissant du recours ouvert par l'article 803-8 du Code de

23 Cass. crim. 8 juill. 2020, n° 20-81.739 et 20-81.731, *Dalloz actualité*, 31 août 2020, obs. C. Margaine ; *AJ pénal* 2020. 404, obs. F. Frinchaboy ; *D.* 2020. 1774, obs. J. Falxa

24 CEDH 30 janv. 2020, *JMB et a. c. France*, n° 9671/15, *D.* 2020. 753, note J.-F. Renucci ; *ibid.* 1195, obs. J.-P. Céré, J. Falxa et M. H-Evans ; *ibid.* 1643, obs. J. Pradel

25 CA Nouméa, ch. inst., 8 oct. 2020, n° 2020/00036, *AJ pénal* 2020. 597, obs. B. David

procédure pénale[26], entré en vigueur le 1er octobre 2021[27], il y en a eu 2 en 2021. Au 1er août 2022, une vingtaine de recours avaient été introduits,[28] mais un seul avait abouti le 8 juillet 2022[29] et entrainé une remise en liberté avec placement sous contrôle judiciaire[30].

Pendant ce temps (judiciaire)-là, la justice administrative n'est pas restée inactive, tant s'en faut … dès le 19 février 2020, le Tribunal administratif de la Nouvelle-Calédonie, saisi en référé par l'Observatoire International des Prisons (OIP), enjoignait en urgence au Ministre de la Justice de mettre en œuvre un ensemble de mesures d'amélioration des conditions de détention au centre pénitentiaire de Nouméa[31]. Et le 11 février 2022[32], le Conseil d'État constatait que plusieurs des mesures ordonnées en 2020 n'avaient toujours pas été mises

---

[26] Issu de la loi n° 2021-403 du 8 avril 2021 tendant à garantir le droit au respect de la dignité en détention (JO 9 avr. 2021)

[27] Décret n° 2021-1194 du 15 septembre 2021 relatif au recours prévu à l'article 803-8 du code de procédure pénale et visant à garantir le droit au respect de la dignité en détention (JO 16 sept.)

[28] 14 recours au 01/04/2022, aucun n'ayant abouti.

[29] https://la1ere.francetvinfo.fr/nouvellecaledonie/province-sud/noumea/un-detenu-du-camp-est-remis-en-liberte-a-cause-des-conditions-d-incarceration-1303452.html

[30] Selon l'avocate de l'intéressé, interviewée par NC 1re, 13 juill. 2022 : « *Les conditions étaient une insalubrité assez importante. Il y avait beaucoup de nuisibles dans la cellule, des odeurs, une absence d'aération et une surpopulation très importante, avec des matelas au sol, qu'il était obligé de remonter contre le mur pour pouvoir circuler […] un rideau qui sépare uniquement le reste de la cellule avec ce qui sert de dépôt hygiénique ; et puis initialement ce détenu était mis dans une cellule avec des personnes fumeuses alors qu'il a des problèmes respiratoires ; l'administration pénitentiaire, suivant la première phase de ce recours, l'a transféré de cellule mais les conditions n'étaient toujours pas satisfaisantes* »

[31] TANC, ord. réf., 19 févr. 2020, n° 2000048 ; V. égal. CE 19 oct. 2020, n° 439372, Lebon ; *AJDA* 2020. 1991 ; *D.* 2020. 2121, obs. M.-C. de Montecler ; *AJ pénal* 2020. 593, obs. J.-P. Céré

[32] CE 11 févr. 2022, n° 452354, *D.* 2022 p. 1061, Panorama Exécution des peines, obs. J.-P. Céré

en œuvre, spécialement la rénovation des sanitaires et points d'eau du quartier mineurs, le recrutement d'un médecin addictologue ainsi que le remplacement des fenêtres défectueuses dans les cellules et la mise en place de moustiquaires, et prescrivait au Ministre de mettre en œuvre ces différentes mesures dans le délai d'un mois sous astreinte (de 1000 euros par jour de retard)[33].

La question qui se pose évidemment est celle des réponses apportées, et donc des moyens mis en œuvre pour garantir de manière pérenne la dignité des détenus en Nouvelle-Calédonie.

Les réponses. Les deux principaux moyens qui relèvent de la politique pénitentiaire mise en œuvre sur le territoire n'ont rien d'original, et ils sont conçus comme complémentaires : il s'agit de la création d'un nouvel établissement et de la rénovation de l'établissement l'existant. Une répartition des établissements, sur le modèle polynésien, avait été proposée dans le cadre du Projet de loi de finances pour 2013 afin de « *répondre plus rapidement à la question de la surpopulation carcérale sans [...] surcoûts budgétaires* »[34].

La création d'un nouvel établissement pénitentiaire. La création d'un second établissement pénitentiaire (et donc de places supplémentaires) semble assez logique pour remédier à la surpopulation carcérale rencontrée sur le territoire.

---

[33] D'autres injonctions non intégralement exécutées étaient relevées (obligation de mettre aux normes des installations électriques, d'améliorer les conditions d'hygiène dans certains bâtiments ainsi que de rénover les ventilateurs installés en cellule) mais ne donnaient pas lieu à astreinte, ces actions devant normalement être réalisées « dans le cadre d'un projet de réfection de l'ensemble de l'établissement ».

[34] Avis n° 154 (2012-2013) de M. Christian COINTAT, fait au nom de la commission des lois, déposé le 22 novembre 2012, http://www.senat.fr/rap/a12-154-3/a12-154-34.html

Pour autant, l'idée a mis du temps à se concrétiser. Et sa finalisation doit autant à des considérations de politique tout court qu'à des considérations de politique pénitentiaire.

Le projet d'implantation d'un centre de détention en Province Nord, suggéré par le rapport Imbert-Quaretta, a été retenu et acté à l'occasion du XIème Comité des Signataires, le 11 octobre 2013[35]. Il s'est ensuite concrétisé par la signature, le 18 mars 2015, d'une convention de partenariat entre l'État et la province Nord[36]. La construction de l'établissement de Koné a débuté en novembre 2019[37]. Cette localisation vient renforcer le « pôle justice » du Nord où se situe déjà une section détachée des juridictions du ressort de la cour d'appel, compétente en matière civile, pénale et coutumière[38] et une antenne du Service Pénitentiaire d'Insertion et de Probation, et participe ainsi de la « politique de rééquilibrage » entre les provinces. 30 % des condamnés étant originaires de la Province Nord, et 40 % d'entre eux y étant domiciliés[39], l'idée est de rapprocher ces détenus de leur famille avec laquelle le maintien des liens, pourtant essentiel en termes de réinsertion, est rendu compliqué par la distance et la précarité.

---

35 https://www.nouvelle-caledonie.gouv.fr/Actualites/Archives/2019/Lancement-des-travaux-du-centre-de-detention-de-Kone

36 Suivant laquelle la province Nord met à disposition le terrain nécessaire à la construction de l'équipement, prend en charge la maîtrise d'ouvrage et 75% du coût de réalisation de la voie d'accès au centre de détention, le solde restant à la charge de l'État.

37 Représentant un budget de 6,4 milliards de francs pacifiques

38 Antenne du Tribunal de première instance et du Service pénitentiaire d'insertion et de probation (SPIP)

39 https://www.nouvelle-caledonie.gouv.fr/Actualites/Archives/2019/Lancement-des-travaux-du-centre-de-detention-de-Kone

L'établissement de Koné est présenté comme un centre de détention « *moderne, orienté vers la réinsertion et la lutte contre la récidive* »[40] reposant sur « *trois leviers* » : « *une architecture océanienne, le maintien des liens familiaux et sociaux et la formation, un moteur économique* »[41]. Il est destiné à accueillir des détenus condamnés à une peine définitive supérieure à deux ans et présentant, après sélection, les meilleures conditions de réinsertion.

Concernant le régime de détention, le CD de Koné est conçu en mode semi-ouvert, et sera organisé autour de trois espaces obéissant à une logique de « contrainte évolutive » : un espace « régime contraint » comprenant un quartier d'accueil et d'évaluation des nouveaux arrivants ; un espace « régime de confiance » (« respect », dans lequel les détenus circulent librement dans l'enceinte du centre) ; un espace « préparation à la sortie et aménagements de peines » (permettant aux détenus concernés d'aller à l'extérieur).

D'un point de vue structurel, il offrira des cellules doubles ou individuelles « *évoquant plutôt la chambre d'étudiant propice à l'incubation de projets* »[42], des locaux dont l'aération et la luminosité sont naturelles, et un nombre important de services et d'activités (avec du maraîchage notamment, et donc des parcelles de terre à cultiver)[43]. Les 12 bâtiments construits sur six hectares de terrain cédés à titre gratuit par la province Nord

---

[40] Sur les établissements à réinsertion active, V. l'intervention de Mme Muriel Giacopelli

[41] Selon la brochure de la Direction des services pénitentiaires disponible sur https://www.nouvelle-caledonie.gouv.fr/content/download/6469/49975/file/Brochure%20CDK_version%20web.pdf

[42] https://la1ere.francetvinfo.fr/nouvellecaledonie/province-nord/kone/kone-a-quatre-mois-de-la-livraison-visite-de-chantier-au-futur-centre-de-detention-1252369.html

[43] Les formations proposées seront définies en fonction du bassin d'emploi local ; des comités de pilotage sont à l'œuvre pour nouer des partenariats avec les entreprises locales et le tissu associatif

sont désormais achevés, et le centre de détention de Koné devrait accueillir ses premiers détenus en novembre 2022. Il concernera 120 détenus, hommes majeurs seulement (en réalité, il s'agit de 110 places et de 10 places « arrivant »).

La création d'un nouvel établissement constitue une réponse partielle à la surpopulation, qui risque d'être insuffisante si les taux d'incarcération actuels perdurent (mais ce sont d'autres leviers, sur les peines elles-mêmes, qu'il s'agirait de mettre en œuvre de manière complémentaire). L'exemple polynésien montre cependant que la création d'un centre pénitentiaire à Papeari (Tatutu), inauguré en 2017, a permis de réduire de manière assez importante[44] l'état de surpopulation carcérale qui touchait auparavant ce territoire ultramarin (le centre pénitentiaire de Faa'a-Nuutania[45], en particulier).

Cela étant, il est certain que l'établissement de Koné offrira un confort sans équivalent sur le territoire, et qu'il permettra de garantir la dignité des personnes qui y seront détenues – dignité *stricto sensu* par les conditions d'hébergement, et dignité *lato sensu* par le travail et les activités de réinsertion, également par le respect de certaines spécificités culturelles, avec l'intégration du mode de vie océanien dans l'architecture et l'organisation des espaces de vie notamment, avec un bâtiment de plain-pied intégrant des éléments tels que des *fare* en extérieur, qui sont des lieux de vie communautaire, pour les parloirs par exemple[46].

Conçu pour « délester » le centre pénitentiaire de Nouméa, le centre de détention de Koné ne réglera pas à lui seul

---

[44] Jusqu'à la supprimer ? v. cet ouvrage, la contribution de M. Thomas Pison.

[45] V. cet ouvrage, la contribution de M. Damien Pellen

[46] Le projet architectural devait prendre en compte les éléments culturels calédoniens ; l'équipe retenue a associé un cabinet calédonien à un cabinet métropolitain (qui avait réalisé Tatutu en Polynésie)

la problématique des conditions indignes de détention. En complément, d'importants travaux de rénovation ont donc été engagés au Camp Est.

La rénovation de l'établissement existant. Un plan de rénovation globale est aujourd'hui mis en œuvre, qui devrait s'achever fin 2025. Tous les chantiers engagés – dont les deux principaux sont la restructuration de toutes les cellules ainsi que la mise aux normes de tous les réseaux d'évacuation des eaux usées – devraient répondre aux nombreuses critiques dont l'établissement a fait l'objet. De tels travaux prennent nécessairement du temps, puisque l'établissement demeure occupé.

Cette entreprise de réfection d'ampleur n'allait pas de soi non plus. Le premier rapport du Contrôleur avait eu très peu d'effets concrets (en dépit des recommandations en urgence), si ce n'est la création d'un quartier de préparation à la sortie[47]. Quant au second rapport, bien qu'accompagné de nouvelles recommandations en urgence, il n'a suscité aucune réaction du point de vue des personnels et des cadres[48], aux antipodes de la prise de conscience que le Contrôleur entendait susciter. En réalité, ce sont les relances régulières de l'Observatoire International des Prisons auprès des juridictions administratives qui ont contribué à faire bouger les lignes – et les immobilismes, qui peuvent aussi caractériser d'une certaine manière le territoire.

Ainsi, le Centre pénitentiaire de Nouméa a été amené à répondre point par point à la décision précitée du Conseil d'État du 11 février 2022, avec le changement de fenêtres, la pose de moustiquaires et la distribution de sticks anti-moustiques ainsi que la mise en place d'un programme en

---

[47] Une enveloppe de 32 millions d'euros avait été allouée à la rénovation/extension du Camp Est en 2013

[48] Or « la vie d'un établissement dépend de la vision des personnels et des cadres », selon M. Philippe Peyron, le directeur actuel de l'établissement

partenariat avec le Centre Hospitalier Spécialisé (CHS) Albert-Bousquet concernant les addictions[49]. Concernant les sanitaires du quartier des mineurs, le centre pénitentiaire a expliqué les situations très concrètes qu'il rencontrait et installé des sanitaires « là où il fallait »[50], soit dans les cours de promenade du CDF.

Sur le plan structurel, outre les deux grands chantiers évoqués, beaucoup de travaux ont été réalisés ou sont en cours de finalisation, parmi lesquels : le remplacement des planchers des bâtiments (qui étaient en bois pour beaucoup) ; l'aménagement des cours de promenade dans le quartier QI/QD ; le remplacement de tous les rideaux de douche par des tentures marines (opaques et résistantes) ; l'installation de lumières LED dans les cellules pour améliorer la luminosité artificielle ; l'intensification de la lutte contre les nuisibles de toute sorte ; le réaménagement des parloirs famille pour garantir plus d'intimité (pose de séparations entre les tables), et rendre les lieux plus accueillants (installation de la climatisation et utilisation de couleurs gaies) ; la restructuration des deux cours de promenade de la maison d'arrêt des hommes (MAH), qui ont été bétonnées – auparavant elles étaient en terre et rendues rapidement impraticables en cas de pluie ; la construction d'une cellule de première urgence pour lutter contre le risque suicidaire[51].

Des moyens sont aujourd'hui mis en œuvre pour restructurer l'établissement aux fins d'améliorer les conditions matérielles de détention (les investissements sont très importants), mais sans vision d'ensemble, ce qui conduit parfois à

---

[49] Ce programme consiste à réunir une dizaine de détenus par semaine autour d'un infirmier pour travailler sur les addictions (alcool et cannabis seraient présents dans près de 70 % des infractions commises sur le territoire)

[50] Propos de M. Philippe Peyron, directeur du CP de Nouméa

[51] Le phénomène est comparable à la métropole (8 décès par suicide sur ces 10 dernières années)

des situations incongrues (comme la construction de cours individuelles de promenade au QI/QD alors qu'un nouveau QI/QD va être prochainement livré).

En outre, si l'on envisage la dignité *lato sensu*, pour y inclure le travail et les activités de réinsertion, il s'agit encore d'un point faible de l'établissement : seul le Service Général offre un travail (une cinquantaine d'emplois seulement) et les formations professionnelles proposées sont limitées (à deux : espaces verts et soudure). Et côté enseignement, il y a actuellement quatre ETP (pour 590 détenus), mais un cinquième a été promis ...

Conclusion. Si la prison est par définition un lieu d'exclusion, personne n'a envie de voir, en Calédonie comme ailleurs, ce qui s'y passe vraiment ; d'où une certaine indifférence générale, qui n'est pas propre au territoire, mais qui s'ajoute à un certain fatalisme, peut-être plus typique[52], et qui expliquerait les lenteurs accumulées pour garantir la dignité des personnes incarcérées. La politique pénitentiaire actuelle, consistant à rénover le parc existant et à ouvrir un nouvel établissement (dépourvu de maison d'arrêt) en complément, pourrait d'ailleurs être remise en cause. Car les acteurs locaux semblent s'accorder sur la nécessité de reconstruire entièrement le centre pénitentiaire de Nouméa. Récemment interrogé sur le sujet, le haut-commissaire de la République a indiqué que le projet de construction d'un nouvel établissement dans l'agglomération de Nouméa était bien d'actualité, mais qu'il peinait à sortir de terre pour des questions foncières seulement[53]. La construction d'un nouveau centre pénitentiaire pour remplacer l'actuel Camp-Est apparaît comme la

---

[52] V. cet ouvrage, la contribution de Mme Marie Salaün et M. Jacques Vernaudon

[53] « *Chaque année, l'État investit 350 millions de francs dans la rénovation du Camp-Est. Nous cherchons dans Nouméa et le Grand Nouméa un nouveau terrain pour construire une nouvelle prison. Avec le changement climatique, la montée des eaux, un jour ou l'autre, le Camp-Est aura les pieds dans l'eau. Avec l'ensemble des élus, nous*

meilleure des solutions, qui permettrait au territoire calédonien d'être doté de deux établissements modernes, correctement répartis géographiquement, et capables de garantir pleinement la dignité des personnes incarcérées.

---

nous sommes fixés comme objectif de trouver, avant la fin de l'année, un terrain adapté, suffisamment grand et à proximité immédiate des forces de l'ordre », M. Patrice Faure, ITW à NC 1ère, 23 août 2022 ; https://la1ere.francetvinfo.fr/nouvellecaledonie/blocages-prison-comite-des-signataires-patrice-faure-haut-commissaire-de-la-nouvelle-caledonie-invite-de-la-matinale-1314728.html

5ème PARTIE : QUELLE POLITIQUE PÉNALE POUR LUTTER CONTRE LA SURPOPULATION CARCÉRALE ?

La politique pénale territoriale et la surpopulation carcérale : bilan de cinq ans d'application de la circulaire du 3 mai 2017

Thomas PISON
Procureur Général, Cour d'appel de Papeete

En 2017, de manière pragmatique et moderne, le Garde des Sceaux de l'époque, Monsieur Jean Jacques URVOAS avait développé l'idée que la politique pénale devait s'adapter aux territoires, notamment aux plus éloignés, comme ceux situés en outre-mer. C'est effectivement une vue de l'esprit que de penser que les mêmes objectifs avec les mêmes moyens puissent être assignés pour régler de manière identique et uniforme les problématiques rencontrées au fin fond de la Creuse et/ou en Polynésie française ou en Guyane.

D'où pour la Polynésie française, cette circulaire du 3 mai 2017 de politique pénale territoriale.

D'emblée, cette circulaire rappelle les spécificités de la Polynésie française, notamment tenant à son statut d'autonomie institué par la Loi du 27 février 2004. De nombreuses compétences ont été transférées au Pays (Environnement, urbanisme, santé, enseignement primaire et secondaire, affaires économiques...), mais en laissant à l'État les compétences régaliennes au nombre desquelles, la Justice et l'administration pénitentiaire.

5 thèmes avaient été retenus :

- Violences intrafamiliales

- Délinquance routière

- Délinquance des mineurs

- Atteintes à la probité

- Surpopulation carcérale

En 2022, il est intéressant de noter que les violences familiales sont toujours terriblement d'actualité avec un taux 3 fois supérieur à la métropole. Dans le plan élaboré par le Conseil de Prévention de la Délinquance en Polynésie française, coprésidé par le haut-commissaire, le président du Pays et le procureur général, de nombreuses actions ont été initiées et mises en œuvre (Grenelle des violences, montée en puissance des associations d'aide aux victimes, TGD[1], politique pénale du parquet dynamique et innovante...).

Le sujet des délits routiers ainsi que les atteintes à la probité sont toujours des priorités et je vous renvoie au colloque organisé par l'université l'année dernière sur ce thème.

Malheureusement, depuis 2017, s'est rajoutée la problématique de la lutte contre les stupéfiants et les addictions, notamment à l'*ice* (métamphétamine).

Mais paradoxalement, c'est peut-être le 5° item qui est le moins d'actualité, c'est-à-dire la surpopulation carcérale. Pas d'inquiétude, je ne suis pas en train de vous dire que ce colloque est sans objet et surtout au dernier jour !

Mais que ce thème qui était prioritaire en 2017, l'est moins en 2022, en tout cas nettement moins que la lutte contre les stupéfiants et les addictions, qui, on le verra, impacte bien évidemment le sujet sur lequel nous débattons depuis hier.

---

[1] Téléphone Grave Danger

Sortons un instant de nos archipels et prenons du champ :

Au 31 janvier 2020, la France comptait 105.3 personnes incarcérées pour 100.000 habitants, derrière l'Espagne (123.3), le Portugal (124.3) ou encore l'Angleterre (138), mais devant l'Italie (101.2) et l'Allemagne (76.2).

En fait la France se situe dans le milieu du classement et très loin derrière les USA (639).

En Polynésie française au 1er avril 2022, on comptait 577 détenus hébergés, soit un taux d'incarcération de 209 pour 100.000 habitants. Nous reviendrons sur ces chiffres.

Pourquoi évoquer ces données ?

Car il me semble important de faire une distinction entre le taux d'incarcération et la surpopulation carcérale. Celle-ci est-elle due à une politique du tout carcéral ou au manque de places construites et disponibles ? La problématique est très différente, deux notions qu'il ne convient pas de mélanger.

Mais revenons à nos moutons, je veux dire à la Polynésie française.

Deux questions se posent à nous :

Aujourd'hui la surpopulation carcérale en Polynésie française appartient-elle au passé (I) et quelle politique pénale locale pour préserver ce fragile équilibre (II) ?

I. La surpopulation carcérale : Déjà du passé ?

L'état des lieux

Je ne reviendrai pas en détail sur le paysage pénitentiaire en Polynésie française, cela ayant été fait parfaitement par les responsables des établissements. La Polynésie française compte quatre établissements pénitentiaires depuis le 15 mai

2017, date de l'ouverture du centre de détention Tatutu de Papeari.

Le centre pénitentiaire de Faa'a-Nuutania

Situé sur la commune de Faa'a, sa capacité théorique et opérationnelle est fixée à 166 places. Le taux d'occupation moyen au centre de Faa'a, incluant les hommes et les femmes, sur l'année 2021, a été 121,81 %.

Cette situation de sureffectif trouve ses causes dans :

-La difficulté de développer encore davantage le placement sous surveillance électronique dans le cadre des aménagements de peine, pour des raisons tenant à la conception de certains habitats de bois sous tôle et/ou dépourvus de raccordement à l'électricité, et, dans la plupart des îles, l'absence de possibilité de placement sous surveillance électronique, le faible nombre de places de foyers, et les difficultés d'assurer un véritable suivi des mesures d'aménagements de peine et de soins dans les archipels éloignés. (Ce thème sera abordé plus précisément par les intervenants à venir)

-Il est à noter que désormais, au regard de la population carcérale importante au CP de FAA'A, un transfert au CD de Tatutu est organisé dès que le caractère définitif de la peine est obtenu, y compris pour des courtes peines. Pour autant, la proportion importante de détentions provisoires ne permet pas plus de transferts.

Les deux établissements secondaires situés dans les ressorts des deux sections détachées du Tribunal de Première Instance de Papeete sont également placés sous la responsabilité du directeur du centre pénitentiaire de Faa'a :

Le centre pénitentiaire situé à Uturoa (Île de Raiatea, archipel de la Société) d'une capacité de 20 places dirigé par un personnel de surveillance gradé, chef d'établissement, et compte actuellement 11 détenus.

Le centre pénitentiaire situé à Taiohae (Île de Nuku-Hiva, Archipel des Marquises) d'une capacité de 5 places dirigé par un personnel de surveillance gradé, chef d'établissement, et compte actuellement 3 détenus.

Le centre de détention Tatutu de Papeari

Le centre de détention Tatutu de Papeari a été conçu afin de remédier à la surpopulation endémique du centre pénitentiaire de Faa'a-Nuutania, et permettre ainsi de doter la Polynésie française, à compter de mai 2017, d'un établissement conforme aux normes métropolitaines, tant sur le plan de la sécurité que sur la prise en charge des personnes incarcérées. Il a une capacité de 410 places.

L'effectif des personnes détenues a atteint 85,79 % de la capacité totale en moyenne en 2021 en raison des transferts plus nombreux et pour des peines plus courtes depuis le centre pénitentiaire de Nuutania pour permettre à celui-ci de se rapprocher des normes attendues en matière de détention.

La Cour européenne des droits de l'homme, le 30 janvier 2020, a condamné la France pour violation des articles 3 et 13 de la convention sur requête de détenus incarcérés entre 2007 et 2016 à Nuutania, soit avant l'ouverture du CD de Tatutu et alors que le taux d'occupation du quartier MA était encore de 296,3%.

L'ouverture du centre de détention en 2017 a permis la baisse significative des effectifs hébergés au centre pénitentiaire de Nuutania, grâce aux transferts opérés.

Fort d'un effectif théorique de 166 places, le centre pénitentiaire de Nuutania reste toutefois en surnombre, mais sans commune mesure avec la situation antérieure.

La diminution générale des effectifs a permis de poursuivre les travaux importants de rénovation de la structure et des cellules engagés depuis 2013 assurant un meilleur confort de chacun.

Ainsi, depuis la fin d'année 2018, toutes les cellules du centre pénitentiaire des hommes de Faa'a sont équipées de douches et l'inversion de la destination du quartier des femmes durant l'année 2019 avec le centre pénitentiaire aménagé a également fortement amélioré leurs conditions d'hébergement.

Au vu de ces éléments, la surpopulation carcérale en Polynésie française a diminué très nettement et seul l'établissement de Nuutania a un taux d'occupation de 121%, mais bien inférieur aux 234% en 2013, alors que les autres établissements sont en dessous de leur taux d'occupation théorique.

Malgré ce constat en nette en amélioration, le taux d'incarcération en Polynésie française reste élevé, même si cela n'entraine pas de surpopulation carcérale comme on l'a vu.

II. Quelle politique pénale locale pour préserver ce fragile équilibre

La politique pénale du ministère public de Polynésie française tend à veiller à ce que la population pénale reste à des niveaux permettant de préserver de bonnes conditions de détention, gages de travail de qualité en termes de lutte contre la récidive et pour la réinsertion.

Notre action se situe à deux niveaux :

En amont : Pour lutter le plus efficacement contre l'incarcération, comme le dirait De La Palice, il ne faut pas prononcer de peines d'emprisonnement...

Mais cette démarche est soumise directement à la typologie de la délinquance et de l'investissement des services du Pays comme de l'État dans la prévention.

En Polynésie française, et conformément aux priorités retenues par le Conseil de Prévention de la Délinquance en Polynésie française, deux thèmes majeurs ressortent :

Lutte contre les trafics de stupéfiants et addiction

Violences intra familiales.

Face aux trafics d'envergure de stupéfiants, notamment d'*ice* revendu au Fenua 2500 euros le gramme et acheté pour une poignée de dollars à Los Angeles, la réponse pénale se doit d'être ferme et rapide. La prison s'impose en plus des peines complémentaires, notamment de confiscation. Je ne parle que des trafiquants et non des consommateurs, qui eux doivent bénéficier d'actions de prévention et d'un suivi plus médical que pénal.

Pour les trafiquants, nous ne sommes pas dans la prévention et le suivi médical, la réponse pénale doit être à la hauteur des enjeux. En Polynésie française, il s'agit d'un véritable fléau. Les infractions à la législation sur les stupéfiants sont deux fois plus élevées en Polynésie qu'en métropole.

En 2021, le taux annuel moyen pour 1000 habitants est de 5.83 faits en Polynésie contre 2.87 en métropole. On estime à 10.000 le nombre de consommateurs d'*ice* en Polynésie. Et 30% des détenus le sont pour trafics de stupéfiants. Cette réalité créée mécaniquement un taux d'incarcération fort. Voilà la réalité du terrain.

-Même constat pour les violences intrafamiliales et faites aux femmes. La Polynésie française se place à égalité avec la Nouvelle-Calédonie à la première place au plan national s'agissant du taux annuel moyen pour 1000 habitants, soit 3 fois plus qu'en métropole. Les violences intrafamiliales représentent 53% de l'ensemble des faits de violences constatées par les forces de sécurité.

Si la réponse pénale doit rester ferme en cette matière, aussi, notamment pour les réitérants et les récidivistes, d'autres réponses que l'incarcération sont efficaces. Le parquet a mis en place de très nombreuses alternatives, aidé en cela par les associations d'aide aux victimes et nos partenaires pénitentiaires, notamment le SPIP (Groupes de paroles, suivi psychologique, éviction du conjoint violent, TGD...).

L'aménagement des peines est un véritable enjeu, mais je laisse le soin aux spécialistes qui interviennent à ma suite de développer ces actions.

Au-delà de l'intervention du juge répressif en bout de chaine, il convient d'investir le champ de la prévention, tant pour les violences faites aux femmes que pour les addictions.

Mais l'éducation doit être en première ligne, éduquer les plus jeunes, mais pas que. La violence n'est pas un mode de communication, le respect et la bienveillance doivent pouvoir l'emporter.

Pour les consommateurs de stupéfiants : Je l'ai dit 10.000 consommateurs d'*ice* sur le territoire, ce qui est très préoccupant. Car au-delà des implications pénales, véritable enjeu de santé publique pour l'avenir de la Polynésie française. Doit-on laisser ces jeunes se désocialiser et se tuer en consommant ce produit ?

Prévention et suivi médical renforcé doivent se développer et le Pays doit concentrer ses efforts en ce domaine.

Oui, quand cela est possible, tout doit être fait pour éviter la case prison. La délinquance de moyenne intensité doit être traitée autrement, nous tous devons faire œuvre d'innovation et de pragmatisme.

Mais comme le rappelle à juste titre, le procureur de la République, les violences intrafamiliales et les trafics de stupéfiants constituent un contentieux de masse pour le parquet de Papeete : Comparutions immédiates et peines d'emprisonnement sont les réponses majoritaires, car adaptées.

Cette délinquance sur-représentée au Fenua produit mécaniquement un fort taux d'incarcération (205) qu'il ne faudrait pas aggraver par une surpopulation carcérale.

En aval :

C'est-à-dire quand la peine d'emprisonnement est prononcée. La Loi du 23 mars 2019 a introduit de multiples possibilités permettant de limiter les peines de prison, notamment les courtes peines, mais surtout de développer les aménagements. Là aussi, je laisse le soin aux spécialistes de présenter ces nouveaux dispositifs.

En conclusion, il me semble que depuis le rapport du Sénat de juin 2000 qualifiant les conditions de détention dans les établissements pénitentiaires en France d'humiliation pour la République, que la situation s'est nettement améliorée, notamment en Polynésie française. Les données de 2022 le montrent.

Cela résulte d'une double action combinée :

La construction d'un nouvel établissement pénitentiaire, dont la conception moderne intègre la dignité des conditions de détention, la prison ne devant être que la privation de la liberté.

Une politique pénale dynamique du ministère public, tant en amont qu'en aval, permettant de réduire les entrées et d'accompagner efficacement le parcours des détenus dans le cadre d'aménagements revisités par la Loi de mars 2019. Et ce, sans que les capacités bâtimentaires pénitentiaires soient le guide de notre politique pénale. Cependant, j'ai une pensée pour nos partenaires de l'administration pénitentiaire, directrice interrégionale, chefs d'établissements et SPIP qui sont à la croisée des chemins et chargés de résoudre la quadrature du cercle : La prison doit tout à la fois punir, lutter contre la récidive et œuvrer pour la réinsertion. Vaste programme partagé par les magistrats qui doivent allier fermeté, mais veiller aussi à la surpopulation carcérale et à la dignité des conditions de détention.

La réalité polynésienne des alternatives à l'emprisonnement et des aménagements de peine

Véronique MEUNIER
Directrice fonctionnelle du Service Pénitentiaire d'Insertion et de Probation de Polynésie française

I. Propos introductifs sur les missions générales du SPIP

Article D 573 CPP :

« *Le service pénitentiaire d'insertion et de probation, avec la participation le cas échéant des autres services de l'État, des collectivités territoriales et de tous organismes publics ou privés, favorise l'accès aux droits et aux dispositifs d'insertion de droit commun des détenus et personnes qui lui sont confiés par les autorités judiciaires* »

Les SPIP interviennent donc dans le cadre du service public pénitentiaire. Conformément à la loi n° 2009-1436 du 24 novembre 2009 pénitentiaire, ils participent à l'exécution des décisions et sentences pénales, au maintien de la sécurité publique et doivent s'organiser de manière à lutter efficacement contre la récidive en favorisant la réinsertion des personnes.

La circulaire du 19 mars 2008 relative aux missions et aux méthodes d'intervention des services pénitentiaires d'insertion et de probation vient préciser les missions et les modalités d'intervention des SPIP dans une finalité de prévention de la récidive. Le référentiel des pratiques opérationnelles (RPO1), dont le déploiement a débuté en septembre 2018 au sein des services, a vocation à être le document de référence sur les modalités d'interventions des SPIP.

Dans la mission de prévention de la récidive, les attributions des SPIP se déclinent autour de trois axes :

A. L'évaluation, le suivi et le contrôle des personnes

L'évaluation et la mise en place d'un suivi adapté à la personne placée sous main de justice (PPSMJ) doivent notamment permettre de planifier les interventions proposées à la personne dans un souci d'individualisation du parcours de peine ; de travailler sur le passage à l'acte et le sens de la peine ; de contrôler le respect par les PPSMJ des obligations imposées et de concourir, si nécessaire, au maintien ou à la restauration de l'autonomie et à la responsabilisation des personnes suivies.

B. L'aide à la décision judiciaire dans un souci d'individualisation

Les personnels d'insertion et de probation ont un rôle essentiel en matière d'aide à la décision judiciaire. Ils réalisent des enquêtes relatives à la situation matérielle, familiale et sociale des PPSMJ dans le cadre de l'exécution de la peine.

Ils étudient, avec les PPSMJ, les modalités de déroulement de leur peine afin de proposer les aménagements appropriés au regard de leur situation pénale et sociale.

C. L'insertion des personnes placées sous main de justice

Les SPIP doivent faciliter l'accès aux dispositifs de droit commun et développer les partenariats afin de proposer à la PPSMJ une orientation et des actions favorisant son insertion. S'agissant des personnes détenues, le SPIP a pour mission la prévention des effets désocialisant de la détention, le maintien des liens sociaux et familiaux et la préparation à la sortie ».

II. Présentation des zones géographiques d'intervention du SPIP sur le territoire polynésien

Les SPIP ont été créés en métropole en 1999 ; ils sont issus de la fusion des anciens comités de probation et d'assistance aux libérés (CPAL) et des services socio-éducatifs des prisons.

En Polynésie française, le SPIP a été créé par décret le 27 avril 2005, il est compétent pour Tahiti/Moorea, mais également sur l'ensemble des archipels.

Pour vous donner un ordre de grandeur, la Polynésie française est un territoire aussi grand que l'Europe dans lequel les déplacements se font majoritairement par avion et par bateau.

3 antennes existent désormais sur le territoire polynésien :

A. L'antenne mixte de Papeete – (Milieu Ouvert - MO, et Milieu Fermé -MF) depuis 2005

1. Chiffres de l'activité en MO

2126 personnes suivies pour 2691 mesures, dont 80 % sur Tahiti, 10% sur Moorea, 10% pour les Marquises, Les Tuamotu Gambier et les Australes.

21 conseillers pénitentiaires d'insertion et de probation (CPIP), donc un peu plus de 100 personnes suivies par CPIP,

À cela se rajoute la charge des permanences d'orientation pénale (enquêtes sociales rapides dans le cadre des procédures de comparution immédiate), que le SPIP assure seul à défaut d'association habilitée. En 2021, près de 430 enquêtes ont été réalisées dans ce cadre, soit environ 35 par mois, WE et jours fériés compris.

Les CPIP se déplacent également dans le cadre des audiences foraines et pour le suivi des personnes détenues aux Marquises (5 places théoriques-2 détenus à ce jour)

2. Chiffres de l'activité en MF au centre pénitentiaire de Faa'a

210 détenus à ce jour, dont 22 au centre pour peines aménagées et 15 femmes.

4 CPIP- ratio de 52 personnes suivies/CPIP

58% de personnes détenues sont prévenues, donc pas encore jugées ou en délai d'appel.

Pour les condamnés, le reliquat moyen des peines à exécuter est de 6 mois ; il y a donc une prévalence de courtes peines et un fort turn over des publics.

B. L'antenne mixte des Îles Sous le Vent à Raiatea-(MO / MF), créée en 2015

180 personnes suivies pour 222 mesures–ratio de 712 personnes/CPIP

12 personnes incarcérées

C. L'antenne de Papeari dédiée au milieu fermé, créée en 2017

Établissement de 400 places qui a été présenté par le chef d'établissement, avec 380 personnes écrouées en moyenne.

6 CPIP sont affectés à cette antenne, soit un ratio de 63 personnes détenues par CPIP.

À ce sujet, je tenais à souligner l'excellent travail réalisé par les équipes du SPIP dans l'ensemble des projets : la cheffe d'antenne était en charge du pilotage du projet QLAS à son origine, la coordonnatrice socio-culturelle assure la conception, la recherche de financement et le pilotage de nombreuses actions de prévention (violences, addictions) en lien avec les CPIP.

III. Focus sur les spécificités de la surveillance électronique en Polynésie française

La surveillance électronique est l'une des mesures phares portées par l'administration pénitentiaire pour limiter le nombre de personnes détenues dans les prisons, en permettant à certaines d'entre elles d'effectuer une peine de prison à domicile. Cette mesure a même été érigée en peine autonome par le législateur depuis le 23 mars 2019.

À ce jour, la détention sous surveillance électronique (DDSE) est techniquement opérationnelle sur 3 îles : Tahiti (mais pas partout), Moorea (mais pas partout), Raiatea (là encore pas partout).

Le rapport du CGLPL de 2012 notait que la surveillance électronique n'était pas active sur l'île de Raiatea et qu'il s'agissait d'un projet. Aujourd'hui, c'est une réalité.

Pourquoi ces restrictions à la surveillance électronique ?

-en fonction de la qualité réseau GSM (zones blanches en fond de vallée notamment, ou certains secteurs de la presqu'île) ;

-en fonction de l'habitat : pas de raccordement électrique, mauvais état de la route qui ne permet pas le déplacement des personnels sur la zone, toit de taule qui peut faire interférence aux ondes ;

-en raison de la configuration du logement familial avec parfois une forte promiscuité des familles ;

-en fonction de la localisation des personnels pénitentiaires, nécessaires pour assurer la pose et le suivi technique du dispositif pour être efficace ; ce qui n'est pas le cas dans les îles éloignées.

Ces restrictions opérationnelles nécessitent de facto une enquête technique préalable à toute mesure de surveillance électronique, contrairement à la métropole, et ce qui peut restreindre l'accès à ce type de mesure alternative à la détention.

Le pôle de surveillance électronique (PSE) de Papeete est composé de 3 personnels de surveillance et est rattaché à l'antenne milieu ouvert de Papeete

À Raiatea, les agents du centre pénitentiaire assurent cette mission (1 ou 2 dispositifs actifs, mais rarement plus)

Ce sont près de 120 mesures de surveillance électronique suivies aujourd'hui, dont 7 DDSE ab initio, pour 50 mesures en 2019.

La configuration de la surveillance électronique pour les mineurs a été abordée lors d'une réunion entre la DFSPIP et la Directrice territoriale PJJ le 5/08/2021. Pour l'instant, seules les DDSE au domicile parental ou au domicile des familles d'accueil sont envisagées, à l'exclusion du foyer de Punaauia, compte tenu de difficultés de fonctionnement internes à la structure.

Un protocole relatif à la surveillance électronique entre l'administration pénitentiaire (SPIP et Établissements pénitentiaires), les autorités judiciaires et la PJJ est en cours de signature.

IV. Les dispositifs d'insertion de droit commun, nécessaire soutien des projets de sortie, d'alternatives à l'incarcération et aux aménagements de peine

La santé, le logement, l'insertion professionnelle et les aides sociales pour les familles relèvent de la compétence du territoire polynésien.

La spécificité du statut d'autonomie engendre une nécessaire collaboration entre les services de l'État et les services du territoire dans les domaines de la santé, l'insertion professionnelle et l'hébergement.

Nous parlons bien de Polynésiens, qui ne deviennent pas des non-citoyens par qu'ils font l'objet d'une mesure ou d'une sanction judiciaire, et qui ont vocation à reprendre leur place dans la société polynésienne à l'issue de leur peine.

Parfois, c'est à l'État français de s'adapter aux réalités polynésiennes en la matière :

-fonds de garantie : nécessité d'un correspondant local pour que l'indemnisation des victimes puisse correspondre à la monnaie en cours, à l'absence de comptes ou de cartes bancaires, ou tout simplement pour pouvoir être contacté en dehors de la nuit compte tenu du décalage horaire.

-certains dispositifs d'insertion nationaux sont déclinés en marché local : le PPAIP (programme personnalisé d'accompagnement vers l'insertion professionnelle)

Parfois, c'est au gouvernement polynésien de s'adapter au besoin des PPSMJ :

-en matière de santé publique : pour la mise en œuvre des obligations de soins

-pour l'insertion professionnelle

-et le logement.

V. Les alternatives à l'incarcération et les aménagements de peine

La régulation du nombre de personnes détenues dans les établissements pénitentiaires peut intervenir en amont (les mesures présentencielles et les alternatives à l'incarcération) ou en aval (les aménagements de peine et la libération sous contrainte). Le SPIP intervient dans ces deux domaines.

A. Les alternatives à l'incarcération

-la permanence d'orientation pénale (POP) : dans le cadre des enquêtes sociales rapides, et en fonction de la situation de la personne, le SPIP, saisi par le procureur de la République, peut proposer à la juridiction des alternatives telles TIG, Sursis probatoire, DDSE peine, mais aussi aménagement de peine ab initio.

-le TNR (travail non rémunéré) : 58 mesures en cours

-le contrôle judiciaire : 180 mesures en cours

-ARSE (assignation à résidence sous surveillance électronique : 1 mesure (en moyenne 2 sur 2021)

La loi confiance du 22 décembre 2021 instaure un nouveau cas de saisine obligatoire du SPIP en vue du prononcé d'une ARSE (avant la date de prolongation du mandat de dépôt en matière correctionnelle).

B. Les aménagements de peines

<u>Quelques chiffres</u> :

En milieu ouvert : 151 mesures d'enquête en cours (article 723-15 CPP)

DDSE : 120

Libération conditionnelle : 33

Semi-liberté : 7

Pas de quartier Semi-liberté à Papeari et Nuutania

Placement extérieur : 4

Quelques éléments de contexte :

La reconnaissance des faits et le pardon sont deux notions saillantes dans le parcours d'exécution des peines du justiciable polynésien.

La honte ressentie peut parfois limiter les échanges sur les faits commis et le débat contradictoire peut être vécu comme une épreuve. Certains évoquent également la volonté de « porter leur peine » jusqu'au bout. Parfois, l'absence de solution d'hébergement à la sortie est un frein objectif.

Néanmoins, les CPIP préparent et présentent des projets d'aménagement des peines au magistrat responsable de l'application des peines, en les adaptant au profil et aux besoins des personnes détenues.

Force est de constater que le taux d'aménagement des peines est insuffisant sur notre ressort.

C. La Libération sous contrainte (LSC)

Depuis le 1er juin 2019, la loi prévoit l'examen obligatoire par le juge de l'application des peines de tous les condamnés détenus qui ont exécuté les 2/3 de leur peine ; sauf refus des intéressés.

Pour les peines inférieures ou égales à 5 ans, c'est la procédure de LSC qui s'applique (article 720 CPP) avec possibilité de prononcer une DDSE, une semi-liberté, un placement extérieur ou une libération conditionnelle ; pour les peines supérieures à 5 ans, il s'agit d'un examen en débat contradictoire pour un éventuel octroi d'une libération conditionnelle.

Loi confiance : à compter du 1er janvier 2023, la LSC sera de plein droit sauf :

-absence d'hébergement ;

-certaines infractions (terrorisme, infractions sur mineur ou dépositaire de l'autorité publique) ;

-en cas de sanction disciplinaire pour violences (sur personnels ou co-détenus).

À noter que dans le cadre de la LSC, le SPIP a développé un partenariat avec l'AECD (Association pour l'éducation cognitive et le développement) en vue de l'accompagnement en individuel et collectif sur la démarche de recherche d'emploi des personnes bénéficiaires.

Conclusion :

Nous sommes tous, professionnels exerçant au sein du ministère de la Justice, comptables du respect de la dignité au travers de la façon dont nous accompagnons les personnes justiciables, en milieu fermé et en milieu ouvert.

La responsabilité de la réinsertion ne peut reposer sur le seul SPIP, mais doit être partagée également par les établissements pénitentiaires, les magistrats, les différentes autorités et la société civile.

La persévérance de certains, associée à l'intérêt mutuel pour la personne détenue ou suivie en milieu ouvert, nous a permis de faire aboutir certains projets spécifiques à la Polynésie française :

L'immatriculation à la CPS des tigistes en 2017, étendue aux mineurs en 2020, pour la couverture sociale du risque accident du travail et maladie professionnelle.

L'ouverture des droits au RSPF pour les sortants de détention les plus précaires.

La 1re convention de placement extérieur avec un accompagnement social et professionnel en 2020, qui a été mise en œuvre au profit de 4 personnes détenues en 2021 (formation apicole/agricole) avec l'association Tamarii Nuutania.

Le partenariat avec l'association Emauta en matière d'hébergement des sortants de détention ou d'éloignement du conjoint violent. Les discussions sont également en cours dans le cadre de places de placement extérieur.

Un projet de TIG collectif à Punaauia, de recyclerie dans les Tuamotu.

Et surtout de beaux projets en 2022 avec l'annonce faite par Madame la Ministre du Travail, des Solidarités et de la Formation Virginie BRUANT hier de la présentation prochaine d'un schéma d'insertion sociale devant l'assemblée de Polynésie suite à la loi pays du 24/12/2022 sur l'insertion par l'activité économique.

La force de nos convictions et la persévérance nous permettront de faire aboutir ces projets et bien plus encore.

Propos conclusifs : Quelle dignité des personnes détenues dans les Outre-mer ?

Emmanuelle GINDRE
Maître de Conférences, Université de la Polynésie française
Gouvernance et Développement Insulaire (GDI, EA 4520)
Centre de Recherche sur la Justice Pénale et Pénitentiaire (IFTJ – CRJ2P)

Il y a maintenant plus de vingt ans, le Sénat décriait les prisons, cette « humiliation pour la République », dans son rapport d'enquête sur « Les conditions de détention dans les établissements pénitentiaires en France »[1]. Aujourd'hui, la situation est encore très critique pour de nombreux établissements pénitentiaires, ainsi que le soulignent les rapports de visite ou les recommandations en urgence du Contrôleur général des lieux de privation de liberté. Parmi les établissements pénitentiaires identifiés comme offrant des conditions de détention incompatibles avec la dignité humaine, les établissements des Outre-mer occupent une position remarquée.

---

[1] Rapport de commission d'enquête n° 449 (1999-2000) de MM. Jean-Jacques HYEST et Guy-Pierre CABANEL, fait au nom de la commission d'enquête, déposé le 29 juin 2000.

Les premières recommandations en urgence adressées par le tout nouveau CGLPL concernaient en 2011 le centre de détention de Nouméa[2]. En 2013, un rapport de l'Assemblée nationale soulignait le « cas extrême de l'Outre-mer » en s'appuyant sur les taux d'occupation alarmants constatés en 2012 au centre pénitentiaire de Faa'a Nuutania en Polynésie française (234% au quartier centre de détention de Faa'a Nuutania, et 306% au quartier maison d'arrêt)[3]. La surpopulation carcérale n'est pas propre à la Polynésie française, et les chiffres sont tout aussi affolants dans les autres collectivités, particulièrement à Nouméa, en Guyane, en Guadeloupe ou en Martinique.

À Wallis et Futuna, si la surpopulation carcérale n'est pas au nombre des critiques, ce sont d'autres atteintes aux droits fondamentaux qui sont constatées par le CGLPL[4]: locaux exigus et sales, absence d'activités, accès au droit déficient, absence d'intervenants extérieurs (pas de CPIP), impossibilité de téléphoner, absence de visite des avocats. Les détenus (parmi lesquels les prévenus) qui devraient être accueillis par la maison d'arrêt de Mata-Utu sont en réalité hébergés au Centre pénitentiaire de Nouméa (à plus de 2000 km et 4h30 d'avion) : éloignement et atteintes aux liens familiaux, difficultés d'exercice des droits de la défense, de réinsertion et en cas d'élargissement, le billet d'avion reste à la charge du détenu. À

---

[2] Recommandations en urgence du 6 décembre 2011 relatives au centre pénitentiaire de Nouméa (Nouvelle-Calédonie), http://www.cglpl.fr/wp-content/uploads/2011/12/Reco-JO_CP-Nouméa_def_20111201.pdf

[3] Assemblée nationale, Rapport d'information sur les moyens de lutte contre la surpopulation carcérale, présenté par MM. Dominique RAIMBOURG et Sébastien HUYGHE, n° 652, 23 janvier 2013, p. 21s.

[4] CGLPL, Rapport de visite : Maison d'arreî de Mata-Utu (Wallis-et-Futuna), visite des 14 et 15 octobre 2019, https://www.cglpl.fr/2021/rapport-de-visite-de-la-maison-darret-de-matautu-wallis-et-futuna/

ces constats se sont ajoutés jusqu'à récemment[5] de lourds dysfonctionnements du service public pénitentiaire, liés à l'absence de compétence de l'administration pénitentiaire sur cet établissement, géré par le territoire qui n'en avait pas les moyens. La Polynésie française s'était elle aussi heurté à pareilles difficultés et avait alors demandé le transfert vers l'État de la compétence pénitentiaire que ce dernier lui avait accordée dans la loi organique statutaire de 1984[6].

La question pénitentiaire dans les Outre-mer, dont le Professeur Christine Lazerges a souligné les spécificités en introduction de ce colloque, a fait l'objet d'une attention particulière depuis une dizaine d'années, transcrite dans un avis de la CNCDH en 2017[7] ou auparavant dans un rapport remis au Garde des Sceaux en mai 2014, et issu des travaux d'un groupe composé de parlementaires, de membres de la chancellerie et d'un représentant de la délégation générale à l'outre-mer[8]. Ce dernier constatait d'ailleurs l'écart existant entre les services pénitentiaires des Outre-mer et les services pénitentiaires métropolitains et préconisait d'accentuer la politique de

---

[5] La loi n° 2021-1729 du 22 décembre 2021 pour la confiance dans l'institution judiciaire (*JORF* n° 298 du 23 déc.) rend applicables les articles 2-1 et 3 de la loi pénitentiaire du 24 novembre 2009 à Wallis-et-Futuna et confie ainsi le service public pénitentiaire à l'administration pénitentiaire. Le décret n° 2022-1287 du 4 octobre 2022 relatif à la prise en charge des personnes détenues à Wallis-et-Futuna (*JORF* n° 231 du 5 oct.) adapte certaines dispositions du Code pénitentiaire et en précise les modalités d'application.

[6] Loi organique n° 94-499 du 21 juin 1994 relative au transfert à l'État des compétences du territoire de la Polynésie française en matière pénitentiaire, *JORF* n° 143 du 22 juin 1994.

[7] Avis de la CNCDH du 18 mai 2017 sur La question pénitentiaire dans les Outre-mer, *JORF* 14 juin 2017, 0138 texte n° 77, dont le contenu est présenté dans le rapport introductif du Pr Christine Lazerges, V. *supra*.

[8] Groupe de travail « problématiques pénitentiaires en outre-mer », Rapport sur les problématiques pénitentiaires en outre-mer, mai 2014, en ligne sur le site du Ministère de la Justice, http://www.justice.gouv.fr/publication/rap_gt_om_20140708.pdf

rattrapage, d'améliorer le déploiement des outils de réinsertion et de développer les aménagements de peines notamment. Cet écart peut fournir une première explication des atteintes à la dignité constatées dans les établissements ultra-marins.

Les conclusions de ces institutions, complétées par les constats de l'OIP ou du Comité des droits de l'homme des Nations Unies, convergent donc et soulignent autant d'atteintes à la dignité des détenus résultant des conditions de détention, s'ajoutant à celles résultant parfois de certaines pratiques condamnables du personnel pénitentiaire.

Aujourd'hui, malgré la création de nouvelles places et la mise en œuvre d'une politique visant à limiter la surpopulation carcérale, les taux d'occupation sont toujours élevés et les incarcérations en hausse. En Polynésie, malgré l'ouverture en 2017 du centre de détention Tatutu à Papeari (Tahiti), la densité carcérale de la prison de Nuutania à Faa'a et notamment de son quartier maison d'arrêt reste forte. En Nouvelle-Calédonie, le CGLPL a réitéré l'utilisation de la procédure d'urgence en 2019[9]. Les recours devant le juge administratif se multiplient afin d'obtenir réparation de conditions de détention indignes[10].

La condamnation de la France par la Cour européenne des droits de l'homme le 30 janvier 2020 dans l'affaire J.M.B. et autres c./ France n'est donc pas surprenante, et bien que les conditions de détention portant atteinte à la dignité ne soient pas l'apanage des établissements pénitentiaires des Outre-

---

[9] CGLPL, Recommandations en urgence relatives au centre pénitentiaire de Nouméa (Nouvelle-Calédonie), JORF du 18 décembre 2019.

[10] Quelques 150 décisions portant sur des demandes d'indemnisation ont été rendues par le Tribunal administratif de Papeete depuis 2014, dont 88 ces deux dernières années (source Lexpol).

mer, il semble qu'il existe une problématique pénitentiaire spécifique aux Outre-mer.

Le colloque qui s'achève avait donc pour objectif de s'intéresser à la réception dans les Outre-mer de la notion de dignité des conditions de détention, ainsi que des dispositifs offerts par le droit national pour en assurer le respect. Il a été l'occasion de s'interroger sur l'existence de spécificités des atteintes à la dignité des détenus outre-mer et la capacité des dispositifs juridiques à les résorber en s'appuyant sur l'expérience polynésienne et en croisant les regards avec la Nouvelle-Calédonie et la Guyane. L'ensemble des interventions a pu mettre en évidence à la fois des spécificités structurelles de l'administration pénitentiaire dans les Outre-mer ainsi que des spécificités culturelles dans la définition de ce qui relèverait d'une atteinte à la dignité[11].

La question se pose alors en conclusion de ces deux jours d'échanges : quelle dignité des personnes détenues dans les Outre-mer ? Quelles en sont les caractéristiques, les traits saillants ? Comment est-elle protégée ? Certains intervenants ont utilisé la métaphore de la pirogue en perdition, ou celle des Pléiades qu'on ne voit qu'en détournant le regard. La synthèse résiderait peut-être dans la navigation aux étoiles, chère aux navigateurs polynésiens, qui permet de trouver son chemin dans l'obscurité.

En effet, le chemin semble obscur tant la définition du contenu de la notion de dignité est fuyante, comme souligné à plusieurs reprises : la dignité est un « mot-valise », une notion relative, volatile. Au sens étymologique, la dignité, issue du latin *dignitas,* renvoie à la décence, la convenance ou encore

---

[11] V. la contribution de M. Salaün et J. Vernaudon, *supra.*, V. égal. Mouchenik Y., Salaün M., Salomon C., Demmer C., Vernaudon J., Paia M., « Quelle prise en charge pour les populations autochtones du Pacifique sous main de justice ? », Ministère de la justice, *Cahiers d'études Pénitentiaires et Criminologiques*, n°54, mars 2021.

la considération. La dignité désigne ainsi le respect dû à la personne. En réalité, il y a plusieurs dignités, parmi lesquelles la dignité de la personne humaine et la « dignité de la personnalité ou individuelle »[12]. La dignité de la personne humaine fait référence au respect de ce qu'il y a d'humain chez toute personne. Mais on ne peut réfléchir à la dignité des personnes détenues dans les Outre-mer sans évoquer l'identité de ces personnes issues d'une culture bien différente de la culture française hexagonale. Or la définition retenue de la dignité dans les conditions de détention ne semble pas recouvrir le respect de l'identité, qu'elle soit individuelle, liée à l'identité de genre notamment[13], ou culturelle et collective, limitant l'appréciation du respect de la dignité aux seules conditions matérielles objectives pouvant qualifier un traitement inhumain ou dégradant (I). Par ailleurs se pose la question de l'égale dignité, telle que proclamée par la Déclaration universelle des droits de l'homme[14]. L'égale dignité des personnes détenues suppose un « droit à l'espoir » de réinsertion qui semble plus limité dans les Outre-mer tant en considération des perspectives de travail et de formation professionnelle visant à construire un projet de sortie, qu'en considération d'une politique d'aménagement des peines se heurtant à des difficultés structurelles ou conjoncturelles (II).

---

[12] V. P. Cassia, *Dignité(s)*, Paris, Dalloz, 2016, p. 25.

[13] Qui trouve un écho particulier en Polynésie, V. not. S.-M. Cabon, « La figure transgenre dans les pays insulaires du Pacifique », in Y. Guenzoui, *Lettres d'outre-mer et d'ailleurs, Récits de juristes-voyageurs d'Océanie et d'Amérique latine*, PUAM, 2022, p. 109.

[14] L'article 1er de la Déclaration Universelle des Droits de l'Homme en fait un principe universel bénéficiant à tous les êtres humains : « Tous les êtres humains naissent libres et égaux en dignité et en droits. »

I. La dignité des personnes détenues dans les Outre-mer : entre humanité et identité

La protection de la dignité des personnes détenues innerve les recommandations minimales du CGLPL qui en fait un principe général, cardinal de la détention[15]. Pour autant, « s'interroger sur le sens et la mise en œuvre du principe directeur de dignité dans le cadre des lieux de privation de liberté (…) est une gageure »[16], et le défi est sans doute encore plus grand de se demander si l'égale dignité des détenus pourrait être définie avec une conception contingente de la dignité, intégrant une dimension identitaire incontournable dans les Outre-mer. Pourrait-on alors considérer que l'absence de prise en compte de l'identité de genre ou de l'identité culturelle du détenu est une atteinte à la dignité ? C'est en tout cas la qualification d'atteintes répétées à la dignité et aux droits des personnes transgenres que le CGLPL retient à l'égard des pratiques constatées au sein des établissements pénitentiaires[17]. Pourtant, le régime juridique de protection de la dignité des personnes détenues n'est pas le même selon la dimension de la dignité considérée : dignité de la personne humaine ou dignité de l'individu.

La notion de dignité figure dans la Déclaration universelle des droits de l'homme de 1948, où elle est définie comme un principe universel, le préambule faisant référence à "la dignité

---

[15] Recommandations minimales du Contrôleur général des lieux de privation de liberté pour le respect de la dignité et des droits fondamentaux des personnes privées de liberté, 9 décembre 2019, JORF du 4 janvier 2020, texte 88.

[16] M. Ghevontian, « La dignité, commentaire », in E. Gallardo et M. Giacopelli (dir.), *L'élaboration d'un droit de la privation de liberté*, LexisNexis, 2020, p. 141.

[17] CGLPL, Avis du 25 mai 2021, relatif à la prise en charge des personnes transgenres dans les lieux de privation de liberté, JORF du 6 juillet 2021, Texte n° 66.

inhérente à tous les membres de la famille humaine" et l'article 1er à la dignité de "tous les êtres humains".

Elle figure également dans le préambule du Pacte relatif aux droits civils et politiques de 1966, où elle apparaît comme un principe surplombant dont découlent les droits fondamentaux : « Reconnaissant que ces droits découlent de la dignité inhérente à la personne humaine »[18].

La Cour européenne des droits de l'homme la consacre à son tour bien que le terme ne figure pas dans la Convention européenne de sauvegarde des droits de l'homme et des libertés fondamentales : « la dignité, comme la liberté, est de l'essence même de la Convention »[19].

En France, le respect de la dignité est garanti par le Code civil, qui dispose en son article 16 « La loi assure la primauté de la personne, interdit toute atteinte à la dignité de celle-ci et garantit le respect de l'être humain dès le commencement de sa vie ». Le Conseil constitutionnel proclame quant à lui que « la sauvegarde de la dignité de la personne humaine contre toute forme d'asservissement et de dégradation est un principe à valeur constitutionnelle »[20]. À ce titre, la dignité de la personne humaine implique « de ne pas réduire la personne à son corps, mais aussi, à l'inverse, de ne pas la regarder comme

---

[18] V. M. Fabre-Magnan, « Le statut juridique du principe de dignité », Droits, vol. 58, no. 2, 2013, pp. 167-196.

[19] CEDH, *C.R. c. Royaume-Uni*, n° 20190/92, 22 nov. 1995, et *S.W. c. Royaume-Uni*, n° 20166/92, 22 nov. 1995.

[20] Décision 94-343/344 DC du 27 juillet 1994, Loi relative au respect du corps humain et loi relative au don et à l'utilisation des éléments et produits du corps humain, à l'assistance médicale à la procréation et au diagnostic prénatal.

un pur esprit qui n'aurait pas de corps ni de besoins »[21]. Autrement dit, la personne ne doit pas être réifiée et l'on doit garantir ses besoins vitaux, tant matériels que psychologiques.

Ainsi conçue, la dignité est appréciée au regard des éléments communs à tous les êtres humains dont ne semble pas faire partie l'identité de l'individu, à savoir « le caractère permanent et fondamental de quelqu'un, d'un groupe, qui fait son individualité, sa singularité »[22]. Pourtant, le respect de l'identité de l'individu, et particulièrement de son identité de genre, est appréhendé par la Cour européenne des droits de l'homme sous l'angle du respect de la vie privée[23], tout en l'inscrivant dans le cadre d'un principe de dignité surplombant : « la dignité et la liberté de l'homme étant de l'essence même de la Convention, le droit à l'épanouissement personnel et à l'intégrité physique et morale des transsexuels est garanti ». Nous pouvons donc comprendre que la dignité des personnes, au même titre que leur liberté, est également garantie par le respect de leur identité.

La notion de dignité apparaît dans certains textes internationaux comme contingente et se trouve liée à l'identité culturelle. La Déclaration de Mexico sur les politiques culturelles[24] énonce ainsi « que, dans son sens le plus large, la

---

21 V. M. Fabre-Magnan, « Le statut juridique du principe de dignité », Droits, vol. 58, no. 2, 2013, pp. 167-196.

22 Définition extraite du dictionnaire Larousse par D. Lochak, « Les identités saisies par le droit : Quelles identités ? Quelle protection ? », Revue du droit des religions n° 10, Nov. 2020.

23 Conv. EDH, Art. 8. La Cour européenne des droits de l'Homme y consacre une fiche thématique sur son site, synthétisant la jurisprudence en la matière et notamment les arrêts fondateurs B. c. France du 25 mars 1992 (requête n° 13343/87) et Christine Goodwin c. Royaume-Uni du 11 juillet 2002 (requête n° 28957/95).

24 UNESCO, Déclaration de Mexico sur les politiques culturelles, Conférence mondiale sur les politiques culturelles Mexico City, 26 juillet - 6 août 1982

culture peut aujourd'hui être considérée comme l'ensemble des traits distinctifs, spirituels et matériels, intellectuels et affectifs, qui caractérisent une société ou un groupe social. Elle englobe, outre les arts et les lettres, les modes de vie, *les droits fondamentaux de l'être humain*, les systèmes de valeurs, les traditions et les croyances ». La dignité, comme principe surplombant des droits fondamentaux de l'homme, pourrait donc faire l'objet de définitions variables d'une culture à l'autre en fonction des droits fondamentaux reconnus par cette culture, même si certains considèrent qu'elle comprend un noyau dur de valeurs communes indérogeables[25].

Cette même déclaration proclame « *l'égalité en dignité* de toutes les cultures et le droit de chaque peuple et de chaque communauté culturelle d'affirmer, de préserver et de voir respecter son identité culturelle. »[26]. Il découle de cette formule que le non-respect de l'identité culturelle pourrait s'interpréter comme une atteinte à la dignité de la personne se revendiquant de cette identité.

Par ailleurs, alors que l'égale dignité des personnes humaines apparaît comme un principe surplombant, dont découlent les droits fondamentaux protecteurs, la jurisprudence a reconnu à plusieurs reprises l'existence d'un *droit à* la dignité comme droit subjectif faisant de la dignité « une notion juridique opératoire » invocable, y compris par des

---

25 M. Fabre-Magnan, « Le statut juridique du principe de dignité », *Droits*, vol. 58, no. 2, 2013, p.187 et son renvoi à Ch. McCrudden, « Human dignity and judicial interpretation of human rights », *The European Journal of International Law*, vol. 19, 2008, pp. 655-724. V. aussi E. Gindre, « La sanction corporelle en terres océanes », in Y. Guenzoui (dir.), *Lettres d'Outre-mer et d'ailleurs, Récits de juristes-voyageurs d'Océanie et d'Amérique Latine*, PUAM, 2022, pp. 87-108.

26 UNESCO, Déclaration de Mexico sur les politiques culturelles, *op.cit.*

catégories de personnes[27], et dont les atteintes doivent être qualifiées de manière individuelle et contextualisée.

Il en est ainsi du recours garantissant la dignité des personnes détenues régi par l'article 803-8 du Code de procédure pénale. Il ne s'agit pas d'un recours contre l'état général de l'établissement pénitentiaire ni contre la surpopulation carcérale, mais bien d'un recours contre les conditions de détention indignes subies personnellement par le demandeur[28]. Ce dernier invoque alors le respect de sa dignité comme un droit subjectif, ce qui autoriserait la prise en compte de l'identité de la personne détenue pour apprécier l'atteinte à ce droit. Ne pas prendre en compte l'identité de genre ou l'identité culturelle de la personne détenue ne participerait-il pas d'une forme de dégradation, voire d'humiliation, condamnable de la personne ?

C'est ce que semble affirmer le Défenseur des droits en s'appuyant sur la définition de la discrimination donnée par la loi du 27 mai 2008, qui inclut tout agissement, lié notamment à l'identité de genre ou à la capacité à s'exprimer dans une langue autre que le français, « subi par une personne et ayant *pour objet ou pour effet de porter atteinte à sa dignité* ou de créer un environnement intimidant, hostile, *dégradant, humiliant ou offensant* »[29]. Ainsi il rattache la discrimination, notamment fondée sur l'identité de genre, aux articles 3 et 8 de la Convention européenne des droits de l'homme: « Les mesures de harcèlement fondées sur l'identité de genre sont susceptibles de

---

[27] Ce qui pour certains est un dévoiement de la notion de dignité, V. M. Fabre-Magnan, *op. cit.* p. 171.

[28] V. E. Bonis, V. Peltier, « La création prétorienne d'une voie de recours nouvelle », in S. Zientara-Logeay (dir.), *Les conditions de détention, condition de la détention*, LexisNexis, 2021, p. 219-223.

[29] Loi n° 2008-496 du 27 mai 2008 portant diverses dispositions d'adaptation au droit communautaire dans le domaine de la lutte contre les discriminations, *JORF* n° 123 du 23 mai, Article 1 al. 1 et 3. Nous soulignons.

constituer en droit, soit une discrimination, soit une source de perturbations dans le déroulement de la vie quotidienne d'une personne transgenre portant atteinte à sa vie privée et familiale, au sens des articles 3 et 8 de la Convention européenne des droits de l'homme»[30].

Ce n'est pourtant pas le nouveau recours tendant à garantir le respect de la dignité en détention qui permet d'assurer la protection de l'identité du détenu qu'elle soit culturelle ou personnelle. En effet, le recours régi par l'article 803-8 du Code de procédure pénale, malgré l'intitulé généraliste de la loi l'instaurant[31], reste adossé à l'article 3 de la Convention européenne des droits de l'homme interdisant les traitements inhumains ou dégradants. Sa recevabilité et son succès dépendent de critères relatifs aux conditions matérielles, objectives (bien que personnelles) de détention, encadrés par la jurisprudence[32] : la surpopulation carcérale illustrée par la superficie disponible pour le détenu, la luminosité, la ventilation, la température de la cellule, la durée des promenades, la séparation des douches et toilettes …[33]

Le respect de l'identité des individus sera alors protégé sur le fondement du droit à la vie privée et familiale, y compris en

---

30 Défenseur des droits, Décision-cadre n°2020-136 du 18 juin 2020, relative au respect de l'identité de genre des personnes transgenres, https://juridique.defenseurdesdroits.fr/index.php?lvl=notice_display&id=33016 .

31 Loi n° 2021-403 du 8 avril 2021 tendant à garantir le droit au respect de la dignité en détention, JORF du 9 avril 2021.

32 CEDH, *Muršić c. Croatie*, n° 7334/13, 20 octobre 2016.

33 V. *Supra* les contributions de S. Zientara et J.-P. Céré.

milieu carcéral, sous réserve des limites inhérentes à la détention[34]. La Cour européenne des droits de l'homme garantit ainsi l'identité de genre et « le droit pour chacun d'établir les détails de son identité d'être humain » sur le fondement de l'article 8 de la Convention européenne de sauvegarde des droits de l'homme et des libertés fondamentales[35]. Il en est de même de l'identité ethnique, permettant aux membres d'une minorité nationale de conserver leur identité et de mener une vie privée et familiale selon leur propre tradition[36].

L'article 22 de la loi pénitentiaire du 24 novembre 2009[37], dans sa version issue de la loi pour la confiance dans l'institution judiciaire[38] et désormais codifié à l'article L6 du Code pénitentiaire, autorise des recours contre l'administration pénitentiaire devant le juge administratif en cas d'atteinte à la dignité et aux droits des détenus, notamment lorsque l'identité

---

[34] CEDH, *Khodorkovskiy et Lebedev c. Russie*, n° 11082/06 et 13772/05, 25 octobre 2013, § 836 : la convention ne s'arrête pas aux portes des prisons ; CEDH, *Vinter et autres c. Royaume-Uni*, n° 66069/09, 130/10 et 3896/10, 9 juillet 2013, § 113 : le respect de la dignité humaine s'étend également au traitement des détenus ; la Cour consacre également un Guide sur la jurisprudence de la Cour européenne des droits de l'homme, droits des détenus, actualisé au 31 août 2022, disponible en ligne https://www.echr.coe.int/Documents/Guide_Prisoners_rights_FRA.pdf .

[35] CEDH, *Christine Goodwin c. Royaume-Uni*, n° 28957/95, 11 juillet 2002.

[36] V. CEDH, *Guide sur l'article 8 de la Convention européenne des droits de l'homme*, actualisé le 31 août 2022, disponible en ligne https://www.echr.coe.int/Documents/Guide_Art_8_fra.pdf

[37] Loi n° 2009-1436, 24 nov. 2009, JORF du 25 nov. 2009.

[38] Loi n° 2021-1729 du 22 décembre 2021, JORF du 23 décembre, texte 2.

de genre ou la personnalité du détenu n'est pas prise en compte dans les restrictions apportées à ces droits[39].

Dans une certaine mesure, et au regard des développements relatifs au malentendu linguistique[40], un récent arrêt de la chambre criminelle de la Cour de cassation nous confirme le champ restreint du recours de l'article 803-8 du Code de procédure pénale. La Chambre criminelle considère que l'absence de traduction ou de présence d'un interprète ne constitue pas une atteinte à la dignité des conditions de détention, cette situation étant « étrangère aux prescriptions de l'article 3 de la Convention européenne des droits de l'homme et de l'article 803-8 du Code de procédure pénale »[41]. Par extension, il en serait de même du défaut de traduction en langue polynésienne, kanake, amérindienne ou wallisienne par exemple : il serait considéré comme une atteinte au droit de la défense, voire comme une atteinte au droit au respect de l'identité culturelle, sous couvert du droit à la vie privée, mais pas comme un traitement dégradant, catégorie réservée aux atteintes les plus graves.

S'opposent alors deux conceptions de la dignité des conditions de détention[42] : celle de la Cour de cassation et du

---

[39] Une personne détenue transgenre peut ainsi demander, sur le fondement de l'article L 521-1 du Code de Justice administrative, la suspension d'une mesure d'isolement si sa sécurité, au regard de son identité transgenre, n'est pas affectée. Ce motif a ainsi été retenu par le juge des référés du tribunal administratif d'Amiens, qui, pour faire droit à la demande, considère que « l'identité " *transgenre* " du requérant avait été acceptée sans difficulté par les autres détenus et qu'il se prévalait de potentiels risques psychologiques à l'isolement ». V. CE, 3 juin 2022, n° 463253. V. Également s*upra* la contribution de J.-P. Pastorel.

[40] V. *Supra* la contribution de M. Salaün et J. Vernaudon.

[41] Cass. crim., 16 nov. 2022, n° 22-80.807, FS-B, Actualités, Lexis360 du 24/11/22, à propos de la traduction de prescriptions médicales et de la présence d'un interprète lors de l'examen médical.

[42] V. P. Cassia, *Dignité(s)*, Dalloz, 2016, *op. cit.*

législateur, restreinte à la dignité humaine envisagée sous un angle objectif et matériel à la lumière de la jurisprudence de la CEDH relative à l'article 3 de la Convention européenne des droits de l'homme, et celle du CGLPL ou encore du Défenseur des droits considérant la dignité de l'individu dont découlent tous les droits fondamentaux dont il peut se prévaloir, et donc y compris dans sa dimension identitaire.

Faut-il y voir une hiérarchie dans les conditions de détention portant atteinte à la dignité du détenu, qui détermine la nature du recours, la rapidité et la nature de la réponse juridictionnelle ? C'est ce qui semble découler de cette analyse. Et c'est là toute l'ambiguïté du recours judiciaire de l'article 803-8 du Code de procédure pénale qui, sous couvert de protéger la dignité humaine, vise avant tout à donner une solution individuelle à une problématique collective, structurelle : la surpopulation carcérale.

Le respect de la dignité pose par ailleurs la question de l'égalité des citoyens et notamment des personnes détenues face à la loi qui doit être la même pour tous et donc l'égale dignité qui doit leur être garantie par l'État.

II. L'égale dignité des personnes détenues dans les Outre-mer : un espoir de réinsertion aléatoire

L'article 1er de la Déclaration universelle des droits de l'homme de 1948 proclame l'égale dignité de tous les êtres humains[43]. Le Professeur Geneviève Giudicelli-Delage la définit ainsi : « Proclamer l'égalité en dignité, c'est considérer un rapport d'altérité : la dignité n'est pas un rapport de soi à soi, c'est un rapport à autrui. Elle est un rempart, non contre la libre disposition de soi-même, mais contre toute forme de déshumanisation venant d'autrui (chaque homme doit respecter

---

43 V. *Supra*.

tout autre comme son égal en dignité). »[44]. Le même auteur considère que l'égale dignité humaine ne peut être sauvegardée dans une société démocratique que si l'individualisation et la réinsertion accompagnent la punition[45].

Cette affirmation fait écho à la décision de la Grande Chambre de la Cour européenne des droits de l'homme dans l'affaire *Vinter*[46]. La juridiction jugeait que la peine de perpétuité réelle est contraire à l'article 3 de la Convention européenne de sauvegarde des droits de l'homme interdisant les traitements inhumains ou dégradants, et consacrait alors un droit à l'espoir sur le même fondement[47].

Sans évoquer spécifiquement les peines perpétuelles ou les longues peines[48], ce « droit à l'espoir » de réinsertion est-il cependant le même pour les personnes détenues dans les Outre-mer ?

L'objectif de réinsertion, qui permet de sauvegarder l'égale dignité de la personne humaine, impose « à l'État de prendre en compte, susciter, favoriser, soutenir les changements individuels bénéfiques par le choix des mesures les plus

---

44 G. Giudicelli-Delage. « Pour l'égale dignité », *Délibérée*, vol. 5, no. 3, 2018, pp. 7-10.

45 « Sans elles, ne peut être sauvegardée l'égale dignité humaine », G. Giudicelli-Delage, « « Punir dans une société démocratique » ou le devoir d'espérance de l'État », in *Politique(s) criminelle(s), Mélanges en l'honneur de Christine Lazerges*, Dalloz, 2014, p. 191.

46 CEDH, gr. Ch., 9 juillet 2013, Vinter et al. c/ Royaume-Uni.

47 « Les empêcher de nourrir cet espoir reviendrait à nier un aspect fondamental de leur humanité et, ainsi, serait dégradant », affaire *Vinter* précitée, opinion concordante de Mme la Juge Power-Forde. V. Aussi G. Giudicelli-Delage, « « Punir dans une société démocratique » ou le devoir d'espérance de l'État », *op. cit.* p. 193.

48 V. Not. E. Bonis, N. Derasse (dir.), *Les longues peines*, Mission de Recherche Droit et Justice (IERDJ), rapport final de recherche, n°17-33, septembre 2020, http://www.gip-recherche-justice.fr/wp-content/uploads/2020/10/17-33-Rapport-final.pdf

resocialisatrices »[49]. Outre les alternatives à l'emprisonnement, il s'agit d'accompagner les personnes détenues dans la construction d'un projet de retour en société, dans et hors les murs grâce au travail, à la formation, aux aménagements de peine, et de leur proposer des libérations assorties de suivi ou de soutien.

Pourtant, les personnes détenues dans les Outre-mer pâtissent d'obstacles à la réinsertion qui semblent à bien des égards supérieurs à ceux subis par les personnes détenues en France hexagonale, remettant en cause l'égale dignité des personnes détenues entre elles.

Ce sont d'abord de nombreuses insuffisances en matière de formation professionnelle ou de possibilités de travail en détention qui ont été soulignées pour les Outre-mer, faute de bâtiments adaptés ou de moyens financiers suffisants.

Ainsi, en Polynésie française, Damien Pellen, directeur du centre pénitentiaire Nuutania de Faa'a, note l'absence de réel espace de formation professionnelle, limitant la possibilité pour les personnes détenues de suivre des parcours qualifiants en interne. Les contraintes immobilières ont donc conduit l'établissement à rechercher des solutions alternatives, comme la proposition, aux détenus condamnés à de courtes peines, de formations à l'extérieur[50]. Les progrès en termes de formation professionnelle sont notables au regard de la situation

---

[49] G. Giudicelli-Delage, « « Punir dans une société démocratique » ou le devoir d'espérance de l'État », *op. cit.*, p. 195.

[50] V. Supra la contribution de Damien Pellen détaillant la formation professionnelle offerte au Centre pénitentiaire de Nuutania.

constatée par le CGLPL lors de sa visite en 2012[51], mais profitent seulement à un petit nombre de personnes détenues[52]. À l'inverse, le centre de détention Tatutu de Papeari, modèle en son genre, offre une superficie permettant le déploiement d'ateliers, de salles de formations… et l'investissement de son directeur permet de proposer aux détenus des activités variées visant autonomie et responsabilisation[53]. Un tel écart entre les deux établissements de Tahiti interroge évidemment l'égale dignité des personnes détenues[54].

Les carences quant à l'emploi et l'insertion professionnelle sont également réelles en Guyane[55] ou en Nouvelle-Calédonie[56], dont les établissements pénitentiaires n'offrent d'emplois que ceux du service général et ne proposent des formations professionnelles qu'en faible nombre et seulement

---

[51] CGLPL, Rapport de visite du Centre pénitentiaire Nuutania de Faa'a du 3 au 7 décembre 2012, https://www.cglpl.fr/2015/rapport-de-visite-du-centre-penitentiaire-de-faaa-nuutania-polynesie-francaise/

[52] Malgré l'implication louable des personnels de l'administration pénitentiaire, V. Les interventions, notamment celle de M. Sanford, lors de la table ronde relative au renforcement de la dignité par le travail en détention: https://www.youtube.com/watch?v=My2SXokUTWA&list=PLIkb3z3tR8DQAmIPgx9SfY6k5WTx8RblR&index=18

[53] V. L'intervention de Vincent Vernet, directeur du centre de détention Tatutu de Papeari, https://www.youtube.com/watch?v=yrpxGivMUqg&list=PLIkb3z3tR8DQAmIPgx9SfY6k5WTx8RblR&index=14 , V. Également L. Guichet, Comment favoriser la réinsertion des détenus et éviter la récidive ?, Polynésie la Première, 29 mai 2022, https://la1ere.francetvinfo.fr/polynesie/tahiti/polynesie-francaise/comment-favoriser-la-reinsertion-des-detenus-et-eviter-la-recidive-1288784.html.

[54] V. *Supra* la contribution de M. Giacopelli, « Les établissements à réinsertion active : respect de la dignité renforcé ou inégalité indigne ? ».

[55] V. *Supra* la contribution de Joana Falxa présentant la politique pénitentiaire de la Guyane.

[56] V. *Supra* la contribution de Sabrina Lavric relative à la politique pénitentiaire de la Nouvelle-Calédonie.

à une infime proportion de détenus. Le CGLPL notait ainsi, à propos du Centre pénitentiaire de Nouméa : « L'oisiveté est donc générale et imposée avec son corollaire nécessaire : l'enfermement continu en cellule. »[57]. Il rappelle pourtant que « comme dans la société civile, l'activité professionnelle en détention est un vecteur de recouvrement du sentiment d'utilité sociale et d'appartenance à la collectivité. Surtout, l'accès à un poste de travail ou à une formation professionnelle, en tant que facteur d'autonomie et de responsabilisation, contribue à garantir le respect du droit à la dignité des personnes incarcérées »[58].

Ce sont ensuite des difficultés liées à la mise en œuvre de mesures d'aménagement de peine qui ont été soulignées, hypothéquant encore davantage la réinsertion et l'égale dignité des personnes détenues dans les Outre-mer.

Ainsi, dans son récent avis sur le Centre national d'évaluation (CNE)[59], le CGLPL soulignait que « les ruptures qu'un placement au CNE découragent parfois les condamnés au point de renoncer à demander un aménagement de peine, étape pourtant essentielle d'un parcours de réinsertion. ». Or la principale catégorie de condamnés souffrant « de cette perte de sens » regroupe les détenus ultramarins « transférés à des milliers de kilomètres de leurs attaches ». Le CGLPL constate alors que chez les personnes détenues outre-mer, « la crainte est grande, pour les personnes évaluées en début de peine, d'être affectées dans un établissement en métropole et nombreuses sont celles qui se résignent à une sortie « sèche » pour

---

[57] CGLPL, Recommandations en urgence du Contrôleur général des lieux de privation de liberté du 19 novembre 2019 relatives au centre pénitentiaire de Nouméa (Nouvelle-Calédonie).

[58] CGLPL, *Avis relatif au travail et à la formation professionnelle dans les établissements pénitentiaires*, 22 décembre 2016, JORF du 9 février 2017, texte 99.

[59] CGLPL, Avis du 12 septembre 2022, relatif au centre national d'évaluation (CNE), JORF du 7 décembre 2022, Texte 134.

éviter l'évaluation de fin de peine »[60]. Le rapport parlementaire sur les problématiques pénitentiaires en outre-mer préconisait alors de « restreindre le caractère obligatoire préalablement à l'octroi d'une mesure d'aménagement de peine du recours à l'expertise psychiatrique et du passage au CNE aux cas les plus graves »[61].

Cette problématique n'est pas sans évoquer les questions posées par les conséquences du recours de l'article 803-8 du Code de procédure pénale, en cas de proposition de transfèrement du détenu ultramarin subissant des conditions de détention indignes : à défaut d'établissement pouvant l'accueillir dans la même collectivité, son transfèrement dans une autre collectivité ou en France hexagonale pourrait sans nul doute entraîner une atteinte disproportionnée à son droit au respect de sa vie privée et familiale[62].

Certaines mesures d'aménagement des peines ont plus particulièrement été ciblées[63]. Ainsi, si la détention à domicile sous surveillance électronique est une mesure privilégiée pour lutter contre la surpopulation carcérale et donc contre les atteintes à la dignité, elle constitue également une mesure permettant à la personne condamnée de ne pas être désocialisée, de conserver un travail ou de suivre plus aisément une

---

60 *Ibid.*

61 Rapport sur les problématiques pénitentiaires en outre-mer, mai 2014, en ligne sur le site du Ministère de la Justice, http://www.justice.gouv.fr/publication/rap_gt_om_20140708.pdf , proposition n° 22.

62 C. Proc. Pén. Article 803-8 II. *In fine*. V. CNCDH, Déclaration relative à la proposition de loi tendant à garantir le droit au respect de la dignité en détention, du 25 mars 2021 ; V. égal. J.-B. Perrier, « Détention et conditions indignes : création d'un recours (in)effectif », RSC 2021 p. 469 ; M. Giacopelli, « Loi n° 2021-403 du 8 avril 2021 tendant à garantir le droit au respect de la dignité en détention - Focus », Procédures, n° 8-9, août 2021, alerte 12; M. Giacopelli, « La garantie du droit au respect de la dignité en détention : vers un recours effectif ? », JCP G n° 17, 26 avril 2021, 458.

63 V. *Supra*, not. La contribution de V. Meunier et celle de J. Falxa.

formation professionnelle. Cependant, elle ne peut être prononcée à grande échelle dans les Outre-mer en raison de contraintes essentiellement techniques, inhérentes à la géographie ou au développement des territoires concernés. En Polynésie française, par exemple, seules 3 des 118 îles sont éligibles au dispositif, partiellement pour Tahiti et Raiatea, et une enquête technique doit être réalisée pour évaluer la faisabilité de mise en œuvre d'une telle mesure[64]. Les problématiques sont les mêmes en Guyane, ou en Nouvelle-Calédonie.

Le placement à l'extérieur avec hébergement ou le travail d'intérêt général se heurtent également à des difficultés liées au déficit de structures d'accueil, notamment dans les collectivités d'outre-mer relevant d'un statut d'autonomie, où les domaines de la santé, du logement, de l'insertion professionnelle et des aides sociales pour les familles relèvent de la compétence de l'exécutif local.

À défaut d'une politique volontariste de la collectivité, notamment en partenariat avec l'administration pénitentiaire, les mesures d'aménagement de peine nécessitant de s'appuyer sur les structures locales ou sur une politique d'insertion et d'aide sociale ne peuvent se développer et offrir aux personnes détenues des perspectives de réinsertion garantes de leur égale dignité[65].

---

[64] V. *Supra* la contribution de V. Meunier.

[65] Notons l'adoption en Polynésie française de la loi du pays n° 2022-11 du 24 janvier 2022 (JOPF du 24 janvier NS 297) relative à l'insertion sociale par l'activité économique, et du schéma d'insertion sociale par l'activité économique le 2 novembre 2022, pouvant offrir des perspectives supplémentaires aux détenus libérés. V. https://www.tahiti-infos.com/Le-schema-d-insertion-sociale-par-l-activite-economique-approuve_a212930.html

L'effort devrait également cibler les îles ou les communes éloignées afin de favoriser une réinsertion dans la communauté d'origine lorsqu'elle est possible et souhaitable[66]. La possibilité de réaliser un travail d'intérêt général auprès des instances coutumières ou dans une tribu de Nouvelle-Calédonie[67] est donc un exemple à transposer, en identifiant les structures d'accueil pertinentes dans chaque collectivité, pour adapter l'aménagement des peines au contexte spécifique des Outre-mer.

Une telle évolution suppose également, outre un soutien financier renforcé de l'État, une réflexion quant à l'opportunité et la légitimité d'adapter le droit de l'aménagement des peines aux spécificités et difficultés ultramarines, voire d'imaginer des outils *sui generis,* adaptés au contexte économique, géographique et culturel local, pour favoriser la réinsertion garante de l'égale dignité. La récente mission de l'inspection générale de la justice du Ministère de la Justice en Polynésie française[68], chargée d'évaluer l'état de l'exécution et de l'application des peines en Polynésie française, aura, nous l'espérons, été sensibilisée à la nécessité de garantir l'égale dignité des personnes détenues dans les Outre-mer par des moyens adaptés.

Avant d'envisager ces réflexions qui ne porteront sans doute leurs fruits qu'à plus long terme, c'est à court terme

---

66 Par exemple en Polynésie française, la plupart des mesures d'insertion proposées concentrent les personnes placées sous main de justice dans l'agglomération de Papeete où elles n'ont pas forcément d'attaches familiales pouvant leur apporter un soutien.

67 C. Pén. Article 712-1-A « Pour son application en Nouvelle-Calédonie, l'article 131-8 est complété par un alinéa ainsi rédigé : Peuvent également être habilitées à mettre en œuvre des travaux d'intérêt général les institutions de droit coutumier dont la liste est fixée par voie réglementaire. ». Pour les modalités d'application V. C. Pén. Article D 712-9.

68 Le sujet a pu être abordé lors d'une rencontre avec les inspecteurs en charge de la mission le 15 novembre 2022.

qu'un réajustement semble s'imposer quant à la politique d'aménagement de peine menée en Polynésie française, sévèrement critiquée à l'occasion de la visite de contrôleurs du CGLPL en marge du présent colloque. Dans un courrier adressé au Ministre de la Justice, Dominique Simonnot, Contrôleur général, a constaté que « la politique d'aménagement de peine est par ailleurs illisible, excessivement restrictive et en complet décalage avec l'esprit de la loi de programmation de la justice. »[69]. Il est relevé un taux de rejet de 80% des demandes de libération sous contrainte ou « des exigences qui ne sont prévues par aucun texte de loi imposées aux détenus sollicitant une permission de sortir ».

Pour conclure ces regards croisés sur la dignité des personnes détenues dans les Outre-mer, il faut enfin les inscrire dans une réflexion plus large sur la dignité des personnes dans les Outre-mer, à l'heure où la paupérisation de la société fait apparaître la prison, et notamment les établissements modèles comme le centre de détention Tatutu ou bientôt le centre de détention de Koné (Nouvelle-Calédonie), comme un luxe. L'ouverture de la prison sur la société et l'entrée de la société dans la prison peut participer d'un nivellement des conceptions de l'égale dignité de toutes les personnes humaines. Ne dit-on pas que la prison est dans la société un miroir grossissant (dans lequel on ne veut pas toujours regarder) ?

---

[69] J.-B. Jacquin, « Le contrôleur général des prisons face aux attaques de magistrats », Le Monde, 30 août 2022.

Table des matières

Structures éditoriales du groupe L'Harmattan

L'Harmattan Italie
Via degli Artisti, 15
10124 Torino
harmattan.italia@gmail.com

L'Harmattan Hongrie
Kossuth l. u. 14-16.
1053 Budapest
harmattan@harmattan.hu

L'Harmattan Sénégal
10 VDN en face Mermoz
BP 45034 Dakar-Fann
senharmattan@gmail.com

L'Harmattan Cameroun
TSINGA/FECAFOOT
BP 11486 Yaoundé
inkoukam@gmail.com

L'Harmattan Burkina Faso
Achille Somé – tengnule@hotmail.fr

L'Harmattan Guinée
Almamya, rue KA 028 OKB Agency
BP 3470 Conakry
harmattanguinee@yahoo.fr

L'Harmattan RDC
185, avenue Nyangwe
Commune de Lingwala – Kinshasa
matangilamusadila@yahoo.fr

L'Harmattan Congo
219, avenue Nelson Mandela
BP 2874 Brazzaville
harmattan.congo@yahoo.fr

L'Harmattan Mali
ACI 2000 - Immeuble Mgr Jean Marie Cisse
Bureau 10
BP 145 Bamako-Mali
mali@harmattan.fr

L'Harmattan Togo
Djidjole – Lomé
Maison Amela
face EPP BATOME
ddamela@aol.com

L'Harmattan Côte d'Ivoire
Résidence Karl – Cité des Arts
Abidjan-Cocody
03 BP 1588 Abidjan
espace_harmattan.ci@hotmail.fr

Nos librairies en France

Librairie internationale
16, rue des Écoles
75005 Paris
librairie.internationale@harmattan.fr
01 40 46 79 11
www.librairieharmattan.com

Librairie des savoirs
21, rue des Écoles
75005 Paris
librairie.sh@harmattan.fr
01 46 34 13 71
www.librairieharmattansh.com

Librairie Le Lucernaire
53, rue Notre-Dame-des-Champs
75006 Paris
librairie@lucernaire.fr
01 42 22 67 13

www.ingramcontent.com/pod-product-compliance
Lightning Source LLC
LaVergne TN
LVHW011438061026
849535LV00004BA/860
* 9 7 8 2 1 4 0 3 4 4 6 7 1 *